U0599388

"十三五"国家重点图书

海上共同开发国际案例与实践研究丛书／总主编　杨泽伟

海上共同开发管理模式法律问题研究

邓妮雅　著

WUHAN UNIVERSITY PRESS
武汉大学出版社

图书在版编目(CIP)数据

海上共同开发管理模式法律问题研究/邓妮雅著.—武汉:武汉大学出版社,2019.12
海上共同开发国际案例与实践研究丛书/杨泽伟总主编
"十三五"国家重点图书 湖北省学术著作出版专项资金资助项目
ISBN 978-7-307-20945-9

Ⅰ.海… Ⅱ.邓… Ⅲ.海洋资源—资源开发—国际合作—管理模式—海洋法—研究 Ⅳ.D993.5

中国版本图书馆 CIP 数据核字(2019)第 103540 号

责任编辑:张 欣 责任校对:李孟潇 版式设计:马 佳

出版发行: 武汉大学出版社 (430072 武昌 珞珈山)
(电子邮箱: cbs22@ whu.edu.cn 网址: www.wdp.com.cn)
印刷:武汉中远印务有限公司
开本:720×1000 1/16 印张:17.5 字数:250 千字 插页:2
版次:2019 年 12 月第 1 版 2019 年 12 月第 1 次印刷
ISBN 978-7-307-20945-9 定价:58.00 元

本书得到了 2017 年度教育部人文社会科学重点研究基地重大项目"维护中国国家权益的国际法问题研究"（项目编号：17JJD820006）、2016 年度教育部哲学社会科学研究重大课题攻关项目"世界海洋大国的海洋发展战略研究"（项目批准号：16JZD029）、教育部哲学社会科学研究重大课题攻关项目"海上共同开发国际案例与实践研究"的资助，特致谢忱。

总　序

　　一般认为，海上共同开发是指两国或两国以上的政府在协议的基础上，共同勘探开发跨界或争议海域的自然资源。例如，德国教授雷纳·拉戈尼（Rainer Lagoni）认为，海上共同开发是建立在协议的基础上，对一块有争议海域的非生物资源进行以开发为目的的国家间经济合作方式。[①] 日本学者三好正弘（Masahiro Miyoshi）强调："共同开发是一种临时性质的政府间安排，以功能性目的旨在共同勘探和（或）开发领海之外海床的碳氢化合物资源。"[②] 中国学者高之国博士也指出："共同开发是指两个或两个以上的国家达成政府间的协议，其目的是为开发和分配尚未划界的领土争议重叠区的潜在自然资源，而共同行使在此区域内的主权和管辖权。"[③]

　　从国际法角度来看，海上共同开发是和平解决国际争端原则的具体化。按照《联合国海洋法公约》第 74 条和第 83 条的规定，在达成划界协议前，"有关各国应基于谅解和合作的精神，尽一切努力作出实际性的临时安排，并在此过渡期间内，不危害或阻碍最后协议的达成。这种安排应不妨碍最后界限的划定"。此外，国际法院在 1969 年 "北海大陆架案"（the North Sea Continental Shelf

---

　　① 参见 Rainer Lagoni, Oil and Gas Deposits Across National Frontiers, American Journal of International Law, Vol. 73, 1979, p. 215。

　　② Masahiro Miyoshi, The Joint Development of Offshore Oil and Gas in Relation to Maritime Boundary Delimitation, Maritime Briefing（International Boundaries Research Unit）, Vol. 2, No. 5, 1999, p. 3.

　　③ Zhiguo Gao, The Legal Concept and Aspects of Joint Development in International Law, in Ocean Yearbook, Vol. 13, the University of Chicago Press 1998, p. 112.

1

Cases）的判决中也确认，大陆架划界可通过协议解决，或达不成协议时通过公平划分重叠区域，或通过共同开发的协议解决。① 可见，无论是国际条约还是国际司法实践，都把海上共同开发看做相关海域划界前的一种临时性安排。

自 1958 年巴林与沙特阿拉伯签订《巴林—沙特阿拉伯边界协定》、实施海上共同开发以来，共同开发跨界或争议海域资源的国家实践已成为一种较为普遍的现象，迄今海上共同开发的国际案例也有近 30 例。回顾海上共同开发 60 年左右的发展历程，海上共同开发可以分为以下四个阶段：第一，海上共同开发的产生阶段（1958—1969 年），在波斯湾和西欧一共出现了 5 例海上共同开发案。第二，海上共同开发的发展阶段（1970—1993 年），一共出现了 14 例海上共同开发案，涉及 26 个国家，包括亚洲国家 11 个，欧洲国家 5 个，非洲国家 7 个，美洲国家 2 个及大洋洲的澳大利亚。第三，海上共同开发的回落阶段（1994—2000 年），只有一例海上共同开发案，即 1995 年 9 月英国与阿根廷签订的《关于在西南大西洋近海活动进行合作的联合声明》。第四，海上共同开发的平稳阶段（2001 年至今），进入 21 世纪以来，海上共同开发活动又渐趋增多，产生了近 10 例的海上共同开发实践。

就中国而言，中国拥有约 1.8 万千米的大陆海岸线，海上与 8 个国家相邻或相向。中国与一些周边海上邻国存在岛屿主权争议和海域划界争端。早在 20 世纪 70 年代末，中国政府就提出了"主权属我、搁置争议、共同开发"原则，试图解决中国与周边海上邻国间的岛屿主权和海洋权益争端。然而，30 多年过去了，从中国整体的周边海域来看，海上共同开发举步维艰，迄今尚未得到真正实现。

① 杰塞普（Jessup）法官在该案的个别意见中也强调，在有争议但尚未划界而又有部分领土重叠的大陆架区域，共同开发的方法更合适。参见 North Sea Continental Shelf Cases（Federal Republic of Germany/Denmark, Federal Republic of Germany/Netherlands），Judgments, I. C. J. Reports 1969, available at http：//www.icj-cij.org/docket/files/52/5561.pdf，最后访问日期 2017 年 11 月 29 日。

值得注意的是，2013 年 10 月，中国、文莱两国发表了《中华人民共和国和文莱达鲁萨兰国联合声明》，双方决定进一步深化两国关系，并一致同意支持两国相关企业开展海上共同开发、勘探和开采海上油气资源。紧接着，中国、越南两国发表了《新时期深化中越全面战略合作的联合声明》，双方同意积极研究和商谈共同开发问题，在政府边界谈判代表团框架下成立中越海上共同开发磋商工作组；本着先易后难、循序渐进的原则，稳步推进湾口外海域划界谈判并积极推进该海域的共同开发。① 2014 年 11 月，中国国家主席习近平分别会见前来参加亚太经合组织第 22 次领导人非正式会议的文莱苏丹哈桑纳尔、马来西亚总理纳吉布时也指出："中方愿意同文方加强海上合作，推动南海共同开发尽早取得实质进展"；中、马"双方要推进海上合作和共同开发，促进地区和平、稳定、繁荣"。2015 年 11 月，《中越联合声明》再次强调："双方将稳步推进北部湾湾口外海域划界谈判并积极推进该海域的共同开发，同意加大湾口外海域工作组谈判力度，继续推进海上共同开发磋商工作组工作，加强低敏感领域合作。"可以预见，海上共同开发问题将成为未来中国对外关系的重要内容之一。因此，全面深入研究"海上共同开发国际案例与实践"，无疑具有重要的理论价值与现实意义。

为了进一步推动海上共同开发的国际法理论与实践研究，2013 年 10 月，在武汉大学中国边界与海洋研究院和国际法研究所的鼎力支持下，特别是在武汉大学资深教授胡德坤老师的鼓励和帮助下，我以首席专家的身份，联合国内外 20 多家教研机构和实务部门的专家，成功申报了教育部哲学社会科学研究重大课题攻关项目——"海上共同开发国际案例与实践研究"，并被批准立项。经过几年的悉心研究，我们逐步推出了一些研究成果。"海上共同开发国际案例与实践研究丛书"就是其中之一。

"海上共同开发国际案例与实践研究丛书"的出版，具有以下

---

① 早在 2005 年 10 月，中国海洋石油总公司和越南石油总公司就在越南河内签署了《关于北部湾油气合作的框架协议》。

学术价值和现实意义。

第一，它将开拓海洋法理论的新视野。传统海洋法研究是以《联合国海洋法公约》中的相关制度为主，而在"和平、发展、合作"的新时代背景下，"中国梦"的实现、中国海洋权益的维护给我们提出了许多新问题。"海上共同开发国际案例与实践研究丛书"从海上共同开发国际案例的分析入手，着眼于海上共同开发在"和平、发展、合作"的时代背景下面临的重大挑战，对海上共同开发的相关法律问题进行深入细致的研究，同时总结归纳出海上共同开发的优势、不足、经验、教训及启示，指出中国与周边海上邻国进行海上共同开发的困境与出路，具有十分重要的现实性和前瞻性。因此，"海上共同开发国际案例与实践研究丛书"可以拓新海洋法理论研究的视野，扩大中国在该领域的国际话语权。

第二，它有利于进一步促进国际法与国内法的互动、多学科的交叉。海上共同开发问题，涉及国际公法、国际私法、国际经济法、国际投资法、国际环境法、民商法以及国际关系、国际政治和外交学等内容。"海上共同开发国际案例与实践研究丛书"对海上共同开发合同进行研究，将扩大特殊国际民商事合同的范畴，丰富国际民商事合同法的内容；对海上共同开发中的投资保护、投资保险等内容的研究，是对特殊领域的国际投资法的完善；对海上共同开发争端解决机制的研究，有利于促进对国际民商事争议解决理论的研究；对海上共同开发优势、局限及其影响因素等方面的总结，将进一步推动国际法与国际关系的相互交融。同时，海上共同开发活动的复杂性和挑战性将促使我们采用以问题为中心、多学科方向共同研究一个问题的理论研究方法，这有利于扩展研究的视角，丰富研究内容和研究方法。

第三，它有助于进一步推动能源安全问题的研究。早在 1993 年中国就成为了石油净进口国，到目前中国石油对外依存度已达到60% 左右。因此，中国学术界一直在关注能源安全问题，这方面的研究成果也比较多。然而，已有的研究成果主要是从能源安全保障的宏观角度出发，涉及能源安全的战略、政策和法律体系的构建等问题，或对能源领域的合作做一些整体研究，并局限于一国领域内资源的合作开发。"海上共同开发国际案例与实践研究丛书"则从微观上对维护能源安全的一个具体措施——海上油气资源共同开发问题进行研究,对海上油气资源共同开发涉及的基本问题、公私法问题、争端解决机制等都进行了详细的论述,有利于进一步发展和完善有关能源安全以及海上石油资源共同开发的理论。

第四,它将为中国与周边邻国进行海上共同开发提供理论支撑。"海上共同开发国际案例与实践研究丛书"在深入研究海上共同开发基本理论问题的基础上,重点剖析已有的海上共同开发的国际案例和协定文本,详细探讨海上共同开发所涉及的第三方权利的处理、共同开发区块的划定、管理模式、税收制度、收益分配、海洋环境保护、管辖权以及争端解决程序等问题,并总结归纳出海上共同开发的优势、局限、经验、教训与启示等。"海上共同开发国际案例与实践研究丛书"的上述研究内容,无疑将为中国与周边邻国进行海上共同开发提供智力支持。同时,探讨海上共同开发周边近海资源的可行性和相关制度,为中国今后对外合作做好理论准备,也是十分必要的。

第五,它将为中国与周边邻国实现海上共同开发的突破提供法律政策建议。"海上共同开发国际案例与实践研究丛书"的出发点是分析国际社会已有的海上共同开发案例和协定文本,落脚点是中国与周边邻国海上共同开发的实践。因此,"海上共同开发国际案例与实践研究丛书"将在研究海上共同开发典型案例和协定文本的基础上,通过回顾中国与周边邻国海上共同开发的有关实践,深刻剖析中国与周边邻国的海上共同开发究竟存在哪些困境,产生这些困境的原因又是什么;最后为中国与周边邻国海上共同开发的突破提供一些具有操作性的法律政策建议。

第六,它将为维护中国岛屿主权和海洋权益提供法律解决参考方案。中国可主张的管辖海域面积约为 300 万平方千米。由于历史和现实的复杂原因,在属于中国主张管辖的 300 万平方千米的海域中,近一半存在争议,海域被分割、岛礁被占领、资源被掠夺的情况较普遍。中国的 8 个海上邻国,对中国的一些岛屿主权和海洋权益均提出不同程度的无理要求。然而,已有的海上共同开发的国际案例均表明，海上共同开发与海域划界存在着密切的关系。因此，"海上共同开发国际案例与实践研究丛书"的研究成果将为中国国家领导人、国家机关、政府部门在制定和实施中国海洋维权措施的过程中、在中国合理解决与邻国海洋权益争端的问题上，提供国际法方面的智讯，从而为中国合理解决岛屿主权和海洋权益争议提供参考方案。

　　"海上共同开发国际案例与实践研究丛书"的顺利出版，离不开武汉大学出版社的大力支持，特别是策划编辑张欣老师的鼎力相助，在此特致谢忱；同时，也很感谢"2017 年度湖北省学术著作出版专项资金"的资助。此外，"海上共同开发国际案例与实践研究丛书"存在的错讹之处，恳请读者不吝指正。

杨泽伟①

2017 年 11 月 29 日

于武汉大学珞珈山

---

　　① 教育部长江学者特聘教授、法学博士、武汉大学国际法研究所（国家高端智库）博士生导师，国家社科基金重大招标项目和教育部哲学社会科学研究重大课题攻关项目首席专家。

前　　言

　　海上共同开发一般是指主权国家在协议基础上，就跨越双方海洋边界线或者对争议海域内的油气等资源，以某种形式进行勘探或开发的法律安排。海上共同开发是处理跨界资源和争议海域资源勘探和开发的一种国家间安排。海上共同开发的管理模式决定着海上共同开发区管理机构的职能、国家参与职能、开发区的管理方式、石油公司参与方式、管辖权分配、法律适用等一系列法律问题。本书通过对海上共同开发管理模式中的共性法律问题展开研究，比较不同管理模式的优劣性，深入剖析海上共同开发管理模式的相关法律问题，并试图为中国在南海的共同开发模式提出法律建议。本书主要分为五章：

　　第一章是对海上共同管理模式的概述。对海上共同开发制度的整体认识、法律特性的分析是对管理模式进行一般性和差异性研究的基础。海上共同开发管理模式发展的基础是国家实践，因而其在具体制度设计上的差异性不可避免。但从整体来看，海上共同开发管理模式形成了代理制、联合经营和管理机构主导模式三种基本类型。这三种管理模式复杂程度逐渐增加，而国家主导性依次降低。在海上共同开发管理模式出现之前，国际社会已经出现了其他类型的资源合作开发管理模式，如国际水资源开发管理模式、国际渔业资源管理模式。通过比较，不难发现对跨界或共同资源进行合作性开发和管理并非仅存在于海上共同开发中，其他领域同样存在。究其原因，是源于国家通过建立合作机制加强资源信息和技术分享、资源管理、可持续利用，更能促进资源的有效开发。

　　第二章是对海上共同开发管理模式法律框架的剖析。海上共同开发管理模式的法律构建包括两个大的方面：一是构建管理模式时必须进行安排的法律因素有哪些;二是管理模式法律框架具体如何构成。无论采用何种管理模式,都需要在共同开发开始之前区分必备的法律要素和可留待后期安排的法律要素两种类型,前者决定了海上共同管理模式法律框架的具体内容,后者可在具体活动中作出补充规定。海上共同开发管理模式的法律架构包括五个方面:一是国家、石油公司和联合管理机构三个管理主体间的分工和协调;二是海上共同开发的地域范围,即共同开发区的选定和划分;三是海上共同开发管理对象,即资源类型和收益分配方式;四是共同开发区内管辖权的分配和保留;五是争端解决方式。只有处理好了这五个方面,共同开发区的管理模式才能算初步建立起来。

　　第三章是对联合管理机构类型和职能的分析。联合管理机构是海上共同开发管理模式的核心内容。伴随管理模式的不同,以及相关国家协商程度的差异,联合管理机构也呈现不同模式。联合管理机构大致可分为单一性的联合管理机构、咨询式联合管理机构、法人型联合管理机构三种类型。同时,在海上共同开发区内,联合管理机构和国家职能是此消彼长的关系。三种类型的联合管理机构的职权依次逐渐增强,国家对管辖权的让渡逐渐增多,国家也表现出"完全主导—重要参与—补充性角色"的功能转变。不同类型的联合管理机构也存在共性的法律问题,如机构职能、成员的构成等。为了保证区域内开发活动的顺利进行,应当对联合管理机构的职权进行分类,包括应授予的必要职权、可附加的职权、法人型联合管理机构可延展的职权。

　　第四章探讨了海上共同开发管理模式的发展方向,并在此基础上对管理模式的选择提出建议。海上共同开发管理模式呈现出以下趋势:传统代理制模式逐渐被淘汰,但产生了一些新的变形;联合经营模式合作方式多元,被最常采用;进入 21 世纪后产生了更多管理机构主导模式的国家实践。从总体脉络来看,联合管理机构经历了从无到有,从简单到复杂的过程;联合经营模式下多建立咨询式的联合管理机构,且职权更加健全;管理机构主导模式下联合管理机构由最初的单层结构向多层结构发展。因此,对海上共同开发管理模式的选择应兼顾目的性、效率性与灵活性。结合对经济发展状况、法律制度差异和政治互信程度综合分析，选择更高效的管理模式，并建立常设性的联合管理机构。

第五章是结合南海地缘政治经济现实，对中国在南海共同开发管理模式的选择提出法律和政策建议。中国与其他南海声索国间岛屿争端和海洋权益争端的存在、各国对资源竞相开发的现状、南海地缘政治地位的敏感性，共同决定了南海共同开发比较困难。中国推进南海合作的现实需要，与其他南海声索国的政治环境和法律制度的现状，决定了中国推进南海共同开发，应以政治目的为先、经济利益在后。因此，兼顾国家主导和灵活性的联合经营模式是优先选择。在具体法律要素上，区块选择、参与主体、机构选择、利益分配方式上也要更加谨慎和灵活。同时，中国和其他南海声索国也应该在低敏感度领域加强合作，营造良好的合作氛围，促进南海共同开发的突破。

本书的研究以国家实践为研究蓝本，在理论分析基础上结合相关国家和地区的实践，希望最终服务于中国的现实需要。早在 20 世纪 70 年代我国就已经提出"搁置争议、共同开发"，至今也尚未实现突破。但理论研究既需要对现实予以回应，也需要服务于国家未来的需要。海上共同开发立足于国家实践而发展，因此实践形式、现实效果均具有一定的差异性，加之本人学识能力有限，欠缺相关实务部门的工作经验，难免存在这样或那样的不足，希望广大专家学者批评指正。

邓妮雅

2018 年 3 月 14 日

目　　录

1

绪　论

　　海上共同开发一般是指主权国家在协议基础上，就跨越双方边界线或者对争议海域内的油气等共同资源，以某种形式进行勘探或开发。海洋覆盖地球70%的面积，蕴藏地球至少65%的自然资源。21世纪是海洋世纪，各国都积极向海洋进军，开发和利用海洋资源。1994年生效的《联合国海洋法公约》（以下简称《公约》）一方面标志着新的国际海洋法律秩序的建立，另一方面《公约》确立的综合性的海洋法律制度带来了大量权利主张重叠的海域。《公约》划界规则的模糊性和国家海洋权利的敏感性，造成了海洋划界难以在短期内完成，但这并不阻碍国家之间对海洋经济和海洋资源的利用和开发。依据《公约》第74条和第83条的规定，相关国家可以采用"临时性安排"，其中海上共同开发是一种重要的实践形式。自1958年巴林和沙特阿拉伯在波斯湾实施共同开发以来，海上共同开发在五十年的实践中呈现出成熟的发展形态，成为国家处理跨界资源和争议海域资源开发的有效方法。

一、研究的缘起

　　海上共同开发是在海洋经济需求、海洋资源勘探技术进步，以及国际海洋法发展三种因素共同作用的基础上产生和发展起来的。国家间早期的资源开发合作形式来源于国际渔业领域，后来拓展至海上石油和天然气等非生物资源的共同开发。一直到20世纪50年代末，国际社会并没有关于如何在主张重叠区内进行共同开发的国际法规则。随着跨越国家边界或主张重叠区内离岸石油和天然气的发现，相关法律问题产生，这给国际社会提出了如何处理这种情形的难题。① 早期学者提出了各种解决方法，包括先占原则、领土主权原则、共同财产所有权原则、保护矿藏统一性原则、国际强制一体开发原则等。② 1958 年，巴林和沙特阿拉伯签订条约在波斯湾进行共同开发，这是国际上第一个海上共同开发的实践。1962 年，荷兰和德国采用联合经营形式，对埃姆斯河口界线两侧的石油和天然气进行勘探和开发。随后，在 1969 年北海大陆架案（North Sea Continental Shelf）的判决中，国际法院引用了这两个先例，并肯定其所采用的共同开发是处理沿海国大陆架上跨界资源最有效的开发和分配方式。③ 法庭在判决中还引用了北海之外其他海域，国家处理跨界资源矿藏所采用的类似共同开发的实践，以指明即使在未划界地区也可以采用共同开发或利益分享的方式。在 1969 年北海大陆架判决之后，国际社会迅速产生了 6 个海上共同开发的国家实践，这些国家实践的产生加强了国际社会的认同。④ 在 20 世纪 70 年代和 80 年代，海上共同开发成为了一个得到认可的国际现象。到 2000 年以后，海上共同开发进入平稳阶段，国家实践的地域范围进一步扩展，南美洲的大西洋西南部和非洲西海岸的中部也出现了海上共同开发的国家实践。海上共同开发作为一种在国家实践基础上发展起来的务实方法，在《公约》"临时性安排"确认之下，

---

① 参见 Zhiguo Gao, The Legal Concept and Aspects of Joint Development in International Law, Ocean Yearbook, Vol. 13, 1998, p. 109。

② 参见 R. Lagoni, Oil and Gas Deposits Across National Frontiers, American Journal of International law, Vol. 73, 1979, pp. 219-221；Zhiguo Gao, The Legal Concept and Aspects of Joint Development in International Law, Ocean Yearbook, Vol. 13, 1998, p. 109；蔡鸿鹏：《争议海域共同开发的管理模式：比较研究》，上海社会科学出版社 1998 年版，第 5~10 页。

③ 参见 North Sea Continental Shelf cases（Federal Republic of Germany/Denmark；Federal Republic of Germany/Netherlands），Judgment, I. C. J. Reports 1969, Para. 97, p. 52。

④ 20 世纪 70 年代的海上共同开发案例有 6 个：1971 年伊朗和沙迦共同开发案，1974 年日本和韩国共同开发案，1974 年法国与西班牙划界与共同开发案，1974 年沙特阿拉伯和苏丹共同开发案，1976 年英国与挪威共同开发弗里格天然气案，1979 年马来西亚和泰国共同开发案。

一直保有其生命力。

　　中国作为一个拥有 18000 多公里海岸线的海洋大国，面临复杂的地缘政治形势，周边海域岛屿主权争端和海域划界争端的存在决定了中国在处理海洋问题上需要寻求更多的突破，以维护海洋权利，稳定周边政治环境。早在 20 世纪 70 年代，中国国家领导人就提出了"主权属我、搁置争议、共同开发"的原则，试图以此来解决中国和周边邻国的岛屿和海洋权益争端。但迄今为止，中国周边海域的共同开发举步维艰。近几年来，中国领导人积极推动海上资源的开发与海域划界。2013 年 10 月 11 日，中国和文莱发表《中华人民共和国和文莱达鲁萨兰国联合声明》，双方同意加强海上合作，推进共同开发。2013 年 10 月 15 日，中越发表《新时期深化中越全面战略合作的联合声明》，提议探讨海上问题过渡性解决办法，双方同意加强对现有谈判磋商机制的指导，加大中越北部湾湾口外海域工作组和海上低敏感领域合作专家工作组工作力度；本着先易后难、循序渐进的原则，稳步推进湾口外海域划界谈判并积极推进该海域的共同开发。2014 年 11 月 10 日，习近平主席会见参加 APEC 会议 5 国经济体领导人时，同文莱、马来西亚领导人都提出了推进南海海上合作和共同开发。由此可见，虽然南海共同开发进程缓慢，但政府层面已经达成了部分原则共识和一致。同时，随着"一带一路"倡议的迅速推进，中国与东盟国家间签订了一系列的合作声明，中菲"南海仲裁案"之后南海局势也相对降温，整体政治环境得到改善和提升。随着中国东盟自贸区的建立和海上丝绸之路的建设，中国和南海声索国的合作加强，也会出现新的合作领域。

　　二、研究意义

　　海上共同开发的管理模式问题贯穿共同开发整个过程中。随着海上共同开发国家实践的发展，管理模式从最初简易的代理制模式发展出了联合经营、管理机构主导两种新的类型的模式。这三种模式基于国家实践产生而又具备不同的特点，模式之间的界限和适用情形与规则也并不存在统一的区分，因此，我们需要从理论上加以剖析。从现实层面来说，中国与南海声索国能否实现共同开发，管理模式的选择和构建是一个重要的法律问题。研究海上共同开发管理模式的具体法律要素、联合管理机构的权限范围、国家管辖权的让渡和职能平衡，可以更全面剖析管理模式中法律构建的方式。因此，深入研究海上共同开发管理模式中的法律问题，具有一定的理论和现实意义。

本书将通过对国家实践中共同开发模式和制度安排的比较研究，总结和归纳共同开发模式中的法律问题，并结合中国的海洋争端现状，提出适合中国的管理模式的建议。通过研究，本书试图从以下两个方面对现有的研究进行延展：

第一，补充海上共同开发管理模式研究的不足。从20世纪60年代开始，国外学者就开始研究海上共同开发问题，并于20世纪80年代开始进入研究的高峰期。但专门研究共同开发管理模式的论著较少，除了《争议海域共同开发的管理模式：比较研究》（蔡鸿鹏，1998）外，对海上共同开发管理模式的研究主要散见于研究海上共同开发著作和论文的具体章节中。本书通过对海上共同开发国家实践中，不同类型管理模式的差异性和共性的研究，更为全面地剖析管理模式法律框架的构成、管理机构的职能和选择、国家角色的差异性，比较不同模式的优缺点，归纳管理模式和管理机构的发展趋势，全面地论述海上共同开发管理模式的法律问题。

第二，归纳海上共同开发管理模式的经验教训，并为中国在南海共同开发管理模式的选择提供法律和政策建议。首先，海上共同开发是通过国家实践发展起来的，没有哪种管理模式具有绝对的优越性，管理模式的选择很大程度上是由相关国家政治导向、经济倾向性和国内法律制度综合决定的结果。不同区域情况不同，管理模式的构建也不同。本书建立在对既有案例比较研究的基础上，就海上共同开发管理模式的经验教训进行总结，并提出管理模式选择的影响因素。其次，中国与南海声索国能否实现共同开发，一方面取决于中国与邻国政治环境的改善和国家合作的选择和进程，另一方面取决于中国与邻国的现实需求和制度设计可否战胜复杂的现状和困境。这两方面的因素中，前者取决于国家政治和国际政治环境的影响；后者取决于对现实分析和制度设计，而且后者可以推动前者向积极的方向发展。本书在管理模式法律问题分析的基础上，结合中国周边政治和法律现状，最终为中国在南海进行共同开发建立何种模式，以及推动共同开发可作出何种努力，提出法律建议。

三、研究现状

总体而言，国内外的研究主要集中于三个方面：（1）海上共同开发基本理论研究，包括共同开发制度的发展、国际法基础、共同开发与海洋划界的关系；（2）共同开发具体案例的比较研究；（3）区域共同开发的可能性和必要性的分析。国内海上共同开发制度研究较为零散，而国外对海上共同开发的研究开始的更早，成果也更为丰富。

（一）国内研究现状

第一，国内学者侧重于从国际法或国际关系的角度出发，探讨有关东海、南海海洋划界和共同开发问题的文章较多。代表性论文主要有：杨泽伟《论海上共同开发"区块"的选择问题》（《时代法学》2014 年第 3 期），杨泽伟《"搁置争议、共同开发"原则的困境与出路》（《江苏大学学报》2011 年第 3 期），安应民《论南海争议区域油气资源共同开发的模式选择》（《当代亚太》2011 年第 6 期），贾宇《中日东海共同开发的问题与前瞻》（《世界经济与政治论坛》2007 年第 4 期），周忠海《论南中国海共同开发的法律问题》（《厦门大学法律评论》2003 年第 5 期）。代表性学位论文有：宋婷《对中日东海大陆架共同开发问题的研究》（中国海洋大学 2006 年），迟远达《中日"东海共识"浅析及东海共同开发建议》（中国海洋大学 2010 年），叶雷《东海与南海油气资源共同开发的比较研究》（上海交通大学 2012 年）等。

第二，国内学者研究海上共同开发管理模式的具体法律问题的专著和论文较少。最有代表性的著作是蔡鹏鸿《争议海域共同开发的管理模式：比较研究》（上海社会科学院出版社 1998 年版），该书以共同开发的管理模式为研究对象，比较全面地分析了共同开发中涉及的法律问题，并重点剖析了 11 个案例。但由于出版年限的限制，2000 年以后共同开发的国家实践没有体现。其次，萧建国于 2006 年出版的《国际海洋边界石油的共同开发》也是国内研究海上共同开发的代表性著作。该书研究了共同开发的国家实践、国际法依据、理论基础、框架内容、中国与邻国的开发历史与展望等内容。该书研究内容较之于蔡鹏鸿一书更为全面，侧重于海上共同整体制度的法律分析，海上共同开发管理模式的问题仅在第五章中有部分论述。除此之外，没有关于共同开发管理模式的专门著作。同时，对共同开发的具体案例研究的论文较多，具有代表性的论文有：蔡鹏鸿《共同开发有争议海域之思考》（《亚太论坛》1994 年第 5 期）、蔡鹏鸿《波斯湾有争议海域共同开发案例概述》（《亚太论坛》1996 年第 10 期）、罗国强和郭薇《南海共同开发案例研究》（《南洋问题研究》2012 年第 2 期）等。

（二）国外研究现状

第一，从 20 世纪 50 年代，国外学者就开始研究共同开发问题，伴随着国家实践的发展，产生了一些标志性的研究成果。20世纪 50 年代末 60 年代初，波斯湾和欧洲大陆先后出现了海洋和陆地石油资源共同开发的案例。1968 年，美国的石油法律专家奥兰多（William Onorato），正式发表了第一篇有关共同开发的文章——《国际共同石油储藏的分配》（Apportionment of an International Common Petroleum Deposit）。进入七八十年代，海上共同开发的实践不断增多，相应的研究成果也进入了高峰。比较具有代表性的是美国夏威夷东西环境与政策研究中心（Environment and Policy Institute of the East-West Center，简称 EAPI/EWC）、亚洲近海矿物资源共同勘探协调委员会（Committee for Co-ordination of Joint Prospecting for Mineral Resources in Asian Offshore Area，简称 CCOP）、联合国亚洲和太平洋经济与社会委员会（United Nations Economic and Social Commission for Asia and the Pacific，简称联合国亚太经社会），举行了"南海碳氢化合物潜力及共同开发可能性"的研讨会，并于 1980 年、1983 年、1985 年、1989 年共举行了四次会议。① 英国国际法与比较法研究所（The British Institute of International and Comparative Law），组织了一个由学术界、石油专家和律师组成的小组，专门就海上共同开发问题进行研究，并起草完成了共同开发协定的范本。1990 年，该小组的研究成果汇编成《近海油气的共同开发》（Joint Development of Offshore Oil and Gas）两卷，该成果标志着对海上共同开发的研究水平达到了巅峰，目前仍是研究海上共同开发问题最深入、最全面和最权威的著作。1999 年，日本学者三友正弘（Miyoshi Masahiro）发表了《有关海域划界的近海油气的共同开发》（The Joint Development of Offshore Oil and Gas in Relation to Maritime Boundary Delimitation），就共同开发的概念、海洋划界问题进行了论述，并就 14 个重点案例进行了较为深入的研究。

第二，进入 21 世纪以来，随着共同开发的国家实践进入回落阶段，关于共同开发的研究也集中于具体案例分析或者区域实践展开，或者探讨共同开发与海洋划界的关系，研究成果较为零散。代表性的著作有：2013 年，新加坡国立大学南海洋问题专家罗伯特·贝克曼（Robert Beckman）等著的《超越南海领土争端：碳氢资源共同开发的法律框架》（Beyond Territorial Dispute in the South China Sea: Legal Framework for the Joint Development of Hydrocarbon Resources, Edward Elgar Publishing Limited, 2013），探讨了南海共同开发的可能性、共同开发的理论基础、国家实践的具体内容等方面；2014 年，德国马克斯-普朗克研究所的国际法博士瓦斯科·比彻·温伯格（Vasco Becher-Weinberg）所著的《海上碳氢矿床共同开发》（Joint Development of Hydrocarbon Deposits in the Law of the Sea, Springer-Verlag Berlin Heidelberg, 2014）对海上共同开发的概念、协定条款、法律义务等问题进行了分析。

代表性的论文分为以下几种类型：一是对不同海域共同开发案

---

① 参见 Masahiro Miyoshi, The Basic Concept of Joint Development of Hydrocarbon Resources on The Continent Shelf, International Journal of Estuarine and Coast law, Vol. 3, 1988, pp. 3-4。

例的分析，如澳大利亚和东帝汶的共同开发案、爱琴海的海洋划界的发展，（David M. Ong, The New Timor Sea Arrangement 2001：Is Joint Development Of Common Offshore Oil And Gas Deposits Mandated Under International Law?, International Journal Of Marine & Coastal Law, Vol. 17, No. 1, 2002；Yucel Acer, Proposal for a Joint Maritime Development Regime in the Aegean Sea, Journal of Maritime Law and Commerce, Vol. 37, No. 1, 2006；Anthony Heiser, East Timor and the Joint Petroleum Development Area, Australian and New Zealand Maritime Law Journal, Vol. 17, 2010 等）；对海上共同开发制度的研究，如探讨海上共同开发与海洋划界的关系、海上共同开发的作用，（Yusuf Mohammad Yusuf, Is Joint Development A Panacea For Maritime Boundary Disputes and For The Exploitation Of Offshore Transboundary Petroleum Deposits? International Energy Law Review, Vol. 4, 2009；Paul Michael Blyschak, Offshore Oil and Gas Projects Amid Maritime Border Disputes：Applicable Law, Journal of World Energy Law and Business, Vol. 6, 2013 等）；还有对海上共同开发在南海适用的可能性进行分析，（Zou Keyuan, Joint Development in The South China Sea：A New Approach, International Journal Of Marine & Coastal Law, Vol. 21, No. 1, 2006；Robert Beckman, The UN Convention on the Law of the Sea and the Maritime Disputes in the South China Sea, American Journal of International Law, Vol. 31, No. 1, 2013 等）。

第三，国外学者提出了南海的共同开发方案，但是专门论述共同开发管理模式的论文著作较少。美国夏威夷东西文化中心教授瓦伦西亚（Mark J. Valencia）提出的《南沙解决方案》（A Spratly Solution），主张在非军事化和搁置主权等前提下，由涉及南沙领土争端的各国组成一个多国性的"南沙开发局"（A Multilateral Spratly Development Authority），负责开采多国争议海域的资源、渔业管理、环境维护，以及就该区域之科学研究及生态环境保护等事项，促进国际合作。这种提案从南海开发的整体着眼，强调多国家间的合作，具有一定的创新性。但该提案的实现也面临巨大的挑战，它忽略了南海复杂的地缘政治形势以及中国的主张，在当今政治形势下缺乏可行性。新加坡国立大学国际法中心，近年来针对南海问题召开了许多国际会议，但相关会议论文仍然集中于基础理论研究和具体案例分析，关于南海共同开发的实际解决方案和开发模式的论文较少。

四、研究方法

海上共同开发中管理模式问题决定着开发区管理机构的权利范围、开发区的管理方式、石油公司的参与方式、管辖权分配、法律适用等一系列法律问题。本书在对国家实践分析的基础上，总结和归纳不同管理模式的共性法律问题，比较不同管理模式的优劣性，分析联合管理机构和国家两个管理主体职能的分配和互补关系，深刻地剖析海上共同开发管理模式的法律问题，并结合南海的具体情形，为中国在南海的共同开发模式提出法律建议。本书主要采用三种研究方法：

第一，案例研究方法。海上共同开发是在国家实践的基础上发展起来的，包括划界前争议海域的共同开发，也包括跨界资源的共同开发。本书立足于既有的海上共同开发的案例，归纳和总结海上共同开发管理模式中共性的法律问题，探究个别案例中管理模式中值得参考和借鉴的设计方案，并力图对中国与邻国共同开发的管理模式的设计，提出可供参考的模式。

第二，跨学科的研究方法。海上共同开发不仅是政治主张，也是法律概念。它与国际政治、国民经济、文化传统紧密相关，也涉及诸多的法律领域，如国际法基本理论、海洋法、石油法等方面。只有结合国家的政治立场、经济倾向性、国内法和国际法规定对本选题进行综合性研究，才能对共同开发的管理模式问题作出深刻的剖析，并提出合适的共同开发管理模式的设计方案。

第三，比较研究方法。研究海上共同开发的基础是国家实践，而国家实践存在一定的差异性。我们在对海上共同开发管理模式进行研究的过程中，如何判断其管理模式是否可行，具有多大的借鉴意义，一定是基于管理模式本身的特点，以及不同模式之间以及实施效果之间的比较。同时，海上共同开发管理模式只是《公约》第 74 条和第 83 条所指的"临时性安排"这一种实践形式，在渔业资源、跨界水资源等领域同样存在相同的合作形式，我们同样需要将几种"临时性安排"进行比较，以探讨其差异性以及适用性，并从相似合作模式中吸取经验教训。

第一章 海上共同开发管理模式概述

海上共同开发是相关国家通过协议的方式，对跨越边界线或者主张重叠海域内的油气等自然资源，共同进行勘探、开发、利用的合作形式。1958 年巴林和沙特阿拉伯共同开发波斯湾大陆架案是第一例海上共同开发的国家实践。从其产生至今，海上共同开发已经有 50 年的历史，其法律制度和国家认同也趋于稳定。海上共同开发是在国家实践的基础上发展和丰富起来，并作为《公约》第74 条第 3 款和 83 条第 3 款所指的"临时性安排"的一种具体形式，① 旨在促进沿海国实现海洋资源得到"公平而有效的利用"的目标。② 海上共同开发的管理模式问题贯穿于共同开发整个过程中。海上共同开发管理模式决定着海上共同开发区管理机构的权利范围、开发区的管理方式、石油公司的参与方式、国家的角色、法律适用等具体问题。在海上共同开发管理模式之前，国际社会也产生了跨界水资源管理模式、国际渔业资源管理模式的国家实践，三种管理模式之间存在相似性，也具有不同程度的差异性。将这三种管理模式横向进行比较，有助于更好地理解海上共同开发管理模式的法律特征。

第一节 海上共同开发的内涵

在研究管理模式之前，我们需要明确海上共同开发的内涵，这

---

① 1982 年《联合国海洋法公约》第 74 条和 83 条第 3 款，傅崐成编校：《海洋法相关公约及中英文索引》，厦门大学出版社 2005 年版，第 28、31 页。

② 参见 1982 年《联合国海洋法公约》前言，傅崐成编校：《海洋法相关公约及中英文索引》，厦门大学出版社 2005 年版，第 1 页。

包括其定义、国际法律基础、国际法性质等方面。对海上共同开发管理模式的研究应建立在对海上共同开发法律性质充分认识的基础上。剖析海上共同开发的法律内涵，一方面可以对该制度本身的法律特性有一个整体认识；另一方面明确海上共同开发制度的法律特性可为构建管理模式提供方向和原则性的引导。

一、海上共同开发的定义

尽管海上共同开发的理论研究和国家实践已经十分丰富，但国际社会并没有形成统一的定义。许多学者和机构都从不同的角度、目的、结构等方面对海上共同开发的概念进行定义。高尔特（Gault I. T）将共同开发定义为：两国或多国决定共同行使对特定区域的权利，为勘探和开发离岸矿物资源进行某种程度上的合作管理形式。① 高尔特认为海上共同开发的概念非常广泛，不仅有国家直接参与，而且包括国家依据税收分享和参与的特殊规则采取国内措施，以促进指定区域（资源）的共享。② 拉戈尼（Rainer Lagoni）认为共同开发是主权国家间的合作方式，是"一种以国家间建立协定为基础的国际法概念"，从而排除了合同型的合作。他指出共同开发是指国家间为勘探和开发跨越国家边界，或处理主张重叠区域内"非生物资源（non-living resources）"的某些矿床、矿田、或矿体，而进行的合作。③ 日本学者三友正弘（Masahiro Miyoshi）认为"共同开发的概念应限制在政府间协定的基础上，

---

① 参见 Ian Townsend-Gault, Joint Development of Offshore Mineral Resources-Progress and Prospect for the Future, Natural Resources Forum, Vol. 12, 1988, p. 275。

② 参见 Hazel Fox et al. , Joint Development of Offshore Oil and Gas-A Model Agreement for States for Joint Development with Explanatory Commentary, London: the British Institute of International and Comparative Law, Vol. 1, 1989, p. 43。

③ 参见 R. Lagoni, Report on Joint Development of Non-living Resources in the Exclusive Economic Zone, Warsaw Conference of the International Committee on the Exclusive Economic Zone, International Law Association, 1998, p. 2。

以达到共同勘探和/或开发领海之外海床上油气资源的功能性目的"。这种定义同样排除了政府与私人企业建立联合企业进行资源开发形式。① 三友正弘也赞同存在已定边界的共同开发，和未定边界的共同开发这两种形式的共同开发制度。② 瓦伦西亚（Mark J. Valencia）将共同开发定义为"主张重叠的国家之间为避免主权争端，通过签订协议共同勘探和开发指定区域内的资源"。③ 英国比较法与国际法研究在其出版的《近海油气资源共同开发》一书中，将共同开发定义为："为了平等分享一方或双方依据国际法享有的，在大陆架或专属经济区海床和底土上特定区域内的油气资源，主权国家间在协议基础上，通过国家合作和国家政策的形式进行的勘探或开发活动。"④ 世界银行专家史哈塔（Ibrahim F. I. Shihata）和能源法专家奥兰多（William T. Onorato）认为，"共同开发是一种搁置边界争端，在不影响国家冲突性主张法律效力的前提下采取的程序性安排，由相关利益国同意共同勘探、开发和分享主张重叠区内发现的碳氢化合物资源"。⑤ 我国学者高之国认为，"共同开

---

① 参见 Masahiro Miyoshi, The Basic Concept of Joint Development of Hydrocarbon Resources on The Continent Shelf, International Journal of Estuarine and Coast law, Vol. 3, 1988, p. 3. Masahiro Miyoshi, The Joint Development of Offshore Oil and Gas in Relation to Maritime Boundary Delimitation, International Boundaries Research Unit, Maritime Briefing, Vol. 2, No. 5, 1999, p. 3。

② 参见 Masahiro Miyoshi, The Basic Concept of Joint Development of Hydrocarbon Resources on The Continent Shelf, International Journal of Estuarine and Coast law, Vol. 3, 1988, p. 3。

③ Mark J. Valencia, Taming Troubled Waters: Joint Development of Oil and Mineral Resources in Overlapping Claim Areas, San Diego Law Review, Vol. 23, 1986, p. 661.

④ Hazel Fox et al., Joint Development of Offshore Oil and Gas-A Model Agreement for States for Joint Development with Explanatory Commentary, London: the British Institute of International and Comparative Law, Vol. I, 1989, p. 45.

⑤ Ibrahim F. I. Shihata & William T. Onorato, The Joint Development of International Petroleum Resources in Undefined and Dispute Areas, ICSID Review-Foreign Investment Law Journal, 1996, p. 300.

发是一个政治概念，是两个或多个相关国家为了开发和分配争端区域内潜在的自然资源，在协定基础上对区域内资源共同行使主权权利和管辖权的合作形式"。① 蔡鹏鸿先生将共同开发定义为，"争议方在建立协定基础上，对一块有争议海域内的非生物资源，进行以开发为目的的国家间的一种特殊的经济合作方式"。② 萧建国先生从法律和功能性两种角度对共同开发进行定义，认为"它是指主权国家基于协议，就跨越彼此间海洋边界线或位于争议区的共同矿藏，以某种合作形式进行勘探或开发"。③

结合国内外的研究成果和国家实践，笔者更倾向于从广义角度定义海上共同开发。海上共同开发应当包括两种类型：一是跨界资源的共同开发；二是争议海域资源的共同开发。前者是指相关国家在边界线划定之后，为了促进对边界两边单一矿床上油气资源有效开发、公平分享，在协议基础上对特定区域进行共同勘探和开发。后者是相关国家为公平分享主张重叠区内的资源，双方搁置边界争端共同勘探和开发特定区域内的自然资源。综合而言，海上共同开发是指两国或多国为了有效开发和共同分享，其依据国际法享有的大陆架或专属经济区内的自然资源，通过签订协议对跨界或争议地区内的特定区域，采用的共同勘探和开发的合作模式。

具体而言，海上共同开发具有以下几个方面的法律内涵：

第一，海上共同开发协定是国际条约，缔约方必须是国家，且多以双边条约为主。这包括两层含义：一是，国家与国际石油公司等私主体签订的条约不属于海上共同开发协定；二是，海上共同开发协定虽以双边条约为主，不能排除多国签订多边共同开发协定的

① Zhiguo Gao, The Legal Concept and Aspects of Joint Development in International Law, Ocean Yearbook, Vol. 13, 1998, p. 112.

② 蔡鸿鹏：《争议海域共同开发的管理模式：比较研究》，上海社会科学出版社1998年版，第9页。

③ 萧建国：《国际海洋边界石油的共同开发》，海洋出版社2006年版，第16页。

可能性，实践中也存在三个国家合作进行海上共同开发的尝试。①

　　第二，海上共同开发对应的是单边开发、单独开发。共同开发最初是作为"捕获法规则"的相反概念产生的，但在国际法领域内并不存在"捕获法规则"，它只存在于早期的国内法中。② 海上共同开发的概念本身包含了国家间合作以共同勘探和开发自然资源的含义，任何单边的开发形式都不属于共同开发，国家即使不参与共同开发区内的实际作业，也同样有其他的参与形式。

　　第三，海上共同开发是针对缔约国划定的某一特定区域。在跨界共同开发中，该特定区域一般为跨界矿床或者指定区域；而在争议海域内，该特定区域可能是全部主张重叠区，也可能是部分主张重叠区，少数情形中也可能包括部分没有争议的海域。

　　第四，海上共同开发是缔约国在搁置争议的基础上，从经济和务实角度出发，作出的一种实际的临时性安排，它并不是一种划分边界的方法。油气资源的特性决定了无论是在跨界共同开发，还是争议海域共同开发中，相关国家间采用合作方式进行资源开采，更能促进资源的有效开发和资源公平分享。在争议海域内，海上共同开发并不会对大陆架或专属经济区主张产生影响，但又能满足其对自然资源的需求，获得经济效益。

　　二、海上共同开发的现实和法律基础

　　随着国际法的发展，海上共同开发在国家实践的基础上，逐渐成为一个得到国际社会认可的，处理跨界资源或争议海域资源开发的方式。但是，海上共同开发产生的国际法基础是什么？国家在处理跨界或争议海域资源问题时，是否必须进行共同开发，其适用的

---

　　① 参见 Vasco Becker-Weinberg, Joint Development Arrangements in Northeast Asia and the Gulf of Tonkin, in Robert Beckman et al. , Beyond Territorial Dispute in the South China Sea: Legal Framework for the Joint Development of Hydrocarbon Resources, Edward Elgar Publishing Limited, 2013, p. 235。

　　② 参见 Masahiro Miyoshi, The Basic Concept of Joint Development of Hydrocarbon Resources on The Continent Shelf, International Journal of Estuarine and Coast law, Vol. 3, 1988, p. 6。

时间、地域是否存在统一的规则？海上共同开发在国际法规则中的
法律地位是什么？弄清楚这些问题之后，我们才能对海上共同开发
的法律性质有充分的认识，国家在进行海上共同开发时，才能在制
度设计和模式选择上更为合理。

（一）单方面开发油气资源的不合理性

共同开发最早是来源于美国等国的国内法判例。早期国内法判
例对油气资源存在错误认知：一种观念认为油气资源可类比为不停
有源流补充的油井，是可以无尽开采的；另一种观念认为油气资源
具有无终点、无方向的流动性质，可以在地球地质层内毫无阻碍地
自由流动，单方的开采不会产生实质性的影响。在此基础上，早期
国内法院在处理相关案件时，倾向于将石油资源与野生动物或者不
按一定河道流动且不渗透的水资源进行类比，并适用"捕获法规
则"。随着对油气资源性质认识的加深，国家意识到油气资源是流
动的、可耗尽的、非可再生的资源，这带来了国内法在判定规则上
一系列的改变。这主要体现在以下几个方面：在获取规则上，资源
开采相关的权利与义务规则，代替了不受限制的捕获法规则。法律
多规定资源的共同所有者有义务防止故意或疏忽大意地浪费共同资
源；所有相关的资源共同所有人有义务防止污染；所有的资源所有
者有权公平地分享资源。如今，世界范围内产油国的国内法规则都
包含这样的规定：所有的共同利益相关者应当合作开发共享的油气
资源。① 大部分产油国法律也规定：存在跨界矿床时，利益相关方
有义务采用一体开发计划，并就油井的数量、井口距离等问题进行
协调。② 即使相关主体享有土地所有权，也并不一定对土地下的资

---

① 参见 William T. Onorato, Apportionment of An International Common
Petroleum Deposit, International and Comparative Law Quarterly, Vol. 17, 1968,
pp. 90-92。

② 参见 William T. Onorato, Apportionment of An International Common
Petroleum Deposit, International and Comparative Law Quarterly, Vol. 17, 1968,
p. 92；Robert G. Rogers & E. Spivey Gault, Mississippi Compulsory Fied-wide
Unitization, Mississippi Law Journal, Vol. 44, 1973, pp. 188-189。

源享有不受限制的开采权。

这些变化都是油气资源的特殊性所决定的。具体而言，油气资源自然性质包括以下几个方面：（1）油气资源是非可再生资源；（2）油气资源在一定的地质层内具有流动性，可通过岩石的空隙自由流动，难以将其控制在一定区域；（3）跨界液态或气态矿物资源不同于固态矿物资源，后者可以边界线为基准对所有权进行明确划分，而前者从界限两侧任何一个部分都可进行开采。这些特性决定了在开采时，不受限制的开采方式会对其他的共同所有者造成不公平的影响，也会带来竞争性和浪费式的开采，资源共享者应当通过合作方式以保证资源得到公平合理的分配。在已划定边界且边界线两侧存在单一矿床情形下，一国从大陆架一边进行开发，会对另一国的资源造成浪费或开采或不利影响的风险。① 同时，在跨界共同开发和争议海域共同开发中，涉及跨界资源以及重叠海域内资源分配问题，若缺乏相关国间的合作，也难以准确预测油气矿藏的深度和储量。在任何情形下，一方都不可以采取不受限制的单边开发方式，损害其他相关国家的利益。② 油气资源的特性决定了跨界油气矿床不一定与国家矿产许可证分割线、政治边界线相一致，从技术、资源保存和环境保护的角度来说，基于资源性质进行合作开发方式是更理想的策略。③ 通过双方合作共同开采资源的方式，既可以保证所有利益相关国平等分享资源，也可确保资源开发以可持续和高效的方式进行。海上共同开发就是双边或多边合作开发共同

---

① 参见 North Sea Continental Shelf cases（Federal Republic of Germany/Denmark；Federal Republic of Germany/Netherlands），Judgment，I. C. J. Reports 1969，para 97，p. 51。

② 参见 William T. Onorato，Apportionment of An International Common Petroleum Deposit，International and Comparative Law Quarterly，Vol. 17，1968，p. 101。

③ 参见 Ana E. Bastida et al.，"Cross-Border Unitization and Joint Development Agreements：An International Law Perspective"，Houston Journal of International Law，Vol. 29，2007，p. 357。

油气资源的典型模式。

（二）《公约》对国家管辖权的扩张与海洋面积有限性的冲突

《公约》被称为海洋法"宪章"，其确立了大陆架和专属经济区等综合性的国际海洋法律制度，相关制度也具有习惯国际法的地位。基于这种法律地位，无论沿海国是不是《公约》缔约国，均可依据《公约》规定主张本国对一定范围的邻接海域的主权权利和管辖权，因此，沿海国对邻接海域的管辖权得到扩展，这种扩展主要通过以下三个方面的规则来实现：第一，《公约》第77条规定，沿海国可为勘探大陆架和开发其自然资源的目的对大陆架行使专属性的主权权利。且沿海国对大陆架的主权权利是与生俱来的，无需有效或象征性的占领或公告。[①] 对于大陆架权利的范围，1958年《大陆架公约》确定了"200海里+可开发"原则。[②] 这种原则更有利于科学技术更先进的发达国家。《公约》第六部分进行了修改，在大陆架问题上确定了"200海里+外大陆架"规则，既保留了国家领土的自然延伸原则，又对自然延伸原则施加了350海里或2500公尺深度的限制。同时，《公约》又确保了地形不利国家可主张200海里大陆架的权利，即"不到200海里的扩张到200海里"。[③] 第二，专属经济区制度与大陆架制度具有相似性。依据《公约》第56条规定，沿海国在专属经济区内享有以勘探和开发、养护和管理海床上覆水域、海床及其底土的自然资源的主权权利。专属经济区宽度为从领海宽度的基线算起，不超过200海里。[④]《公约》建立的专属经济区制度将世界上87%已知的近岸油气资源

---

① 参见1982年《联合国海洋法公约》第77条，傅崐成编校：《海洋法相关公约及中英文索引》，厦门大学出版社2005年版，第30页。

② 参见1958年《大陆架公约》第1条、第2条，http://www.un.org/chinese/law/ilc/contin.htm，accessed on 14 September 2015。

③ 参见1982年《联合国海洋法公约》第76条，傅崐成编校：《海洋法相关公约及中英文索引》，厦门大学出版社2005年版，第29页。

④ 参见1982年《联合国海洋法公约》第56、57条，傅崐成编校：《海洋法相关公约及中英文索引》，厦门大学出版社2005年版，第20页。

矿床置于沿海国管辖权之下。① 第三，《公约》第121条还规定，岛屿有权享有领海、毗连区、专属经济区和大陆架。国家依据对岛屿的主权，海域管辖权也可以得到扩展。②

据此，沿海国均可以主张200海里的大陆架权利或专属经济区，若相邻或相向国家间海洋面积小于400海里，主张重叠区就会产生，沿海国享有的对自然资源勘探和开发的主权权利相应也会产生重叠和冲突。但是，《公约》又未明确指明对相邻或相向国家间大陆架和专属经济区划界方法，仅规定"应在国际法院规约第38条所指国际法基础上以协议划定，以便得到公平解决"。③ 这个规则并没有提供实际的解决方法，只强调了结果上的公平，将具体的解决方案留给国家间协商解决。我们还应注意到，沿海国对大陆架权利和专属经济区权利的差异。两种制度都赋予沿海国对海床和底土上，为勘探和开发自然资源目的而享有的主权权利。但是，沿海国在大陆架上的权利是"与生俱来"和专属性的，沿海国不勘探和开发自然资源，任何人未经该国明示同意均不得从事此种活动。④ 同时，《公约》也并没有具体条款对非生物资源的利用事项作出规定。因此，在沿海国对大陆架权利主张产生重叠的区域，相关国家均享有平等的和排他性的权利产生冲突时，若划界难以实现，相关国家间的合作更为重要。

总而言之，《公约》为国家管辖权的扩展提供了法律基础，但

① 参见 Robert Beckman & Leonardo Bernard, Framework of the Joint Development of Hydrocarbon Resources, p. 2, available at http：//cil. nus. edu. sg/wp/wp-content/uploads/2010/08/BECKMAN-AND-BERNARD-FRAMEWORK-FOR-THE-JOINT-DEVELOPMENT-OF-HYDROCARBON-RESOURCES. pdf, accessed on 3 July 2015。

② 参见 1982 年《联合国海洋法公约》第 121 条，傅崐成编校：《海洋法相关公约及中英文索引》，厦门大学出版社 2005 年版，第 43 页。

③ 1982 年《联合国海洋法公约》第 74、83 条，傅崐成编校：《海洋法相关公约及中英文索引》，厦门大学出版社 2005 年版，第 28、31 页。

④ 参见 1982 年《联合国海洋法公约》第 77 条，傅崐成编校：《海洋法相关公约及中英文索引》，厦门大学出版社 2005 年版，第 30 页。

是国家相对地理位置以及邻接海洋面积的有限性，决定了国家不能完全享有完整权利的理想状态，权利主张和海域范围的重叠是必然现象。在沿海国管辖权扩展时，近岸石油和矿产资源的发现，资源分配就成为一个重要问题。依据《公约》，相关国家间可以通过谈判或其他争端解决方式确定海域界线。但是，国家间进行海域划界也面临两方面的问题：第一，对已经发现的油气资源矿床如何处理？因为划界谈判或者第三方争端解决方式往往历时较久，若在这个过程中发现了具有油气资源前景的油气矿床，是否进行勘探或开发？如果存在跨界的油气资源矿床如何划分，如何实现公平、高效地开采和分享资源？第二，对于将来可能发现的矿床资源如何处理？针对第二个问题，早期国家实践已经给出了答案，国家在划界条约中列入"单一地质条款"就是最好的处理方式，而且它也成为国家划界条约中的必备条款。① 针对第一个问题，相关国家间进行共同开发应该是最佳的选择。国家可以先划界然后指定相应的区域进行共同开发，也可以在无法完成划界时搁置争议，并在过渡期间采用共同开发的临时安排。

（三）《公约》第 74 条第 3 款和 83 条第 3 款对临时安排的规定

《公约》第 74 条第 3 款和第 83 条第 3 款规定"在达成第 1 款规定的协议（划界协议）以前，有关各国应基于谅解和合作的精神，尽一切努力作出实际性的临时安排，并在此过渡期间内，不危

---

① "单一地质条款"的典型措辞为 1965 年英国和挪威大陆架划界协定第 4 条，"如果在边界线两侧发现了单一石油构造或石油矿床，或其他单一矿物矿床，缔约国应当就矿床最有效的开发方式和资源分配方式达成一致"。参见 Agreement between the Government of the United Kingdom of Great Britain and Northern Ireland and the Government of the Kingdom of Norway to the Delimitation of the Continental Shelf between the Two Countries, 10 March 1965, article 4, available at http：//www.un.org/Depts/los/LEGISLATIONANDTREATIES/PDFFILES/TREATIES/GBR-NOR1965CS.PDF, accessed on 15 September, 2015。其后北海大陆架划界协议，以及波罗的海、比斯开湾、地中海、亚得里亚海大陆架区域的协议都包含类似条款。参见 R. Lagoni, Oil and Gas Deposits Across National Frontiers, American Journal of International law, Vol. 73, 1979, p. 229。

害或阻碍最后协议的达成，这种安排应不妨害最后界限的划定"。①
《公约》作出这一规定，是考虑到大陆架和专属经济区主张重叠区
达成划界协议十分困难，因而需要提供一种过渡方法应对划界达成
前对海域使用的情形，这也在国际司法机构的裁决中得到了印证。
在圭亚那苏里南仲裁案中（Guyana V. Suriname Arbitration），仲裁
庭认为《公约》第74条第3款和第83条第3款对存在大陆架和专
属经济区争端的国家施加了两项义务：第一项义务是相关国家应当
搁置争议，并需要尽一切努力作出实际性的安排；第二项义务是相关
国家应当尽一切努力，不危害或阻碍最后协议的达成。②

第一项义务是为了促进过渡制度和实际性措施的达成，为争议
海域的临时性开发制度开辟道路，以避免影响搁置争议海域的经济
发展。这种临时性安排可以促进《公约》公平而有效地利用海洋
资源之目的的实现。这项义务包含两个具体的方面：第一，相关国
家有进行善意谈判的义务；第二，相关国家在达成临时性安排中，
应当采取善意的方法（in a spirit of understanding and cooperation）
进行谈判，并准备作出让步。③

第二项义务也是《公约》目的，即加强国家间和平和友好的
关系，和平解决争端的具体体现。《公约》第74条第3款和83条
第3款并不仅是重申了善意谈判这项一般义务，更是创设了一项具
体义务——即相关国家在难以划界情形下应相互克制。④ 在最终划

① 1982年《联合国海洋法公约》第74、83条，傅崐成编校：《海洋法
相关公约及中英文索引》，厦门大学出版社2005年版，第28、31页。

② 参见 Guyana /Suriname Arbitration, Award of Arbitral Tribunal, 17
September 2007, para. 459, p. 152, available at http：//www. pca-cpa. org/
Guyana-Suriname% 20Award70f6. pdf? fil _ id = 664, accessed on 18 September
2015。

③ 参见 Guyana /Suriname Arbitration, award of Arbitral Tribunal, 17
September 2007, para. 460-463, pp. 153-154, available at http：//www. pca-
cpa. org/Guyana-Suriname% 20Award70f6. pdf? fil _ id = 664, accessed on 18
September 2015。

④ 参见 Rainer Lagoni, Interim Measures Pending Maritime Delimitation
Agreements, The American Journal of International Law, Vol. 78, 1984, p. 362。

界达成之前，相关国家有义务不阻碍或危害最终协议的达成，且临时性安排也不应当影响最终协议的达成。因而，在油气资源的勘探和开发活动中，争端海域内两类活动是允许进行的：一类是争端国进行的有关实际性的临时安排活动；另一类是不会影响或阻碍最终划界的单边活动，但对海洋环境造成实质改变的单边行动不包括在内。① 这项义务体现了国家间在不采取对一国权利产生永久影响的单边活动，与长期争端中合理追求经济利益二者之间，寻求巧妙平衡的目的。②

《公约》并未规定临时性安排的具体形式，采用何种形式取决于国家的选择，而海上共同开发是被国家广泛采用的一种有效的临时安排形式。从《公约》规定来说，海上共同开发符合临时性安排的法律性质。从《公约》规定的"实际性的临时安排"的措辞来看，其法律内涵包括如下几个方面：一，这种安排（arrangements）可以通过正式和非正式文件的形式进行，前者如外交换文、会议纪要，谅解备忘录等，后者如条约等。二，"实际性"意味着对海域使用中的问题提供实际的解决方法，强调在不触及海域划界或岛屿主权争端前提下，便利经济性的开发和利用。三，临时性（provisional）是指国家间作出的这种安排只是一种过渡措施。临时性安排不构成相关国家对海洋事物主权或海域主权权利的放弃，也不构成对另一国主张合法性的明示或暗示承认。③

从已签订的海上共同开发安排来看，海上共同开发安排符合临

---

① Guyana/Suriname Arbitration, award of Arbitral Tribunal, 17 September 2007, para. 465-467, pp. 154-155, available at http：//www. pca-cpa. org/Guyana-Suriname%20Award70f6. pdf? fil_id＝664, accessed on 18 September 2015.

② Guyana/Suriname Arbitration, award of Arbitral Tribunal, 17 September 2007, para470, p. 156, available at http：//www. pca-cpa. org/Guyana-Suriname%20Award70f6. pdf? fil_id＝664, accessed on 18 September, 2015.

③ 参见 Robert Beckman & Leonardo Bernard, Framework of the Joint Development of Hydrocarbon Resources, p. 10, available at http：//cil. nus. edu. sg/wp/wp-content/uploads/2010/08/BECKMAN-AND-BERNARD-FRAME-WORK-FOR-THE-JOINT-DEVELOPMENT-OF-HYDROCARBON-RESOURCES. pdf, accessed on 3 July 2015. Rainer Lagoni, Interim Measures Pending Maritime Delimitation Agreements, The American Journal of International Law, Vol. 78, 1984, pp. 358-359。

时性安排的三个法律特征。第一，海上共同开发协议大部分采用双边条约的形式，但也不乏采用谅解备忘录的实践，如"1979 年马来西亚和泰国共同开发案"最先签订的是谅解备忘录。① 第二，在争议海域海上共同开发协议中，一般都会列入一项"不影响条款"，② 即规定国家间进行的海上共同开发活动不构成对自己和对方对相关海域权利主张的放弃和承认。③第三，海上共同开发安排一般规定了期限或条件。对于跨界共同开发来说，相关国家的边界已经划定，即使没有在协定文本中规定开发期限，但若没有开采出资源或者资源开采殆尽，共同开发安排就会随之结束。在争议海域共同开发中，相关国家一般会在协定文本中列明有效期条款，如"日本和韩国共同开发案"规定条约有效期为 50 年,④ "马来西亚

---

① Memorandum of Understanding between the Kingdom of Thailand and Malaysia in the Establishment of a Joint Authority for the Exploitation of the Resources of the Sea-bed in a defined Area of the Continental Shelf of the Two Countries, done at Chiang Mai on 21 February 1979, article 3, available at http：//cil. nus. edu. sg/1979/1979-memorandum-of-understanding-between-malaysia-and-the-kingdom-of-thailand-on-the-establishment-of-the-joint-authority-for-the-exploitation-of-the-resources-of-the-sea-bed-in-a-defined-area-of-the/, accessed on 3 July 2015.

② "不影响条款"的典型措辞为"本协定的任何条款不应当解释为任何国家放弃区域内的权利或主张，也不能解释为承认或支持其他相关国家在区域内的任何主张；根据本协定或者协定执行引起的任何行为或活动，不构成对任何国家在区域内权利或者主张的确定、支持或否认的依据"。参见 The Revised Model, Agreement between State X and State Y on the Joint Development of Petroleum in Areas of the Continental Shelf and/or the Exclusive Economic Zone of the Two Countries, article13, in Hazel Fox et al. , Joint Development of Offshore Oil and Gas, London：the British Institute of International and Comparative Law, Vol. Ⅱ, 1990, p. 15。

③ 参见张丽娜：《南海油气资源共同开发的主体适格性》，载《法学杂志》2012 年第 11 期，第 108 页。

④ Agreement Between Japan and the Republic of Korea Concerning Joint Development of the Southern Part of the Continent Shelf Adjacent to the Two Countries, article 31, available at https：//treaties. un. org/doc/Publication/UNTS/Volume%201225/volume-1225-I-19778-English. pdf, accessed on 2 July 2015.

和泰国共同开发案"规定如果双方在期满之前对大陆架划界达成
了解决方案，应解散联管局。① 一旦规定的期限届满，或双方达
成了划界协议，海上共同开发协定就会终止。除此之外，国际司
法机构也认可海上共同开发可以作为海洋划界前的替代性方
法。②

综上，海上共同开发是在国家实践的基础上发展起来的，其产
生和形成虽然早于《公约》，但是《公约》关于临时安排的规定已
经成为海上共同开发的直接法律依据。

(四) 国家合作义务

海上共同开发也是国际法上相邻权原则的体现，其主旨是一国
在行使主权时，不能侵害与其相邻国家的权利。在相邻国家的边界
没有确定的情况下，或相邻国家对同一区域存在海洋权利主张时，
无论哪一方进行单独开发均会使其他国家的权利受到损害。③ 若单
方面对资源的勘探和开采会损害邻国对自然资源的主权权利和管辖
权，则国家间需要进行合作以实现资源的公平分享。国际法上，国
家合作义务在其他方面也有充分体现，具体散见于联大决定、环境

---

① Memorandum of Understanding between the Kingdom of Thailand and
Malaysia in the Establishment of a Joint Authority for the Exploitation of the
Resources of the Sea-bed in a defined Area of the Continental Shelf of the Two Countries
in the Gulf of Thailand, done at Chiang Mai on 21 February 1979, article 6, available at
http://cil. nus. edu. sg/1979/1979-memorandum-of-understanding-between-malaysia-and-
the-kingdom-of-thailand-on-the-establishment-of-the-joint-authority-for-the-exploitation-
of-the-resources-of-the-sea-bed-in-a-defined-area-of-the/, accessed on 3 July 2015.

② 参见 Guyana/Suriname Arbitration, award of Arbitral Tribunal, 17
September 2007, para. 463, p. 153, available at: http://www. pca-cpa. org/
Guyana-Suriname% 20Award70f6. pdf? fil _ id = 664, accessed on 18 September
2015。

③ 参见 David M Ong, Joint Exploitation Area, Max Planck Encyclopedia of
Public International Law, April 2011, Para A (5)。

法、国际法院判决等相关文件和规则之中。① 国家合作原则也是处理国家间关系的一项重要原则。虽然海上共同开发还未形成习惯国际法，但在国家合作原则指导下，国家需要就资源的使用进行谈判和协商，以达成公平利用和开发。

三、海上共同开发的法律性质

海上共同开发植根于国家对海洋资源的利用需求，其现实和法律基础决定了其作为《公约》临时性安排的具体形式被国家实践广为选择。不可忽视的是，海上共同开发在法律性质上仍具有自身特点，这些特点决定了国家选择进行共同开发时应当具有一定的价值导向，以最大发挥其价值。

（一）海上共同开发是一种可供选择的临时性安排的具体形式

从 20 世纪 50 年代至今，虽然海上共同开发的国家实践从未中断，但是具体实践存在不同程度的差异性，且国际法没有对国家施加强制选择的义务，因此海上共同开发还未构成习惯国际法。② 从

---

① 参见 Tara Davenport, The Exploration and Exploitation of Hydrocarbon Resources in Areas of Overlapping Claims, in Robert Beckman et al., Beyond Territorial Dispute in the South China Sea: Legal Framework for the Joint Development of Hydrocarbon Resources, Edward Elgar Publishing Limited, 2013, pp. 107-108。

② 参见 Rainer Lagoni, Interim Measures Pending Maritime Delimitation Agreements, The American Journal of International Law, Vol. 78, 1984, p. 367; Masahiro Miyoshi, The Basic Concept of Joint Development of Hydrocarbon Resources on The Continent Shelf, International Journal of Estuarine and Coast law, Vol. 3, 1988, p. 9; David M. Ong, Joint Development of Common Offshore Oil and Gas Deposits: "Mere" State Practice or Customary International Law?, The American Journal of International Law, Vol. 93, 1999, p. 792; W. Michael Reisman, Eritrea-Yemen Arbitration: Award, Phase II: Maritime Delimitation, American Journal of International Law, Vol. 94, 2000, p. 735; Ian Townsend-Gault, Rationals for Zones of Co-operation, in Robert Beckman et al., Beyond Territorial Dispute in the South China Sea: Legal Framework for the Joint Development of Hydrocarbon Resources, Edward Elgar Publishing Limited, 2013, p. 125。

国际习惯法的规则而言，习惯有两个主因素，即实践和法律确信。① 第一，从已有的国家实践角度，经过几十年的发展，海上资源的开发和管理模式大致形成了代理制模式、管理机构主导模式、联合经营模式三种基本类型。但严格来说，在开发和管理的具体制度方面并没有形成一致，具体制度仍然依赖于相关国家的选择，如资源开发模式、许可权的授予、税收制度的设计等都依赖于国家协商以及法律规则的协调。进行海上共同开发的国内法律规则不同、国家对管辖权的让渡程度不同，即使是在相同的管理模式下具体制度的设计仍会存在差异。正如北海大陆架案（the North Continental Shelf）判决中也指出，特别受影响的国家实践对习惯国际法的形成具有特别重要的作用。② 从东海和南海来看，这两个海域作为一个重要的多国主张重叠区，相关国家间共同开发仍处于法律僵局中。这种特别受影响的海域的现状对考量海上共同开发是否已经发展成习惯国际法也是不可忽略的因素。第二，法律确信仍未形成是主要原因。国家选择海上共同开发虽是一种常见的国际法现象，但实践并没证明国家是基于一种义务要求选择海上共同开发。但是毋庸置疑的是，国家间存在国际合作的一般法律原则，可以将海上共同开发安排作为克服法律僵局的有效选择。③ 第三，从反面来说，若海上共同开发构成习惯国际法，即要求国家面临跨界资源争端或主张重叠区的资源争端时，应当选择进行海上共同开发，否则会构成对国际法的违反，进而产生国家责任。但是，除了国家实践和国际司法机构裁判中存在相关论述之外，国际法律体系中并不存在直接规定海上共同开发的规定，《公约》在规定"临时性安排"之外

---

① ［英］詹宁斯、瓦茨修订：《奥本海国际法》（第一卷第二分册），王铁崖等译，中国大百科全书出版社 1998 年版，第 15 页。

② 参见 North Sea Continental Shelf cases（Federal Republic of Germany/Denmark；Federal Republic of Germany/Netherlands），Judgment, I. C. J. Reports 1969, para74, p. 43。

③ 参见 David M. Ong, Joint Development of Common Offshore Oil and Gas Deposits："Mere" State Practice or Customary International Law?, The American Journal of International Law, Vol. 93, 1999, p. 792。

并没有更详细的条款。从习惯国际法的不同类型而言，我们也应当区分两种形式的习惯法规则，赋予"权利"的习惯法与施加"义务"的习惯法，后者需要更大的证明责任。① 在跨界或争端海域内进行共同开发属于施加义务的规则，若要证明其构成习惯，则需要更严格、更谨慎地加以证明。按照国际社会实践和现实，很难说海上共同开发构成了一项习惯法规则。因此，无论是从理论和现实来看，海上共同开发只能被作为一种国际法现象或方法，并未构成习惯国际法。

虽然《公约》并没有要求相关国家在特定情形下必须达成海上共同开发安排，但毫无疑问海上共同开发是《公约》第 74 条第 3 款和 83 条第 3 款中"临时性安排"的一种具体实践形式。从《公约》"应尽一切努力达成实际性的临时性安排"的规定来看，该条款应当包含两层意思：第一，尽一切努力（shall make every effort）并不是一项没有约束力的建议而是一项强制性的规定。《公约》起草委员会在初步协调报告中就"shall"一词的使用作出过说明。它指出提及必须履行的责任和义务时，不论是积极的还是消极的，均应包含"shall"一词。② "尽一切努力"这个措辞就要求相关国家要善意谈判、合作，并做好适当妥协的准备。第二，《公约》对国家应达成何种形式的临时安排并没有作出具体规定，这留给了国家一定的解释空间，国家间并不一定要进行海上共同开发安排。③ 只要争端国达成的安排不危害或阻碍最后协议的达成，可以协商采用其他实际性的临时安排，如渔业资源的管理和开发、海洋环境保护和科学研究的合作等形式。除此之外，争端国也可以采

---

① 参见 I. C. MacGibbon, Customary International Law and Acquiescence, British Yearbook of International Law, Vol. 115, 1957, pp. 129-130。

② 萨切雅·南丹、沙卜泰·罗森主编，吕文正、毛彬中译本主编，《1982 年〈联合国海洋法公约〉评注》（第二卷），海洋出版社 2014 年版，第 29 页。

③ 参见 Rainer Lagoni, Interim Measures Pending Maritime Delimitation Agreements, The American Journal of International Law, Vol. 78, 1984, p. 354。

用对海洋环境不会造成永久改变的单边活动，如地质勘探等活动。① 但是，由于油气资源的自然性质以及在能源体系中的地位，海上共同开发安排较之于其他形式，能为沿海国家带来更大的经济利益。因此，海上共同开发成为了《公约》临时性安排最普遍的实践形式。②

综上，海上共同开发还未构成习惯国际法，它只是一种可供选择的临时安排的具体形式。

（二）海上共同开发是一种现实和经济的安排，不具有与海洋划界等同的地位

海上共同开发作为临时性安排重要形式之一，具有临时性、非替代性的法律特性。稳定的边界是国家主权要素的重要因素，因而在主张重叠的海域，争端国家第一位的选择仍是进行海域划界以确定国家边界，第二位的选择才是搁置争议进行共同开发。海上共同开发作为一种临时性安排决定了其法律性质上的局限性，这主要体现在：第一，海上共同开发安排是有期限的、临时的，其并不能代替海域划界。国家间在争端海域最终目标仍是完成国家的海域划界。第二，海上共同开发的目的不是建立某种适用于特定海域新的法律制度，或者改变相关国家在海洋权利和义务事项上所适用的法律制度和规定，国家利益是国家达成共同开发安排时的主要考量。③ 海上共同开发只是沿海国采用的一种创造性和务实的法律方

---

① 参见 Aegean Sea Continental Shelf, Interim Protection, Order of September 1976, I. C. J Report 1976, para. 30-33, available at http：//www. icj-cij. org/docket/files/62/6219. pdf, accessed on 3 July 2015。

② 参见 J. Tanga Biang, The Joint Development Zone Between Nigeria and Sao Tome and Principle: A Case of Provisional Arrangement in the Gulf of Guinea International Law, State Practice and Prospects for Regional Integration, Division for Ocean Affairs and the Law of the Sea Office of Legal Affairs, United Nations, 2010, p. 11。

③ 参见 Vasco Becker-Weinberg, Theory and Practice of Joint Development in International Law, in Zhiguo Gao et al, Cooperation and Development in the South China Sea, China Democracy and Legal System Publishing House, 2013, p. 99。

法，旨在搁置争议的同时获取共同资源的经济效益。它是经济利益驱动的结果，而并非法律驱动力。① 从海上共同开发的法律特性来说，建立一种简单、高效、易行，且双方都乐于接受的共同开发安排对当事国来说是最佳选择。

（三）　海上共同开发是处理跨界资源或争议海域资源的有效方式

《公约》规定国家在大陆架上享有的权利是专属的和与生俱来的。基于油气资源的自然属性，若一国从自己一侧对油气资源进行单边开发，会对另一国的资源环境造成实质损害。较之于大陆架上的权利，专属经济区的权利虽不具有专属性，但是 200 海里规则会使两种制度在海域范围产生重合。《公约》也规定沿海国在专属经济区内的海床和底土上的权利参照大陆架的规定。② 若相关国家难以实现海洋划界，且在油气资源的开发上无法达成合作安排，为了避免给邻国带来损害，最合理的方法是任何一国均不单边开发油气资源矿藏，任何一国均不应采取会对海洋环境造成实质影响的单边活动。这是因为如果不了解整个区块的地质构造，难以判断另一国对共同矿藏的开采是否造成了实质损害以及损害的大小，那么保持原状对相关国家是最公平的选择。但是这种方法既缺乏经济效应，也与国际社会中竞相开采的现实不符合。因此，在类似情形下合作以开发共同油气矿藏是相关国家可采用的唯一公平和可行的规则。③

---

① 参见 Vasco Becker-Weinberg, Theory and Practice of Joint Development in International Law, in Zhiguo Gao et al, Cooperation and Development in the South China Sea, China Democracy and Legal System Publishing House, 2013, p. 79; Vasco Becker-Weinberg, Joint Development Arrangements in Northeast Asia and the Gulf of Tonkin, in Robert Beckman et al. , Beyond Territorial Dispute in the South China Sea: Legal Framework for the Joint Development of Hydrocarbon Resources, Edward Elgar Publishing Limited, 2013, p. 237。

② 参见 1982 年《联合国海洋法公约》第 56 条，傅崐成编校：《海洋法相关公约及中英文索引》，厦门大学出版社 2005 年版，第 20 页。

③ 参见 William T. Onorato, Apportionment of An International Common Petroleum Deposit, International and Comparative Law Quarterly, Vol. 17, 1968, p. 101。

　　除去出于公平分享资源的考量之外，对大陆架和专属经济区内油气等资源进行共同开发，较之于一国单方面开发也更具优势，尤其是在主张争议海域。这种优势性体现在：第一，国家对近海油气资源的勘探和开发，一般是通过对本国或外国石油公司进行授权或颁发许可的方式。若一国单方面进行，不顾另一国重叠的主张，可能会招致他国抗议和引起国家责任，这必然会影响周边政治环境。第二，石油和天然气资源的开发投资大、期限长，很多时候需要有经验丰富、技术先进、资金雄厚的外国石油公司参与。而在争议海域一国单方面进行，外国石油公司不可避免地面临政治风险，这必然会降低外国石油公司投资和参与的积极性。相关国家协议进行共同开发则可以给外国石油公司提供安全的投资环境。第三，相关国家进行海上共同开发的合作，可以整合参与国家的资源、相关技术专家、国家影响力，达到一种协同增效（synergies）的作用。[1] 海上共同开发还可以促进相关国家获得技术和其他组织的援助，以有效开发和管理资源，如共同开发协定中建立专家小组，或者规定定期交换信息等方式进行技术和信息共享。第四，相关国家建立海上共同开发安排可提高其从国内和国际机构获得支持和协助的可能性。[2] 海上共同开发既可以缓解周边政治环境，也可以最大程度地整合技术、资金、人员等，加快对海洋资源的开发和利用。

　　综上，海上共同开发是处理跨界资源或争议海域资源的有效方式。

第二节　海上共同开发管理模式的类型

　　海上共同开发是国家间出于政治和经济目的，共同开发海洋资

---

　　[1]　参见 Thomas A. Mensah, Joint Development Zones as An Alternative Dispute Settlement Approach in Maritime Boundary Delimitation, in Rainer Lagoni & Daniel Vignes, Maritime Delimitation, p. 149, Nijhoff 2006。

　　[2]　参见 Thomas A. Mensah, Joint Development Zones as An Alternative Dispute Settlement Approach in Maritime Boundary Delimitation, in Rainer Lagoni & Daniel Vignes, Maritime Delimitation, p. 149, Nijhoff 2006。

源的一种合作形式，而管理模式就是对所涉共同开发区内的日常作业有关的管理和法律事项的具体安排。海上共同开发高度功能性的法律性质，决定了其具体作业和管理模式应当为相关国家的经济和政治环境服务。① 虽然国家实践中并没有形成完全一致的制度安排，但总体上呈现出具有相同法律特点的管理模式，形成了代理制、联合经营模式、管理机构主导模式三种基本管理模式。

一、海上共同开发管理模式的含义

海上共同开发的管理模式主要是指国家间通过何种方式，对共同开发区内作业和管理所涉法律要素作出安排。海上共同开发管理模式决定着共同开发区内管理机构的权利范围、开发区的管理方式、石油公司的参与方式、国家职能、法律适用等具体问题，它贯穿于共同开发整个过程中。

海上共同开发区的安排主要包括两个层面的合作：一是国家间在法律框架上的合作模式；二是石油公司间在执行层面的合作模式。这两个层面的合作通过不同的方式实现：第一，国家间通过签订双边或多边共同开发协议，对开发区内的事项作出法律安排，建立相应的联合管理机构，授予其权限对共同开发区进行管理，并规定石油公司参与的方式；第二，执行层面主要通过国家授权或联合管理机构授权的石油公司之间，依据共同开发协议签订商业合同，进行共同开发区内勘探和开发活动。在不同的管理模式下，两个层面的合作相互交织，并依赖于国家、联合管理机构、石油公司三种管理主体间的合作。② 海上共同开发管理模式主要是探讨第一个层面下，共同开发区内的法律框架如何构建和协调，而区域内具体勘探和开发活动的具体作业方式取决于商业合同的安排。

① 参见 Ian Townsengd-Gault, Joint Development of Offshore Mineral Resources-Progress and Prospects for the Future, Natural Resources Forum, Vol. 12, Issue 3, 1988, p. 282。

② 不同管理模式下国家、联合管理机构、石油公司间如何合作将在本书第二章第二节和第三章中进行具体分析。

如前所述，海上共同开发并没有形成习惯国际法，其具体制度设计仍依赖于国家协议的规定，部分学者认为海上共同开发并不存在统一的模式，也没有可供参考的示范文本和开发模式，每一个共同开发协议应当符合国家选择和争议海域的实际情况；但也有学者认为部分共同开发协议建立起的制度具有变革性，如印度尼西亚和澳大利亚共同开发协议建立的管理模式可作为参考模式。① 从海上共同开发的国家实践来看，设定某种严格的协定文本或者共同开发模式并不十分可取，因为国家间海上的情形千差万别，均需要作出特殊考量。但已有的国家实践在具体制度安排上虽有差异，实践中遵循的法律形式却具有相同特点，对这种共同模式进行研究是十分有益的。②

二、海上共同开发管理模式的三种类型

在既有海上共同开发的国家实践中，其管理模式大致发展为三种基本类型：代理制模式、联合经营模式、管理机构主导模式。③

（一）代理制

代理制模式是由一方当事国为代表，对共同开发区内的开发活动和事项进行管理，另一方分享收益的模式。代理制模式中，一般没有建立联合管理机构，而由负责开发和管理的国家及其授权的石油公司间进行合作。代理制是最简单易行的、最早出现的管理模

---

① 参见 Chidinma Bernadine Okafor, Model Agreement for Joint Development: A Case Study, Journal of Energy & Natural Resouces Law, Vol. 25, No. 1, 2007, pp. 66-68。

② 参见 J. Tang Biang, The Joint Development Zone Between Nigeria and Sao Tome and Principle: A Case of Provisional Arrangement in the Gulf of Guinea International Law, State Practice and Prospects for Regional Integration, Division for Ocean Affairs and the the Law of the Sea Office of Legal Affairs, United Nations, 2010, p. 64。

③ 这是最常采用的分类方式，参见 Robert Beckman et al., Beyond Territorial Dispute in the South China Sea: Legal Framework for the Joint Development of Hydrocarbon Resources, Edward Elgar Publishing Limited, 2013, p. 145。

式。最早的海上共同开发案例——1958 年巴林和沙特阿拉伯在波斯湾的共同开发案，采用的就是代理制模式。其后采用代理制模式的国家实践并不多，主要有 1969 年卡塔尔与阿布扎比共同开发案、1971 年伊朗和沙迦共同开发案、1989 年澳大利亚与印尼共同开发案的 B 区和 C 区等。①

代理制模式主要存在于早期海上共同开发实践中。依据《1958 年巴林和沙特阿拉伯划界协议》，双方划定了一个六边形闭合区域，该区域主权归属于沙特阿拉伯，石油开采以沙特选择的方式进行，所获收益的一半属于巴林。② 在 1971 年伊朗和沙迦共同开发阿比穆萨岛（Island of Abu Musa）案中，双方协议规定该岛及其领海下海床和底土石油资源的开发，应当由巴特天然气和石油公司进行，并由该石油公司直接向两国各支付一半的石油收益。③ 代理制模式的作业和管理方式较为简单，因此实施起来具有自身优点，具体体现为：（1）简单易行；（2）国内法律中石油开发制度相似的国家间，可适用既有的管理制度而无需制定新的制度，这种方式高效且可避免建立新的制度所带来的进度上的迟延。但这种过于简单的管理模式也具有自身缺点：（1）代理制模式下，若在共同开发区内适用一国法律，会造成该管理国家地位优于另一国的印象，国家会担忧这种类似于"实际控制"的现象，可能会影响未

----

① 1989 Treaty between Australia and the Republic of Indonesia on the Zone of Cooperation in an Area between the Indonesian Province of East Timor and Northern Australia，article 4，available at http：//cil. nus. edu. sg/1989/1989-treaty-between-australia-and-the-republic-of-indonesia-on-the-zone-of-cooperation-in-an-area-between-the-indonesian-province-of-east-timor-and-northern-australia/，accessed on3 July 2015.

② Bahrain—Saudi Arabia Boundary Agreement 22 February 1958，article 2，available at http：//www. un. org/depts/los/LEGISLATIONANDTREATIES/PDFFILES/TREATIES/BHR-SAU1958BA. PDF，accessed on 3 July 2015.

③ 参见 Iran—Sharjah Memorandum of Understanding of 29 November 1971，article 4，at Masahiro Miyoshi，The Joint Development of Offshore Oil and Gas in Relation to Maritime Boundary Delimitation，International Boundaries Research Unit，Maritime Briefing，Vol. 2，No. 5，1999，p. 11。

来划界中国际社会和司法机构对区域归属的判断；（2）因为非管理国家在整个活动中参与的缺失，可能会担忧管理国家在共同开发区内的角色会对其产生不利的影响，这包括权利归属、资源开发和分配方式、环境影响等方面；（3）若这种模式下对作业进行缺乏相应的监督制度，非管理国家也可能会担忧管理国家分享了更多的份额和利益。代理制模式固有的缺陷决定了采用这种模式的国家间应具备充分的政治互信，否则难以进行深度合作。加上争议海域内领土主权和海洋争端的敏感性，国家更难以将海域内资源勘探和开发的权利完全赋予另一国，因而采用代理制的国家实践并不多。

值得注意的是，部分专家提出了突破授权一国管理的传统代理制模式，可采用"轮流许可制度"（a system of alternate licensing），对传统代理制模式的缺陷进行修正。轮流许可制具体包括以下几个方面：（1）国家间共同评估或者建立地质数据库，共同完成或授权一方完成最初的勘探工作；（2）根据一定的标准，由相关国家的专家组成联合委员会或工作小组，将共同开发区划分为小区块；（3）在平等的基础上，将开发区块分配给相应的国家许可机构；（4）国家许可机构根据自己选择的程序或方法决定本国授权持有人；（5）相应区块内，各国暂时享有排他的行政管理权利，且为了区域作业活动管理的需要，享有完全的管辖权；（6）两国平等分享收益和税收收入。① 这种方式较之于传统代理制，可以克服部分缺陷，国家可在相应的小区块内可以按照本国的政治、法律和经济考量决定开发的模式，权利较为平等和均衡。在1989年澳大利亚和印尼共同开发案中，B区、C区采用的就是类似模式。在B区，澳大利亚自行决定许可的方式和权利的授予、更新、放弃、期满和撤销等事项，只需通知印度尼西亚即可。同时，将其从B区石油生产公司获得的资源毛租赁税的10%（相当于资源净租赁费的16%）支付给印度尼西亚。印度尼西亚在C区同样如此。在其

---

① 参见 Hazel Fox et al., Joint Development of Offshore Oil and Gas, London: the British Institute of International and Comparative Law, Vol. I, 1989, pp. 150-151。

他事项上，双方缔结必要的补充协议，保证 B 区和 C 区开发和收益分配的顺利进行。①

（二）联合经营模式

联合经营模式是指国家各自保留资源勘探和开发的许可权或特许权，各国的许可权或特许权持有人负责授权区域内的勘探和开发活动，并签订联合经营协议进行合作。这种模式下，联合管理机构的权限十分有限，主要负责对共同开发区内协议的问题进行审查、监督和发表咨询意见，负责共同开发区的日常管理。② 联合经营模式是海上共同开发中最常被采用一种模式。③ 采用联合经营模式比较具有代表性国家实践有：1962 年荷兰和德国埃姆斯河口共同开发案、1974 年日本和韩国共同开发案、1976 年英国和挪威共同开发案、1981 年冰岛和挪威扬马延岛共同开发案、1995 年英国和阿根廷共同开发西南大西洋案、2012 年美国和墨西哥共同开发案等。

1974 年日本和韩国共同开发案是联合经营模式的典型代表，我们选取其加以分析。1974 年日本和韩国共同开发案中的联合经营模式具有以下主要特点：第一，日韩双方保留了各自特许权的许可和授予权，双方将共同开发区分为 9 个小区块，小区块内各自授

---

① 1989 Treaty between Australia and the Republic of Indonesia on the Zone of Cooperation in an Area between the Indonesian Province of East Timor and Northern Australia, article 3, article 22-27, available at http：//cil. nus. edu. sg/1989/1989-treaty-between-australia-and-the-republic-of-indonesia-on-the-zone-of-cooperation-in-an-area-between-the-indonesian-province-of-east-timor-and-northern-australia/, accessed on 3 July 2015.

② 参见萧建国：《国际海洋边界石油的共同开发》，海洋出版社 2006 年版，第 123 页。

③ 作者已经查明的采用联合经营模式的共同开发案例有：1962 年荷兰和德国在埃姆斯河口的共同开发案、1965 年科威特和沙特阿拉伯共同开发案、1974 年日本和韩国共同开发案、1974 年法国和西班牙划界与共同开发案、1976 年英国和挪威共同开发案、1981 年冰岛和挪威扬马延岛共同开发案、1988 年利比亚和突尼斯共同开发案、1992 年马来西亚和越南共同开发案、1995 年英国和阿根廷共同开发西南大西洋案、2010 年俄罗斯和挪威共同开发案、2012 年美国和墨西哥共同开发案。

权特许权持有人,双方的特许权持有人签订一项联合经营协议。①
在小区块特许权持有人的选择上,两国在各自区块内享有完全的自
由,同时对他国特许权持有人的选择只能接受,类似于一种强制性
的联合开发。② 第二,日韩双方保留了对共同开发区内资源开发的
战略性控制权。这体现在双方在共同开发协议中对部分权利作出了
限制或保留,例如:(1)协议规定联合经营协议的生效及其修改,
都需要经双方政府批准;③(2)协议中包含了资源管理条款,包
括区块的分阶段放弃条款、强制钻井义务、勘探和开发期间对经营
活动的要求等。④ 通过这两项规定,国家有权审阅经营活动具体安
排及后续修改,经营人在开发期间也应依据协定履行资源开发的勤
勉义务。⑤ 第三,两国建立了职权十分有限的联合管理机构,即日
本—大韩民国联合委员会(以下简称日韩委员会)。日韩委员会的

---

① Agreement Between Japan and the Republic of Korea Concerning Joint
Development of the Southern Part of the Continent Shelf Adjacent to the Two
Countries, article 3 and article 5, available at https://treaties. un. org/doc/
Publication/UNTS/Volume% 201225/volume-1225-I-19778-English. pdf, accessed
on 2 July 2015.

② 参见 Hazel Fox et al. , Joint Development of Offshore Oil and Gas,
London: the British Institute of International and Comparative Law, Vol. I, 1989,
p. 118。

③ Agreement Between Japan and the Republic of Korea Concerning Joint
Development of the Southern Part of the Continent Shelf Adjacent to the Two
Countries, article 11, available at https://treaties. un. org/doc/Publication/UNTS/
Volume%201225/volume-1225-I-19778-English. pdf, accessed on 2 July 2015.

④ Agreement Between Japan and the Republic of Korea Concerning Joint
Development of the Southern Part of the Continent Shelf Adjacent to the Two
Countries, article 12 and article 13, available at https://treaties. un. org/doc/
Publication/UNTS/Volume% 201225/volume-1225-I-19778-English. pdf, accessed
on 2 July 2015.

⑤ 参见 Hazel Fox et al. , Joint Development of Offshore Oil and Gas,
London: the British Institute of International and Comparative Law, Vol. I, 1989,
p. 116。

职权限于审查、建议、监管等咨询和协商权。① 第四，在税收制度上，各方特许权持有人在区域内的勘探和开发活动收益、固定资产收益、分区内产生的收益，仍留归各自国家进行征税。第五，在资源所有权问题上，双方的特许权持有人平等分享开发出的自然资源，且该部分资源应被视为从各方享有主权权利的大陆架上开采来的自然资源。②

联合经营模式较之于代理制模式，更加注重国家对开发区内油气资源作业许可权或特许权的保留，更加强调国家间在同一区块内相关事项的合作，而具体作业方式则主要通过特许权持有人或作业者之间的合作来达成。较之于管理机构主导模式，联合经营模式下管理机构的权限十分有限，主要限于咨询、建议等一般性的职权，区域内规则的制定权、资源处分权、重要事项的决策权等仍保留给国家或相应的特许权持有人。相应的，要保证共同开发活动的顺利进行，政府间在具体事项上的合作以及对相应职能补充显得尤为重要。

（三）管理机构主导模式③

管理机构主导模式是指国家之间通过协议，将本国对共同开发区的管辖权转让给建立的联合管理局（Joint Authority）或联合委员

---

① Agreement Between Japan and the Republic of Korea Concerning Joint Development of the Southern Part of the Continent Shelf Adjacent to the Two Countries, article 24 and article 25, available at https://treaties. un. org/doc/Publication/UNTS/Volume% 201225/volume-1225-I-19778-English. pdf, accessed on 2 July 2015.

② Agreement Between Japan and the Republic of Korea Concerning Joint Development of the Southern Part of the Continent Shelf Adjacent to the Two Countries, article 9 and article 16, available at https://treaties. un. org/doc/Publication/UNTS/Volume% 201225/volume-1225-I-19778-English. pdf, accessed on 2 July 2015.

③ 部分学者将这种模式称为超国家管理模式，笔者认为这种管理模式并没有超越国家之上的权利，只是国家间将部分政府权利让渡给管理机构，使其地位更加独立，这种模式下的联合管理机构并不具有国际法律人格，因此，笔者认为称其为管理机构主导模式更为恰当。

会（Joint Commission）等机构，由该机构全权负责共同开发区内招标、颁发许可证等在内的全部管理工作。① 在已有的国家实践中，采用联合管理机构主导模式的海上共同开发案例也并不少见，包括：1974 年苏丹和沙特阿拉伯共同开发案、1979 年马来西亚和泰国共同开发案、1989 年澳大利亚和印度尼西亚共同开发案中的 A 区，1993 年塞内加尔和几内亚比绍共同开发案、2001 年尼日利亚和圣多美普林西比共同开发案、2001 年澳大利亚和东帝汶共同开发案、2012 年塞舌尔群岛和毛里求斯共同开发案等。管理机构主导模式与前两种模式存在显著的区别，这种区别主要体现在共同开发区内国家职权的限制和管理机构职权的拓展。具体而言，管理机构主导模式的主要有两个特点。

第一，建立了权能强大的联合管理机构，该机构拥有广泛的权利，如招投标、颁发许可证、税收、制定规章制度等。以《苏丹和沙特阿拉伯共同开发共同区协定》为例，该协定第 7 条规定联合委员会有权考量和决定勘探和开发许可权和特许权的申请，有权采取必要步骤促进自然资源的开采，有权在生产阶段监督开采活动，有权制定规定和规章。② 又例如，在《塞内加尔和几内亚比绍关于建立管理和合作局的议定书》中，双方约定建立由高级委员会和企业组成的双层管理局。③ 管理局对区域内的矿产和石油以及渔业资源享有排他的权利。管理局负责开采和销售矿产、石油资

---

① 参见萧建国：《国际海洋边界石油的共同开发》，海洋出版社 2006 年版，第 124 页。

② 参见 Saudi Arabia—Sudan Agreement of 16 may 1976, article 7, at Masahiro Miyoshi, The Joint Development of Offshore Oil and Gas in Relation to Maritime Boundary Delimitation, International Boundaries Research Unit, Maritime Briefing, Vol. 2, No. 5, 1999, p. 32。

③ Protocol to the Agreement Between the Republic of Guinea—Bissau and the Republic of Senegal Concerning the Organization and Operation of the Management and Cooperation Agency Established by the Agreement of 14 October 1993, Summary, available at https://treaties. un. org/doc/publication/UNTS/Volume%201903/v1903. pdf, p. 66, accessed on 3 July 2015.

源，也有权行使和授权行使渔业权。①

第二，在共同开发区内适用统一的法律制度。如在马泰共同开发案中，双方在相关协议中规定开发区内任何石油勘探和开发合同，应当采用产品分成合同，并建立了统一的财务规范。② 在澳大利亚和印度尼西亚共同开发案中，双方约定在 A 区统一实行产品分成合同，并就 A 区内的法律适用做了详细规定。③ 在尼日利亚和圣多美普林西比共同开发案中，两国协议中规定建立统一的预算和会计体系、制定区域计划、制定适用于区域的管理和税收制度。④ 这里所指的统一的法律制度，不仅是指建立适用于共同开发区的新制度，还包括双方也应注重各自国内法律制度的协调和改变，并就

① Protocol to the Agreement Between the Republic of Guinea—Bissau and the Republic of Senegal Concerning the Organization and Operation of the Management and Cooperation Agency Established by the Agreement of 14 October 1993, article 5 and article 6, available at https：//treaties. un. org/doc/publication/UNTS/Volume%201903/v1903. pdf, p. 66, accessed on 3 July 2015.

② Agreement between the Government of Malaysia and the Government of the Kingdom of Thailand on the constitution and Other Matters relating to the Establishment of the Malaysia- Thailand Joint Authority, done at Kuala Lumpur on 30 May 1990, article 8-12, available at http：//cil. nus. edu. sg/1990/1990-agreement-between-the-government-of-malaysia-and-the-government-of-the-kingdom-of-thailand-on-the-constitution-and-other-matters-relating-to-the-establishment-of-the-malaysia-thailand-joint-autho/, accessed on 3 July 2015.

③ 1989 Treaty between Australia and the Republic of Indonesia on the Zone of Cooperation in an Area between the Indonesian Province of East Timor and Northern Australia, article 3, article 22-27 available at http：//cil. nus. edu. sg/1989/1989-treaty-between-australia-and-the-republic-of-indonesia-on-the-zone-of-cooperation-in-an-area-between-the-indonesian-province-of-east-timor-and-northern-australia/, accessed on 3 July 2015.

④ Treaty between the Federal Republic of Nigeria and the Democratic Republic of Sao Tome and Principe on the Joint Development of Petroleum and Other Resources, in Respect of Areas of the Exclusive Economic Zone of the Two States, done at Abuja on 21 February 2001, article 17、19、21, available at http：//www. un. org/Depts/los/LEGISLATIONANDTREATIES/PDFFILES/TREATIES/STP-NGA2001. PDF, accessed on 3 July 2015.

国内制度中冲突的规定作出适当修改，以避免共同开发区不同主体在法律适用和解释上产生冲突。

从上述分析不难看出三种管理模式差异明显。前两种管理模式都是国家直接主导的，二者的差异主要是代理制主要由一国主导，另一方仅分享收益；而联合经营模式强调两国平等地位，共同参与。第三种模式不同之处在于国家将相关权利授予联合管理机构，通过双方建立的相对独立的联合管理机构负责区域内勘探和开发活动。这三种模式在不同的经济发展阶段、不同的海上争议区，均产生了多样化的国家实践。

第三节　海上共同开发管理模式与
其他资源管理模式的比较

海上共同开发并不是唯一的国家合作开发资源的模式，也并非唯一的临时性安排的实践。在海上共同开发出现之前，国际社会已经出现了其他类型的资源管理模式，这些模式之间有共同点也有差异性。通过对不同资源管理模式横向的比较，可以从中吸取其他模式的经验和教训，进而为构建更合理的资源管理模式提供借鉴。

一、国际水资源管理模式

"从中世纪开始就出现了国家间关于界河和跨国河流的条约，主要内容是解决河流的划界和利用，包括通航、引水灌溉和捕鱼，规定了共享水益的原则和共有水道的管理规则。"① 现代国际水法建立在大量国家实践和国际条约基础上，形成于第二次世界大战以后，并于 20 世纪末开始进入全面开发和综合利用的阶段。在国际水资源领域，国家实践的主要形式是签订条约和协议，通过国际水

---

① 盛愉、周岗：《现代国际水法概论》，法律出版社 1987 年版，第 53页。

域常设委员会保持经常性国际联系和协作关系。① 随着国际水法的发展，在跨界河流、湖泊等水资源的利用上，国家间也建立了国际水资源的管理模式。国际水域的常设机构，或称河流委员会，其基本职能包括管理、监督、调查研究、协商、交流情况、调解等职能。② 以中俄跨界水保护和利用安排机制为例，中俄双方约定，对跨界水的利用范围、包括任何位于或穿越中俄两国国界的河流、湖泊、溪流、沼泽。双方合作方式主要包括进行技术、水文等方面的合作，防止污染和环境的破坏，开展科学研究，交换信息等。同时，中俄双方指定了主管部门，并建立了中俄合理利用和保护跨界水联合委员会（简称中俄委员会）。中俄委员会由双方成员组成，主要职能是协调该协定所涉相关事项，制定水利用和保护、水质标准和监测、救助措施、突发事件等事项的计划。③ 这种跨界水的管理模式和海上共同开发管理模式具有相似性，也存在差异性。

（一）国际水资源管理模式与海上共同开发管理模式的相似点

第一，两种模式均是出于有效保障相关国的国家利益之目的。水资源的特性和权利属性，决定了流域各国建立统一的管理模式可以有效保障各国的利益。首先，国际水资源的流动性和跨国性使流域各国对国际水资源形成共享关系。④ 在水资源的利用上，若上游领域对水资源不加以节制地使用，必然会对下游水域造成影响。同时，水的流动性也决定了上游国家对水资源的污染不可避免地也会影响下游水域。因而流域国，尤其是上游流域国，在行使权利的时

---

① 参见盛愉、周岗：《现代国际水法概论》，法律出版社 1987 年版，第 68 页。

② 参见盛愉、周岗：《现代国际水法概论》，法律出版社 1987 年版，第 220~222 页。

③ 《中华人民共和国政府和俄罗斯联邦政府关于合理利用和跨界水的协定》，第 1—5 条，外交部网站：http://www.fmprc.gov.cn/web/wjb_673085/zzjg_673183/bjhysws_674671/bhfg_674677/t708160.shtml，最后访问日期 2015 年 10 月 20 日。

④ 参见何艳梅：《国际水资源利用和保护领域的法律理论与实践》，法律出版社 2007 年版，第 27 页。

候应当注意不对他国权利造成不利影响。其次，就国际水资源的性质来说，流域国具有四个方面的权利和义务：流域各国对流经其领土内的流域及水资源享有永久主权；流域各国享有公平和合理利用水资源的主权权利；流域各国在其境内利用国际水资源和开展其他活动时，不应对他国造成重大损害；国际水资源是流域各国的共享资源。① 因此，为了流域各国可以公平和平等地分享和利用水资源，流域国建立一种全流域或部分流域的管理模式是更高效的选择。海上共同开发制度建立之初，也是相关国家认识到油气资源单方面开发不合理性，为了保证油气资源的公平分享采取的合作模式。

第二，两种模式均未构成习惯国际法，但产生了多样化的国家实践，具备一定的优势。国际水资源管理模式只是国家对共同资源采用的一种合作分配方式，建立国际水资源的管理机构也未构成习惯国际法。国际水资源管理模式和海上共同开发具有一定程度的相似性，主要体现在：（1）建立流域组织机构并不是流域各国应承担的习惯国际法义务，除非流域国根据他们所参加的水条约承担条约义务。（2）流域国家建立的水资源委员会也有采用多层次管理机构的实践。如马里、毛里塔尼亚和塞内加尔建立的塞内加尔河流域开发组织，就由部长级会议和总秘书处两级常设机构构成，由该机构对流域开发进行全面研究并提出综合开发计划，包括建设水利工程、扩大耕地面积、工业开采等方面。② （3）都需要国家相关部门和建立的水资源委员会进行协作，以促进资源利用和开发活动顺利进行。

（二）国际水资源管理模式与海上共同开发管理模式的差异

两种资源管理模式具有一定的相似性，但差异性同样存在，这是由资源类型及特点，以及国家实践形式不同所决定的。具体而言：

---

① 参见何艳梅：《国际水资源利用和保护领域的法律理论与实践》，法律出版社 2007 年版，第 24~27 页。

② 参见盛愉、周岗：《现代国际水法概论》，法律出版社 1987 年版，第 237~238 页。

第一，二者所针对的对象和资源利用方式不同。在海上共同开发管理模式下，国家间主要针对的是特定区域内，海床和底土上油气等非生物资源和渔业资源的勘探和开发；而国际水资源管理模式针对的是全部或部分流域的水资源，利用方式包括水资源利用、贸易和通航、建立发电和灌溉工程等。

第二，两种资源管理模式下建立的管理机构在法律地位上存在差异。国际河流委员会分为四种类型：（1）技术机构，如1925年美加森林湖国际控制局，1958年阿巴阿比瀑布研究委员会。（2）行政管理机构，如多瑙河和莱茵河委员会。（3）综合开发机构。这种类型的开发机构主要出现在20世纪60年代非洲和拉丁美洲，该机构以综合利用水资源为中心，带动整个流域的开发宗旨。（4）经营机构，这主要是指20世纪50年代出现的以经营目的为主的国际河流常设机构，他们一般采用国际公司的名称和组织形式。[1] 国际水资源管理模式下的流域组织机构，是一种依据流域水条约而设立的专门性政府间国际组织，它是流域管理的常设机构。[2] 而海上共同开发安排具有临时性和期限性的特点，其建立的管理机构并不具有常设性，且不具有科学技术性，只在部分国家实践中建立了专家小组或技术小组以处理技术性事项。海上共同开发的管理机构主要有三种类型：（1）单一性联合管理机构；（2）咨询式联合管理机构；（3）法人型联合管理机构。

第三，国际水资源管理模式主要通过多边条约和双边条约建立，而且以多边条约为主。国际水资源管理模式中所涉及的多边条约包括两种：一是覆盖部分流域的多边条约，如湄公河流域管理委员会；二是覆盖全流域的多边条约，如多瑙河保护国际委员会、莱茵河保护国际委员会。双边条约建立的管理模式包括：美国和加拿大建立的国际联合委员会，美国和墨西哥依据《关于利用科罗拉

---

① 参见盛愉、周岗：《现代国际水法概论》，法律出版社1987年版，第220~226页。

② 参见何艳梅：《国际水资源利用和保护领域的法律理论与实践》，法律出版社2007年版，第197页。

多河、提华纳河和格兰德河从德克萨斯州奎德曼堡到墨西哥湾水域的条约》建立的国际边界和水委员会。①

总而言之，国际水资源管理开发要早于海上共同开发，二者既有相同点也存在差异。国际水资源管理模式和海上共同开发管理模式在合作本质上具有相同点，二者都是利益相关国在协商一致的基础上，对跨越两国边界或权利主张重叠区内不可分割的资源，进行合作、利用和开发的方式。但是鉴于资源性质、使用方式、管理模式等不同，两种模式也存在一定的差异。国际水资源管理模式中合作安排更为细致，具有偏重义务性和技术性的特点，这些优势和特点也可为海上共同开发管理模式提供借鉴。

二、国际渔业资源管理模式

在 20 世纪，尤其是第二次世界大战以后，随着海洋渔业捕捞范围的扩展、渔业捕捞国数量增加、国家对海洋鱼群和捕获定位技术创新等因素的共同作用，使得国际社会对海洋鱼群开发强度的迅速增大。② 国际海洋法带来了国家管辖海洋范围的扩展，但是鱼群是流动的，它们不会只固定存在于一定海域内，同种类的鱼群也可能存在不同国家的管辖范围内。在许多情形下，为了渔业资源的管理、养护和可持续利用，诸国也意识到为了全面管理的目的，进行渔业资源开发和利用的国际合作是十分必要的。

早期，国际社会在渔业资源的利用上同样存在过度捕捞和浪费的问题。渔业捕捞技术的革新使捕鱼作业对陆地的依赖性减少，远距离的捕鱼成为可能，这种渔业作业地理范围的扩展"补偿"了资源耗尽的问题，即当近海渔业资源耗尽时，可以扩展捕鱼范围以补充总量的不足。③ 但是，对于高度洄游的鱼种，国际社会也意识

---

① 参见何艳梅：《国际水资源利用和保护领域的法律理论与实践》，法律出版社 2007 年版，第 210 页。

② 参见 Charles B. Heck, Collective Arrangements for Managing Ocean Fisheries, International Organization, Vol. 29, Issue 03, 1975, pp. 711-712。

③ 参见 Charles B. Heck, Collective Arrangements for Managing Ocean Fisheries, International Organization, Vol. 29, Issue 03, 1975, pp. 719。

到对渔业资源的过度捕捞和粗放的利用方式也存在问题，因而出现了建立渔业资源集体管理制度的国际实践。如在 1946 年《国际捕鲸管制公约》指引下成立了国际捕鲸委员会，以实现对鲸类资源的保护和利用等。① 早在海上共同开发活动展开之前，国际社会也在实践基础上建立了渔业资源管理模式。这两类管理模式具有一定相似性，同样也存在一定差异。

（一）国际渔业资源管理模式与海上共同开发管理模式的相似性

国际渔业资源管理模式和海上共同开发都是针对海域内自然资源进行的统一安排和合作开发活动，二者在建立方式、管理模式和管理机构设置上都具有一定程度的相似性。

第一，两种资源管理模式都是国家在协议基础上，对海洋资源的合作开发和利用方式。这主要体现在：（1）两种资源管理模式都是国家通过双边或多边条约建立起来的。以我国与邻国渔业合作实践为例，我国与多个邻国建立了渔业合作和管理制度。中国和越南于 2000 年签订了《中华人民共和国和越南社会主义共和国关于两国在北部湾领海、专属经济区和大陆架的划界协定》，以及《中华人民共和国和越南社会主义共和国北部湾渔业合作协定》，两个协定于 2004 年 6 月 30 日生效并实施。② 随后，中越双方成立的北

---

① 参见 Convention between the United States of America and Canada for the Preservation of the Halibut Fishery of the Northern Pacific Ocean and Bering Sea, signed at Ottawa, on 2 March 1953 （Vol. 222, U. V. T. S No. 3024）, available at https：//treaties. un. org/doc/Publication/UNTS/Volume% 20222/v222. pdf, pp. 80-82, accessed on 5 September 2015. And International Convention for the Regulation of Whaling, signed at Washington, on 2 December 1946, available at https：// iwc. int/convention, accessed on 10 September 2015。

② 《中华人民共和国和越南社会主义共和国关于两国在北部湾领海、专属经济区和大陆架的划界协定》，参见外交部网站：http：// www. fmprc. gov. cn/web/wjb_673085/zzjg_673183/bjhysws_674671/bhfg_674677/ t556665. shtml，最后访问日期 2015 年 10 月 16 日。《中华人民共和国和越南社会主义共和国北部湾渔业合作协定》，参见外交部网站：http：// www. fmprc. gov. cn/web/wjb_673085/zzjg_673183/bjhysws_674671/bhfg_674677/ t556668. shtml，最后访问日期 2015 年 10 月 16 日。

部湾渔业联合委员会制定了《北部湾共同渔区渔业资源养护和管理规定》，以上三个协定共同构成了中越北部湾渔业资源管理和养护的法律框架。① （2）两种资源管理模式都是基于资源特征，为保证利益相关国公平和合理利用资源的目的而建立的。油气资源是流动的、可耗尽的、非可再生，因而利益相关国只有跨界同一矿床或争议海域资源共同开发，才可以平等分享经济利益。渔业资源若超过了最大的可持续捕获量，同样难以为继。因此，国家间通过建立渔业资源管理模式，对渔业资源的开发和使用方式、手段进行管制，不仅规定禁渔区、禁渔期、捕获量，而且对渔具使用也作出了规定，以保证渔业资源的可持续使用。

第二，两种资源管理模式在开发方式上具有相似性，都是在特定区域内对特定资源进行管理和开发。如 1953 年美国和加拿大签订的《北太平洋和白令海比目鱼养护条约》，条约中规定了条约水域（Convention Waters），并建立了太平洋比目鱼国际委员会。② 中越北部湾渔业协定规定了共同渔区，该区域位于北部湾边界线两侧，各自 30.5 海里的两国专属经济区内，双方在共同渔区以北建立了过渡性安排水域，以南建立了小型渔船缓冲区。③ 这种安排方式与海上共同开发中确定的共同开发区具有很大相似性。

第三，两种资源管理制度下都建立了相应的联合管理委员会，并赋予其一定的行政管理职能。渔业资源管理模式中建立的渔业委

---

① 《北部湾共同渔区渔业资源养护和管理规定》，参见《中国海洋法学评论》，2005 年第 1 期，第 219 页。

② Convention between the United States of America and Canada for the Preservation of the Halibut Fishery of the Northern Pacific Ocean and Bering Sea, signed at Ottawa, on 2 March 1953（Vol. 222, U. V. T. S No. 3024），available at https://treaties. un. org/doc/Publication/UNTS/Volume% 20222/v222. pdf, pp. 80-82, accessed on 5 September 2015.

③ 《中华人民共和国和越南社会主义共和国北部湾渔业合作协定》，第 3、7、8、9、11、12 条，参见外交部网站：http://www. fmprc. gov. cn/web/wjb_673085/zzjg_673183/bjhysws_674671/bhfg_674677/t556668. shtml，最后访问日期 2015 年 10 月 16 日。

员会，与海上共同开发管理模式中的联合管理机构，在组成和职权上具有相似性。两种模式下管理委员会成员都由双方政府成员或指派相应成员组成。如在 1953 年美国和加拿大《北太平洋和白令海比目鱼养护条约》中，该条约详细规定了委员会的职能："委员会可将条约水域划分为若干区域；在每个区域建立一个或多个开放或关闭的捕鱼季；有权限制每个区域内捕鱼季内比目鱼的大小和数量；有权限定有关搜集捕鱼数据的船舶数量等。缔约国有权填补其在委员会的空位，同时应当支付各国代表的薪酬和费用。缔约双方应当平等分担委员会的支出。"① 又如，在中越北部湾的共同渔区内，中越双方约定实行捕捞许可制度，渔船进入的许可权由双方政府保留，双方在共同渔区内己方一侧可以采取任何一种国际合作和联营方式。双方建立的北部湾渔业联合委员会有协商、建议、处理争端等权利，同时也有权制定渔业资源养护和管理的规定，有权对进入渔区的双方国民和渔船进行监督检查。② 类似规定还可见于1957 年《北太平洋毛皮海豹保护条约》，美国、日本、加拿大和苏联四个缔约国依据该条约建立了北太平洋毛皮海豹保护委员会。该条约规定了北太平洋毛皮海豹保护委员会的具体职责，包括"制定和协调研究计划；将调整后的研究计划推荐给相应缔约方予以执行；研究相应的执行数据；向缔约方推荐合适区域措施等。委员会应当选举主席和必要的官员，应当召开年度会议，在必要时也可以

---

① Convention between the United States of America and Canada for the Preservation of the Halibut Fishery of the Northern Pacific Ocean and Bering Sea, signed at Ottawa, on 2 March 1953（Vol. 222, U. V. T. S No. 3024）, article 1 and article 3, available at https：//treaties. un. org/doc/Publication/UNTS/Volume%20222/v222. pdf, pp. 80-82, accessed on 5 September 2015.

② 《中华人民共和国和越南社会主义共和国北部湾渔业合作协定》，第3、7、8、9、11、12 条，参见外交部网站：http：//www. fmprc. gov. cn/web/wjb_673085/zzjg_673183/bjhysws_674671/bhfg_674677/t556668. shtml，最后访问日期 2015 年 10 月 16 日。

召开临时会议"。①

第四，国际渔业资源管理模式也可以成为国家在海洋划界之前，对争议海域进行资源开发的一种模式。在争议海域内进行渔业资源的合作毫无疑问也是临时性安排的重要形式之一，国际社会也不乏相应的实践。以我国为例，我国与越南在北部湾建立的共同渔区是在海洋划界基础上实现的，我国与韩国在未划界情形下同样签订了《中华人民共和国政府和大韩民国政府渔业协定》，并在未划定海域中建立了共同渔区。中韩渔区与中越北部湾共同渔区在制度上具有相似性，二者的区别在于在未划界海域中韩渔区所建立的渔业委员会职能范围更为狭窄，主要限于就相关事项对两国提供建议。②

（二）国际渔业资源管理模式与海上共同开发管理模式的差异

国际渔业资源管理模式与海上共同开发模式在制度设计上具有很大的相似性，但是这两种资源模式建立的驱动力、对象以及管理事项等方面具有一定的差异性，因而在管理模式的安排上也有不同。

第一，两种资源管理模式建立的目的不同。无论是跨界共同开发，还是争议海域的共同开发，主要是相关国基于经济利益的驱动，目的是为了开发和分享油气资源。而国际渔业资源管理模式的建立，不仅是为了分享和开发渔业资源，更重要的是出于整体管理的目的。这种整体管理包括渔群养护与保存、减少经济性浪费、鱼

---

① 参见 Interim Convention between the United States of American, Canada, Japan and the Union of Soviet Socialist Republic on Conservation of North Pacific Fur Seals, signed at Washington, on 9 February 1957 (Vol. 314, U. N. T. S, No. 4546), article 5, available at https：//treaties. un. org/doc/Publication/UNTS/Volume%20314/volume-314-I-4546-English. pdf, accessed on 5 September 2015。

② 《中华人民共和国政府和大韩民国政府渔业协定》，参见外交部网站：http：//www. fmprc. gov. cn/web/wjb_673085/zzjg_673183/bjhysws_674671/bhfg_674677/t556669. shtml，最后访问日期 2015 年 10 月 16 日。

群的使用和开发、整体性渔区管理这四个方面。①

第二，两种管理模式下管理和开发的对象不同。海上共同开发安排中以勘探和开发石油、天然气等非生物资源为主，但部分国家实践中也将渔业资源的开发涵盖入了共同开发协议之中。部分海上共同开发协定中明确规定勘探开发对象是石油和/或天然气，以及渔业等自然资源。而国际渔业管理模式中仅针对的渔业，且在已建立的管理模式中既有专门针对一种或几种特定鱼种或鱼群的，也有概括性规定针对整体渔业资源的。②

第三，较之于国际渔业资源管理模式，海上共同开发管理模式更为复杂和全面，且合作方式以双边为主。在海上共同开发中，管理事项中先存权、许可权、税收制度、环境和安全事项等问题都需要双方作出安排；管理模式主要有代理制、联合经营制、管理机构主导模式三种类型，三种模式的复杂程度依次增加，相应模式下联合管理机构的复杂性也依次增加。也正是海上共同开发中国家间需要作出安排的事项较为复杂，因此多边协定的达成也更为困难，既有的海上共同开发主要都为双边协定。而国际渔业资源管理模式主要针对渔业的管理和利用，需要作出安排的事项包括渔区位置、管理机构的职权、相关国家职能部门的协助、渔船的进入、海洋环境安全等事项。从以上分析来看，两种管理模式具有一定程度的重合，但渔业资源管理模式安排内容以及作业规则都更为简单。

应该说国际渔业资源管理模式与海上共同开发管理模式是最具有相似性的，但不同的资源特性决定了两种模式下的开发和管理方式存在差异。海上共同开发管理模式中，油气资源开发对资金和技术的要求，决定了只有具备海上油气开采能力和竞争力的国际石油公司才可能成为真正的作业者，其数量是受限的。而渔业资源开发所需投入的资金、技术要求较低，从事捕鱼行业的渔民人数较多，

---

① 参见 Charles B. Heck, Collective Arrangements for Managing Ocean Fisheries, International Organization, Vol. 29, Issue 03, 1975, p. 714。

② Charles B. Heck, Collective Arrangements for Managing Ocean Fisheries, International Organization, Vol. 29, Issue 03, 1975, p. 713.

因此，渔业资源的捕获较之于油气开发要简易得多。①

　　国际社会在处理跨界水资源和渔业资源上，都存在合作共享资源的具体形式和实践，由此可见对跨界资源或者重叠海域内资源进行合作开发和管理并非仅存在于海上共同开发中。更进一步而言，其他类型的资源合作形式也构成海上共同开发的基础。海上共同开发和其他资源开发模式一样，都是国家在公平、有效分享资源和国际合作原则的指导下，发展出的国家合作模式。通过与国际水资源和渔业资源开发管理模式的对比，我们也不难发现国家间在共同建立的合作机制内加强资源信息和技术分享、资源管理、可持续利用，较之于单方面的开发更能促进资源高效的利用。国家在合作机制内建立联合管理机构，并制定相应的资源开发管理指导原则或规范，以促进区域内资源的高效利用和公平分享，也是十分有益的。

本 章 小 结

　　海上共同开发是指两国或多国为了有效开发和共同分享，其依据国际法享有的大陆架或专属经济区的自然资源，通过签订协议对跨界或争议海域内的特定区域，采取一定形式进行资源共同勘探和开发的合作模式。海上共同开发是国家实践和国际法律规则共同发展的结果。单方面开发油气资源的不合理性、《公约》对国家管辖权的扩展和海洋面积有限性之间的冲突、《公约》中临时性安排的法律确认，决定了国家应该在国际合作原则指导下，对跨界资源和争议海域资源进行合作，通过海上共同开发的形式保证资源在利益相关国间得到公平、合理、有效的分配。

　　海上共同开发的管理模式是共同开发中的核心法律问题，建立何种模式与共同开发区内法律框架的构建和权利分配直接相关。虽

---

　　①　参见 Ian Townsend-Gault, Rationals for Zones of Co-operation, in Robert Beckman et al., Beyond Territorial Dispute in the South China Sea: Legal Framework for the Joint Development of Hydrocarbon Resources, Edward Elgar Publishing Limited, 2013, p. 116。

然海上共同开发的国家实践形式各异，但是纵观近 50 年发展历史，形成了一些具有相同法律特性的管理模式，这些模式大致分为三种基本类型：代理制模式、联合经营模式、管理机构主导模式。代理制模式是由一方当事国代表双方，对共同开发区内的活动和事项进行管理，另一方分享收益的模式。它主要存在于早期实践中，具有简单、高效的特点，但其对国家政治立场可能产生的弊端也导致了其逐渐被其他模式所取代。联合经营模式是指国家各自保留授予资源勘探和开发的许可权或特许权，各国的许可或特许权持有人分别负责授权区域内资源的勘探和开发作业，并签订联合经营协议进行合作。联合经营模式中，权利更多保留给政府，相关政府机构间的合作空间更大。管理机构主导模式是指国家之间通过协议，将本国对共同开发区的管辖权转让给建立的联合管理机构，由该机构全权负责共同开发区内的开发、管理工作。这种模式强调联合管理机构的主导性，并偏重于建立一种地位更加独立的共同开发区。三种模式差异明显，在不同国家和海域，分别产生了多样化的国家实践。

从国际资源开发管理制度角度，可将海上共同开发管理模式与国际水资源和国际渔业资源这两种模式进行横向比较。较之于这两种模式，海上共同开发管理模式发展起来得更晚，但是其复杂程度更高。三种资源管理模式都是在国家协商一致的合作机制基础上，充分发挥国家合作以实现公平和高效的资源开发，但资源特性决定了不同类型资源的开发和管理方式存在差异。海上共同开发管理模式可借鉴其他资源管理模式在制度设计上的经验和教训，完善自身的模式建构和制度安排。

第二章 海上共同开发管理模式法律框架的构建

海上共同开发管理模式的法律框架，就是指国家间通过何种方法对共同开发区内所涉的法律要素作出安排，以及如何处理这些法律要素间的关系。我们可以将所涉的法律要素区分为两个层次：一是应当从总体上区分在管理模式法律框架的构建中，哪些因素是必备的，哪些是可以留待后期作出后续安排；二是必备法律要素包括哪些？国家可以采取何种方式进行安排和协调？从整体而言，只有国家间对主体、范围、资源类型、管辖权分配、争端解决这五个主要法律要素达成一致，才可以说海上共同开发实质上建立起来了，因此在管理模式法律框架的构建上也应围绕这五个方面展开。

第一节 海上共同开发管理模式框架中的构成要素

海上共同开发的法律安排包括两种类型：一种是划定海洋边界后，双方共同在各自享有主权权利和管辖权的海域内划定共同开发区，并对区域内勘探和开发活动有关的法律和政策问题作出一致安排；另一种是在未定边界海域，相关国家选定主张重叠区的特定海域，对勘探和开发活动有关的法律和政策事项作出安排和协调。这两种共同开发安排的差异在于开发区的主权和管辖权是否明确；共同点在于都需要就勘探和开发有关的共性法律问题作出安排。在部分事项和法律要素上不同的安排方式决定了海上共同开发管理模式的差异。

不论采用何种海上共同开发管理模式，都存在一些基本法律要素需要作出安排。研究海上共同开发管理模式之前，首先要分析哪些是基本要素，哪些是可选择的要素。海上共同开发包括勘探、开发两个主要阶段，开发过程又包括作业、资源销售与加工、收益分享、税收等各个具体环节。整个过程中，基本要素应当由国家间进行确认，而部分要素可通过不同阶段的商业安排进行处理，无需在模式建立之初就面面俱到。在海上共同开发的论述中，中外学者从不同方面对共同开发的基本要素进行了概括。拉戈尼（Rainer Lagoni）指出实现共同开发必须具备四个基本要素：（1）特定的区域；（2）适用的资源；（3）明确经营活动依据的管辖权和法律；（4）开发活动的条款和条件。① 瓦伦西亚（Mark J. Valencia）从国家实践中总结共同开发的共同要素包括：区域范围、合同模式、财务安排、特许权人或经营者的选择程序、协议的期限、共同管理机构的性质和功能。他认为共同开发之前不需要有边界线的存在，但就（共同开发）区域范围达成一致对共同开发安排至关重要。② 史塔哈（Ibrahim F. I. Shihata）和奥兰多（William T. Onorato）认为，一个共同开发模式会包括如下所有或大部分特征：（1）相关国家签订条约，建立共同开发区，确定联合经营的法律基础和资源分享的比例；（2）建立共同开发委员会（Joint Commission）；（3）授权许可证持有人或特许权持有人享有勘探和开发的权利；（4）选择代表国家作为进行共同作业的单一作业者。③ 英国国际法和比较法研究所在《海上石油开发》一书中将相关法律要素区分为两个层面：第一，可以留给相关开发当局（Joint Authority）或开发合

---

① 参见 Hazel Fox et al., Joint Development of Offshore Oil and Gas, London: the British Institute of International and Comparative Law, Vol. I, 1989, p. 44。

② 参见 Mark J. Valencia, Taming Troubled Waters: Joint Development of Oil and Mineral Resources in Overlapping Claim Areas, San Diego Law Review, Vol. 23, 1986, p. 670。

③ 参见 Ibrahim F. I. Shihata & William T. Onorato, The Joint Development of International Petroleum Resources in Undefined and Dispute Areas, ICSID Review-Foreign Investment Law Journal, 1996, p. 311。

同规定的要素；第二，应该包含于国家间协定中的要素。进而，将海上共同区内所涉及的共同要素分为两类：（1）第一重要的要素，包括区域的划定、指定方法、作业者的选择、财务条款、管理当局和可适用的法律；（2）应包含的要素，包括安全和健康条款、禁止污染和保护海洋环境的规定、争端解决程序。相较而言，英国国际法和比较法研究所的分类更具有借鉴价值和指导意义。建立海上共同开发管理模式需要对所涉的法律要素作出安排，而这些法律要素中部分要素需要国家提前进行协商以确定，有些则是在共同开发作业中产生的，可以由作业者之间或者联合管理机构建立相应的规则或方案。因此，我们应当区分两类法律要素，一类是必备的法律要素；另一类是可以留作后期安排的要素。这种分类方式一方面可以促进共同开发安排更快建立起来，另一方面也给予了国家一定程度的灵活性，各国可依据各自政策和法律规定，或者授权联合管理机构来作出进一步的安排。

根据海上共同开发的国家实践、当代国际海洋法律制度的发展，我们认为海上共同开发管理模式中基本法律要素包括如下方面：

第一，划定海上共同开发区，这是海上共同开发作业的地理范围。在海上共同开发中，确定双方都认可的共同开发区既需要国家间就各自对海域主张进行协调达成一致，也需要双方在技术层面确定区域的实际经纬度。确定海上共同开发区是共同开发安排中首先需要确定的要素，但一旦确定也意味着国家间海上共同开发的意愿更进一步。

第二，海上共同开发针对的资源类型和资源分配方式。资源类型是指国家共同开发安排所针对的对象是否为石油、天然气等非生物资源，是否包括渔业等生物资源或其他具体类型。资源分配方式是指国家间对拟开采出的资源采用何种分配比例和分配方式。正如前文所说，经济利益是海上共同开发的主要驱动力，因此如何分配资源也需要国家间在共同开发之初就作出安排。

第三，海上共同开发联合管理机构。联合管理机构是管理模式中的核心问题，授予联合管理机构何种法律地位、何种权限范围，如何处理其与国家间管辖权的关系等问题，既与国家选取的管理模式直接相关，也取决于国家政治导向和国内法律限制等其他因素。

第四，海上共同开发内许可权或特许权的授权方式与作业者的选择。一般而言，共同开发协议中会有具体条款，明确规定由谁享有区域内许可权或特许权，如何进行授权或选择，依据何种法律，甚至会包含如何选择实际作业者的规则。这涉及区域内油气开采相关作业的实质性安排，国家间往往在最初的政府间协定中都会加以明确约定。

第五，争端解决方式。海上共同开发中的争端产生于各个时期，如共同开发具体规则协商、实质性作业、利益分配等各个环节。列明争端解决方式可有助于共同开发作业的顺利进行，保证国家间、作业者间产生的分歧不对共同开发产生不利的影响。

第六，随着现代海洋法的发展，海洋环境保护、海上通道安全、劳工健康权益保障等，也已成为共同开发的必备法律要素。在进行海上共同开发过程中，国家间会在协议中规定必要条款和措施保证油气开采的相关作业符合现代海洋环境保护的标准，符合相关劳工规则。

第七，其他程序性规定。这些程序性规定包括条约生效、修改、终止、有效期等问题，这既是协定的必备条款，也是制定其他具体规则和规范的前提。

无论采用何种管理模式，以上七个因素都应当包含于协议中，都需要在共同开发开始之前作出安排。这其中部分因素具有共性，并不会对管理模式建构产生实质性影响，如海洋环境保护、程序性条款的问题。但共同开发协定中对部分法律要素的安排，如联合管理机构、许可权和特许权问题会对管理模式产生决定性影响，采用何种管理模式就取决于国家对部分要素的法律安排，以及国家和联合管理机构权利的界限与平衡。除此之外，还有部分剩余法律要素可以留给共同开发当局或商业开发合同进行具体协商和规定，如油气开采的具体作业规程、详细的税收安排、管道建设等。

综上所述，海上共同开发管理模式的核心法律要素包括以下五个方面：第一，要确定共同开发活动开展的区域，即共同开发区；

第二，要确定开发活动经营和管理的主体，以及不同主体之间的分工和协调；第三，明确区域内共同开发活动针对的对象，即资源的类型以及资源分配的方式；第四，分配区域内国家与联合管理机构管辖权事项；第五，规定区域内的争端解决方式。只有具备了这五个核心法律要素，共同开发管理模式的基本法律框架才基本成形。

第二节　海上共同开发管理范围的选定及其划分

海上共同开发区是共同开发作业实际作业的范围，明确的共同开发区是建立管理模式的必备法律要素之一。海上共同开发要顺利进行，国家间要克服的首要障碍就是划定一个共同开发区域（Joint Development Zone，简称 JDZ）。对于如何确定海上共同开发区并不存在明确的国际法律规则，但实践表明共同开发区的划定与海洋划界的国际法律规则有紧密联系。①在海上共同开发区问题上，包括区域的法律性质、选定以及具体的划分方法等是重要法律问题。

一、海上共同开发区域的性质

要确定海上共同开发区，首先要厘清该区域的法律性质，这样才可以确定国家划定共同开发区的界线。从海上共同开发的国家实践和国际海洋法的相关规定来看，海上共同开发区具有以下法律特点：

第一，海上共同开发区空间范围包括海床、海底和底土区域。②

---

① Gao Jianjun, Joint Development in the East China Sea: Not an Easier Challenge than Delimitation, The International Journal of Marine and Coastal Law, Vol. 23, 2008, p. 41.

② The Revised Model, Agreement between State X and State Y on the Joint Development of Petroleum in Areas of the Continental Shelf and/or the Exclusive Economic Zone of the Two Countries, article1（17）, in Hazel Fox et al. , Joint Development of Offshore Oil and Gas, London: the British Institute of International and Comparative Law, Vol. II, 1990, p. 5.

若相关国家约定开发生物资源，也会在共同开发协议中规定共同开发区也包括上覆水域。例如，在《1979 年泰王国和马来西亚为开发泰国湾大陆架划定区域内海床资源而建立联合管理局的谅解备忘录》（以下简称《1979 年谅解备忘录》）中，双方约定"旨在勘探和开发重叠区域内海床和底土中的非生物资源"。① 又如在《1993 年牙买加和哥伦比亚共和国有关海洋划界的协定》中，第 3 条规定："双方可以开展的活动包括勘探和开采上覆水域、海床、底土上的自然资源。"② 该条款中自然资源明显扩展了资源范围，包括生物资源和非生物资源，这种条款在其他国家共同开发协定中也有具体体现。

第二，不同时期海上共同开发区范围具有一定差异。早期的共同开发协定中，一般指明特定海域或海床为共同开发区，但不会包括领海。③ 随着《公约》的签订和生效，其后签订的海上共同开

---

① Memorandum of Understanding between the Kingdom of Thailand and Malaysia in the Establishment of a Joint Authority for the Exploitation of the Resources of the Sea-bed in a defined Area of the Continental Shelf of the Two Countries in the Gulf of Thailand, available at http：//cil. nus. edu. sg/1979/1979-memorandum-of-understanding-between-malaysia-and-the-kingdom-of-thailand-on-the-establishment-of-the-joint-authority-for-the-exploitation-of-the-resources-of-the-sea-bed-in-a-defined-area-of-the/, done at Chiang Mai on 21 February 1979, accessed on 3 July 2015.

② 参见 Maritime Delimitation Treaty between Jamaica and the Republic of Colombia, article 3 （2）, available at http：//www. un. org/depts/los/LEGISLATIONANDTREATIES/PDFFILES/TREATIES/JAM-COL1993MD. PDF, accessed on 13 October 2015。

③ 1971 年伊朗和沙迦共同开发案中，共同开发区为阿比穆萨岛（island of Abu Musa）及其领海下海床和底土石油资源的开发。参见 Iran—Sharjah Memorandum of Understanding of 29 November 1971, article 4, at Masahiro Miyoshi, The Joint Development of Offshore Oil and Gas in Relation to Maritime Boundary Delimitation, International Boundaries Research Unit, Maritime Briefing, Vol. 2, No. 5, 1999, p. 11。

发协定都指明了共同开发区为大陆架或/和专属经济区，明确排除领海。这种变化出现主要是基于以下原因：（1）沿海国对领海以及领海的上空、海床和底土享有主权，这种权利与领土主权一样神圣不可侵犯，因此国家间在划定共同开发区时不会考虑领海海域。（2）《公约》确定的现代国际海洋法律体系已经构成了习惯国际法，即使沿海国并非《公约》缔约国也可据此对邻接海域主张相应的权利。但是沿海国在不同海域享有的权利属性也存在一定差异，即随着领海—毗连区—专属经济区—大陆架—公海海域的扩展，享有的权利逐渐弱化。（3）大陆架和专属经济区之外，《公约》第十一部分对"区域"做了特别规定，此海域内资源为人类共同继承财产，资源开发应当经过国际海底管理局的批准，国家无权不经同意将其划为共同开发区。（4）依据《公约》，沿海国在专属经济区和大陆架都享有勘探和开发自然资源的主权权利，而且相似的"200海里规则"很大程度上带来了两种制度规则和海域范围的重合，因此国家一般都在协议中将专属经济区和大陆架一起纳入。

现代海洋法律制度对海洋区域的划分也确定了共同开发区的外部界限，相关国家不能将本国不享有权利的他国海域以及公有海域划入共同开发区。

二、海上共同开发区域的选定

海上共同开发包括跨界资源的共同开发和争议海域的共同开发两种类型，这二者在区块选定方式上也有一定差异。

（一）跨界共同开发中划定特定区域作为共同开发区

跨界共同开发是为了促进跨越边界线两侧油气资源的开发，因此国家一般指定边界线两侧特定区域，或者存在单一矿床的海域作为共同开发区。具体而言，这种情形下共同开发区的划定主要有两种方式：

第一种方式较为简单，双方将特定区域划定为共同开发区。例如，在《1958 年巴林和沙特阿拉伯划界协议》中，双方先划定了边界线，并用 6 个坐标点划定了一个六边形闭合区域作为共同开发区（附图 1）。① 在 1974 年《法兰西共和国与西班牙王国政府划分两国在比斯开湾大陆架的条约》中，双方先划定两国的大陆架界限，然后用 Z1 至 Z4 四个坐标点确定了共同开发区（附图 4）。② 在 1974 年沙特阿拉伯和苏丹红海共同开发案中，双方将海床上专属主权界限之外，超过 1000 米等深线，直至红海中间线的海域划定为共同开发区（附图 5）。③ 在 1981 年冰岛和挪威扬马延岛的大陆架协定中，双方采用单一海洋划界方法划定边界后，将冰岛与扬马延岛 200 海里经济区的重叠主张区作为共同开发区（附图 7）。④ 在 1993 年《塞内加尔共和国和几内亚比绍共和国管理和合作协议》中，双方规定洛克所角（Cape Roxo）220°和 268°方位角之间

① Bahrain—Saudi Arabia Boundary Agreement 22 February 1958, article 2, available at http：//www. un. org/depts/los/LEGISLATIONANDTREATIES/PDFFILES/TREATIES/BHR-SAU1958BA. PDF, accessed on 3 July 2015.

② Convention between the Government of the French Republic and the Government of the Spain State on the Delimitation of the Continental Shelf of the two States in the Bay of Biscay, article3, done at 29 January 1974, available at http：//www. un. org/depts/los/LEGISLATIONANDTREATIES/PDFFILES/TREATIES/FRA-ESP1974CS. PDF, accessed on 12 November 2015.

③ Saudi Arabia—Sudan Agreement of 16 may 1976, article 3, at Masahiro Miyoshi, The Joint Development of Offshore Oil and Gas in Relation to Maritime Boundary Delimitation, International Boundaries Research Unit, Maritime Briefing, Vol. 2, No. 5, 1999, p. 32.

④ Agreement on the Continental Shelf Between Iceland and Jan Mayen, 22 October 1981, available at http：//www. un. org/depts/los/LEGISLATIONAND-TREATIES/PDFFILES/TREATIES/ISL-NOR1981CS. PDF, accessed on 3 July 2015.

的海域为共同开发区（附图9）。①

第二种方式是在划界后发现存在跨界单一矿床情形下，国家间将特定矿床和海域划为共同开发区。在1965年英国和挪威大陆架划界协定中即包含了"单一地质条款"。其后，北海大陆架划界协议，以及波罗的海、比斯开湾、地中海、亚得里亚海大陆架协议都包含类似的单一地质条款，以应对划界后在边界附近发现单一矿床后如何进行开发的问题。随着弗里格气田的发现，英国和挪威依据此条款于1976年签订了共同开发弗里格气田的协议，将该气田作为单一整体进行开发。② 在2012年《美利坚和众国与墨西哥关于墨西哥湾跨界碳氢化合物储藏协议》中，两国指定海岸线9海里外，跨界地质碳氢化合物结构和矿床为共同开发区。③ 值得注意的是，在大部分跨界共同开发协议中，国家倾向对跨界矿床（Transboundary Hydrocarbon Reservoir 或者 Cross-border Hydrocarbon Reservoir）采用广义的定义，一般规定其为跨越边界线的油气矿床，或者是跨越边界线，且从边界线一侧或另一侧可全部或部分开

---

① Agreement on Management and Cooperation between the Republic of Guinea-Bissau and the Republic of Senegal, article 1, available at https://treaties. un. org/doc/Publication/UNTS/Volume%201903/v1903. pdf, accessed on 3 November, 2015.

② United Kingdom of Great Britain and Northern Ireland and Norway Agreement Relating to the Exploration of the Frigg Field Reservoir and the Transmission of Gas Therefrom to the United Kingdom, signed at London on 10 May 1976, available at https://treaties. un. org/doc/Publication/UNTS/Volume%201098/volume-1098-I-16878-English. pdf, accessed on 3 July 2015.

③ Agreement between the United States of America and the United Mexican States concerning Transboundary Hydrocarbon Reservoirs in the Gulf of Mexico, article 1, done at Los Cabos on 20 February 2012, available at http://www. state. gov/p/wha/rls/2012/185259. htm, accessed on 3 July 2015.

采的矿床。① 采用广义定义的方式，最大限度地包含划界中或划界后可能发现的跨界资源类型和区块性质。同样，部分实践中国家也在协定文本中对碳氢化合物（Hydrocarbon）和矿床（Reservoir）的具体含义做了更进一步的规定。②

（二）争议海域共同开发将主张重叠区作为共同开发区

争议海域共同开发是国家在难以实现海洋划界时，采用的一种务实的临时安排。这种务实性体现在国家间搁置争端，优先获取经济利益。在争议海域共同开发中，共同开发区一般为主张重叠区。根据国家协商的不同情形，共同开发区可能是全部主张重叠区，也可能是部分主张重叠区，也可能包括部分没有争议的海域。③ 争议海域共同开发区的确定主要有以下三种方式：

第一，在早期争议海域共同开发的实践中，指定特定海域是划

① 参见 Pablo Ferrante & Fernando Alonso-De Florida, Framework Agreements for the Unitization of Transboundary Hydrocarbon Reservoirs: the Experience in Latin America, Rocky Mountain Mineral Law Foundation, International Mining and Oil & Gas, Development, and Investment, Paper No. 22, 2013, p. 6。

② 在 2007 年委内瑞拉和特立尼达和多巴哥共同开发协定中，第 1 条对"cross-border hydrocarbon reservoirs"和"hydrocarbons"作出了定义，参见 Framework Treaty relating to the Unitisation of Hydrocarbon Reservoirs that extends across the Delimitation Line Between the Republic of Trinidad and Tobago and the Bolivarian Republic of Venezuela, done at Caracas, 20 March 2007, article 1, available at https://treaties. un. org/doc/Publication/UNTS/No%20Volume/50196/Part/I-50196-08000002802bb3a7. pdf, accessed on 16 December 2015。2012 年美国和墨西哥共同开发协定中，第 2 条对"hydrocarbons""reservoirs""transboundary reservoirs""transboundary unit"均进行了定义，Agreement between the United States of America and the United Mexican States concerning Transboundary Hydrocarbon Reservoirs in the Gulf of Mexico, done at Los Cabos on 20 February 2012, article 2, available at http://www. state. gov/p/wha/rls/2012/185259. htm, accessed on 3 July 2015。

③ 在突尼斯和利比亚大陆架案中，重叠海域只是双方授权开发的区域一小部分，参见 Rainer Lagoni, Interim Measures Pending Maritime Delimitation Agreements, The American Journal of International Law, Vol. 78, 1984, p. 357。

定共同开发区最常采用的方法。在 1965 年《科威特和沙特阿拉伯划分中立区的协定》中，两国将毗邻分隔区 6 海里之外的水下区域作为共同开发区，双方平等行使权利（附图 2）。① 在 1971 年伊朗和沙迦共同开发案中，双方将阿比穆萨岛及其领海下海床和底土作为共同开发区。② 随着现代国际海洋法律制度的建立，共同开发区的划定采用下述两种方式。

　　第二，将相关国家的大陆架主张重叠区作为共同开发区。需要注意的是大陆架权利是与生俱来的，且仅及于海床和底土。③《公约》第 78 条规定 "沿海国对大陆架的权利不影响上覆水域的法律地位"。④在 1974 年日韩共同开发案中，双方就日本海和对马海峡大陆架达成了划界协议，但对于东海的南部大陆架立场难以协调，因而日韩双方就南部大陆架争议海域建立了共同开发区。日韩双方在协议中明确规定："共同开发区内自然资源的勘探和开采，应当确保共同开发区及上覆水域内其他合法活动，如航行和渔业，不受过度影响。"⑤ 在马来西亚和泰国《1979 年谅解备忘录》中，第 1

---

　　①　Kuwait-Saudi Arabia Agreement to Partition the Neutral Zone, signed ad Al-Hadda on 7 July 1965, article 7 and article 8, (American society of International law), Legal Materials Vol. 4 No. 6, 1965, p. 1134, available at http://www. jstor. org/stable/20689992? seq = 1#page_scan_tab_contents, accessed on 3 July 2015.

　　②　参见 Iran—Sharjah Memorandum of Understanding of 29 November 1971, article 4, at Masahiro Miyoshi, The Joint Development of Offshore Oil and Gas in Relation to Maritime Boundary Delimitation, International Boundaries Research Unit, Maritime Briefing, Vol. 2, No. 5, 1999, p. 11。

　　③　参见 1982 年《联合国海洋法公约》第 76 条，傅崐成编校：《海洋法相关公约及中英文索引》，厦门大学出版社 2005 年版，第 29 页。

　　④　1982 年《联合国海洋法公约》第 78 条，傅崐成编校：《海洋法相关公约及中英文索引》，厦门大学出版社 2005 年版，第 30 页。

　　⑤　Agreement Between Japan and the Republic of Korea Concerning Joint Development of the Southern Part of the Continent Shelf Adjacent to the Two Countries, article 27, available at https://treaties. un. org/doc/Publication/UNTS/Volume%201225/volume-1225-I-19778-English. pdf, accessed on 2 July 2015.

条规定将两国将相邻大陆架上的主张重叠区作为共同开发区（附图 6）。① 在 1989 年澳大利亚和印度尼西亚共同开发案中，共同开发区 B 区和 C 区南北两侧的界限（即实质性进行共同开发 A 区的南北两侧边界线），是两国依据自然延伸原则和 200 海里规则两种标准而形成的主张重叠区（附图 8）。② 在 2012 年塞舌尔和毛里求斯签订的共同管理马斯克林高原地区大陆架的条约中，双方明确指明共同开发区块为大陆架重叠区（附图 14）。③

第三，将相关国家专属经济区的主张重叠海域作为共同开发区。《公约》规定专属经济区需要沿海国的明确主张，其主权权利的范围包括海床、底土和上覆水域。专属经济区内海床和底土的权利应按照大陆架的规定行使。因而，相关国家在进行共同开发时，有权依据大陆架规则开采油气等非生物资源，同样也可享有专属经济区的其他权利和义务。在 2001 年尼日利亚联邦和圣多美普林西比共同开发案中，协议规定将两国专属经济区主张重叠海域划为共

　　① Memorandum of Understanding between the Kingdom of Thailand and Malaysia in the Establishment of a Joint Authority for the Exploitation of the Resources of the Sea-bed in a defined Area of the Continental Shelf of the Two Countries in the Gulf of Thailand, article 1, available at http：//cil. nus. edu. sg/1979/1979-memorandum-of-understanding-between-malaysia-and-the-kingdom-of-thailand-on-the-establishment-of-the-joint-authority-for-the-exploitation-of-the-resources-of-the-sea-bed-in-a-defined-area-of-the/, done at Chiang Mai on 21 February 1979, accessed on 3 July 2015.

　　② 参见 Ernst Willheim, Australia-Indonesia Sea-Bed Boundary Negotiations：Proposals for a Joint Development Zone in the "Timor Gap", Natural Resources Journal, Vol. 29, 1989, p. 841。

　　③ Treaty concerning the joint exercise of sovereign rights over the continental shelf in the Mascarene Plateau region between the Government of the Republic of Sey- chelles and the Government of the Republic of Mauritius, done at Vacoas, 13 March 2012, preliminary and article 3, available at https：//treaties. un. org/doc/Publication/UNTS/No%20Volume/49782/Part/I-49782-0800000280331cac. pdf, accessed on 3 July 2015.

同开发区（附图12）。① 在 2003 年巴巴多斯和圭亚那专属经济区合作条约中，同样规定双方应"在两国专属经济区的双边重叠区域内（附图13），对生物资源和非生物资源进行共同管理、勘探和开发"。②

　　但是，这里有两个问题需要强调：一是，若共同开发区位于争议海域的主张重叠区，那么相关国家的主张应当是依据国际法的正当合法主张。正如在北海大陆架案中，杰赛普法官在个人意见中提到"国家的主张应当是基于善意（bona fide）作出的"。因此，确定主张重叠区的基础是国家依据国际法进行的合法主张。二是，划定的共同开发区不应当对第三国权利主张产生不利影响。1969 年《维也纳条约法》规定："条约非经第三国同意，不为该国创设义务或权利。若为第三国创设义务，应经第三国书面明示接受。"③在争议海域内划定的共同开发区若涉及第三国对相关海域的主张，则会对第三国在大陆架或专属经济区的权利造成损害。若划定的共同开发区忽视第三国的权利主张，一方面会引起国家责任，另一方面第三国的抗议也会影响共同开发活动的进行。

---

① Treaty between the Federal Republic of Nigeria and the Democratic Republic of Sao Tome and Principe on the Joint Development of Petroleum and Other Resources, in Respect of Areas of the Exclusive Economic Zone of the Two States, done at Abuja on 21 February 2001, available at http：//www. un. org/Depts/los/LEGISLATIONANDTREATIES/PDFFILES/TREATIES/STP-NGA2001. PDF, accessed on 3 July 2015.

② Exclusive Economic Zone Co-operation Treaty between the State of Barbados and the Republic of Guyana concerning the exercise of jurisdiction in their exclusive economic zones in the area of bilateral overlap within each of their outer limits and beyond the outer limits of the exclusive economic zones of other States (with annex and figure), 2 December 2003, Division for Ocean Affairs and the Law of the sea Office of Legal Affairs, Law of the sea, Bulletin No. 5, p. 36.

③ 《1969 年维也纳条约法公约》第 34 条，第 35 条，条约原文可见于 http：//www. un. org/chinese/law/ilc/treaty. htm，最后访问日期 2015 年 11 月 12 日。

三、海上共同开发区的划定方法

划定共同开发区后，还需要需要借助地理和技术方法将共同开发区范围和边界进一步明确，这一方面是确定国家协议中共同开发具体条款的需要，另一方面也是指导共同开发区作业范围的需要。具体而言，海上共同开发区的确定主要采用地理坐标、附图说明、作准地图和大地测量系等一系列地理和技术辅助方式加以确定。不同国家实践中所采用的方法难易程度各不一致，主要包括以下几种：

第一，以附图或简明坐标点方式，将海上共同开发区的位置在协定中加以说明。例如，在《1962 年德国和荷兰共同开发埃姆斯河口的补充协定》中，第 1 条规定"边界地区"是指本协定附图的阴影部分的区域及其地下范围。① 在英国和挪威弗里格气田开发案中，仅规定了弗里格气田位于北纬 59°53′和 1965 年两国大陆架边界线的交叉点。② 同样还可见于 1993 年塞内加尔和几内亚比绍管理和合作协议（附图 10）。③ 这种方法的缺点是过于简单且缺乏准确性，更适用于特定的、面积较小的区域。

第二，通过选取多重地理坐标点的方式，将海上共同开发区范

① Supplementary Agreement to the Treaty Concerning Arrangements for Co-operation in the Ems Estuary (Ems-Dollard Treaty), Signed between the Kingdom of the Netherlands and the Federal Republic of Germany on 8 April 1960. Signed at Bennekom, on 14 May 1962, article 1, available at https：//treaties. un. org/doc/Publication/UNTS/Volume%20509/v509. pdf, p. 140, accessed on 3 July 2015.

② United Kingdom of Great Britain and Northern Ireland and Norway Agreement Relating to the Exploration of the Frigg Field Reservoir and the Transmission of Gas Therefrom to the United Kingdom, signed at London on 10 May 1976, article 30, available at https：//treaties. un. org/doc/Publication/UNTS/Volume%201098/volume-1098-I-16878-English. pdf, accessed on 3 2015.

③ Protocol to the Agreement Between the Republic of Guinea—Bissau and the Republic of Senegal Concerning the Organization and Operation of the Management and Cooperation Agency Established by the Agreement of 14 October 1993, Summary, available at https：//treaties. un. org/doc/publication/UNTS/Volume%201903/v1903. pdf, p. 66, accessed on 3 July 2015.

围在协定文本中加以确定，并在文本后附以相应的地图。如在
1958 年《巴林和沙特阿拉伯划界协议》中，规定了 6 个坐标点，
并附两张地图副本加以说明。① 同样可见于 1974 年日韩共同开发
协议（附图 3）、1981 年冰岛和挪威扬马延岛共同大陆架协议（附
图 7）等。②

　　第三，除规定明确的地理坐标之外，并辅之以更准确的大地测
量学和作准地图加以明确区域范围。在 1974 年《法兰西共和国政
府和西班牙王国政府划分两国在比斯开湾大陆架的条约》中，规
定了 Z1、Z2、Z3、Z4 4 个地理坐标点，且连接 4 点的线为测地线，
作准地图为法国于 1972 年更新的 5381 号海洋图。在 1979 年马来
西亚和泰国共同开发案中，规定作准地图为英国海军航海图 1967
年版，第 2424 号。③ 同样的规定可见于1989年澳大利和印度尼

---

① Bahrain—Saudi Arabia Boundary Agreement 22 February 1958, article 2
and article 3, available at http：//www. un. org/depts/los/LEGISLATIONAND-
TREATIES/PDFFILES/TREATIES/BHR-SAU1958BA. PDF, accessed on 3 July 2015.

② 《日韩协定》第 2 条，附录对九个分区的坐标点同样做了详细规定，参
见 Agreement Between Japan and the Republic of Korea Concerning Joint Development of
the Southern Part of the Continent Shelf Adjacent to the Two Countries, article 2 and
Annex, available at https：//treaties. un. org/doc/Publication/UNTS/Volume%201225/
volume-1225-I-19778-English. pdf, accessed on 2 July 2015; Agreement on the
Continental Shelf Between Iceland and Jan Mayen, 22 October 1981, article 2, 3,
available at http：//www. un. org/depts/los/LEGISLATION-ANDTREATIES/ PDFFILES/
TREATIES/ISL-NOR1981CS. PDF, accessed on 3 July 2015。

③ Memorandum of Understanding between the Kingdom of Thailand and
Malaysia in the Establishment of a Joint Authority for the Exploitation of the
Resources of the Sea-bed in a defined Area of the Continental Shelf of the Two
Countries in the Gulf of Thailand, article 1, available at http：//cil. nus. edu. sg/1979/
1979-memorandum-of-understanding-between-malaysia-and-the-kingdom-of-thailand-on-
the-establishment-of-the-joint-authority-for-the-exploitation-of-the-resources-of-the-sea-
bed-in-a-defined-area-of-the/, done at Chiang Mai on 21 February 1979, accessed
on 3 July 2015.

西亚共同开发协议，1993 年牙买加和哥伦比亚海洋划界的协定，2001 年尼日利亚和圣多美普林西比共同开发专属经济区协定等。①

随着海上共同开发国家实践的增多，以及国家对海洋主张的进一步明确化，准确的共同开发区范围，更符合国家海洋权益敏感性和重要性的要求。随着地理技术的发展，共同开发区的划定方法上也更加完善。在具体划定时，我们可以借助以下几种方法以更准确地确定区域范围：①具体的地理坐标，并且可由一系列坐标点组成；②采用一定标准的大地坐标系和测地线，这较之于"连接线"等表述更为准确；③指明作准地图以及在条约后附上相应地图；④签订协议之后，双方可组织相应的地质专家对共同开发区进行勘测以准确确定范围。

第三节　海上共同开发管理主体

在海上共同开发管理模式中，确定主体以及主体权能是对开发区内所涉权利和法律关系进行分割的基础。在海上共同开发这一法律关系中，国家是唯一的主体，但在具体的管理模式的构建中，主

---

① 1989 Treaty between Australia and the Republic of Indonesia on the Zone of Cooperation in an Area between the Indonesian Province of East Timor and Northern Australia, article 1 and Annex A, available at http：//cil. nus. edu. sg/ 1989/1989-treaty-between-australia-and-the-republic-of-indonesia-on-the-zone-of-cooperation-in-an-area-between-the-indonesian-province-of-east-timor-and-northern-australia/, accessed on 3 July 2015. And Maritime Delimitation Treaty between Jamaica and the Republic of Colombia, article 3, 5, 6, available at：http：// www. un. org/depts/los/LEGISLATIONANDTREATIES/PDFFILES/TREATIES/ JAM-COL1993MD. PDF, accessed on 13 October 2015. And Treaty between the Federal Republic of Nigeria and the Democratic Republic of Sao Tome and Principe on the Joint Development of Petroleum and Other Resources, in Respect of Areas of the Exclusive Economic Zone of the Two States, done at Abuja on 21 February 2001, Annex, available at http：//www. un. org/Depts/los/LEGISLATIONAND-TREATIES/ PDFFILES/TREATIES/STP-NGA2001. PDF, accessed on 3 July 2015.

体不仅包括了国家、联合管理机构，甚至一定情形下还包括具体作业人，即石油公司也可能成为管理主体。不同管理模式下，国家、联合管理机构和石油公司发挥作用各异，三者合作和分工保证了共同开发区内具体勘探和开发活动的有序进行。

一、海上共同开发管理主体

海上共同开发管理主体是指在共同开发区内有权对作业以及相关事项进行管理的机构，它包括国家、石油公司和联合管理机构这三个主体。确定共同开发区内管理主体，以及主体在不同管理模式中角色差异与相互之间的关系，是管理模式构建中的重要支撑。无论建立何种海上共同开发管理模式，国家间的协调、石油公司的参与、联合管理机构对区域内活动的监督和管理，都是保障共同开发区内资源勘探和开发活动顺利进行的机制保障。

首先，联合管理机构。在大多数海上共同开发实践中，国家间都会建立一个联合管理机构，它由国家各自指派本国成员共同组成，职责是负责对共同开发区内的勘探和开发活动进行管理和监督。联合管理机构的具体职权、功能一般由国家在共同开发协议中加以确定。早期实践中存在不设立联合管理机构情形，但随着现代法律制度的发展，海上共同开发越来越复杂，为了确保共同开发区内勘探和开采活动的顺利进行，以及环境保护等其他利益得到尊重，联合管理机构已经成为一个必不可少的机构。

其次，国家。海上共同开发实质上是国家合作的形式，因此国家首先负责开发区的重要决策事项，同时国家也会具体参与区域内活动的开展。国家在海上共同开发中对所有事项具有重要的决策权。首先，共同开发区内资源勘探和开发活动如何开展，法律职能如何分配都是国家间通过协议建立起来的。其次，海上共同开发制度建立起来之后，国家及职能部门仍需就部分事项进行合作，或作出具体安排。从制度本身而言，海上共同开发只是在相关区域内的一种安排，相关国家在此区域内对资源勘探和开发事项进行合作，而并非建立特殊的行政区域，国家及其相应部门在其他事项的合作必不可少，比如渔业资源的管理、海洋环境的保护、污染防治、刑事和民事管辖权的行使、税收制度的安排等。①

最后，石油公司，这里包括国有石油公司和外国石油公司。石油公司是海上共同开发中勘探和开发作业的实际执行者。石油公司一般通过国家或者联合管理机构的授权，获得共同开发区内或者相应区块的勘探和开发许可权或特许权，然后石油公司分别进行或者石油公司之间签订联合经营协议，并指派经营人进行相应区域内的作业。

在海上共同开发区内，国家、联合管理机构和石油公司三种管理主体之间分工不同却又各有合作，三者通过职能互补和分工差异以保证共同开发区资源的有效开发和区域的有效管理。

二、不同管理模式下管理主体角色的差异

在不同的海上共同开发管理模式下，三种管理主体职能和分工存在差异。联合管理机构作为一个专为共同开发区设定的协调和管理机构，其所享有职能和权限不同，相应的石油公司和国家的职能也呈现出相应差异以进行补充。

在代理制模式中，存在只有部分管理主体的情形，即在未建立联合管理机构的情形下，共同开发区内就以国家和/或石油公司为主进行管理。以 1958 年巴林和沙特阿拉伯共同开发案为例，协议规定由沙特指定共同开发区的开发方式，沙特阿拉伯及其授权的石油公司就是管理主体。② 又如，1971 年伊朗和沙迦的共同开发案中采用收益分享制度，双方指定巴特石油天然气公司作为单一石油公司承担勘探和开发工作，并由该公司将石油收益直接交付伊朗和沙迦，这里石油公司，作为两国政府的代表发挥了管理主体的作用。③ 在 1989 年澳大利亚和东帝汶共同开发案中，协议规定在 B

---

① 国家职能在本章第五节，第三章第二节都有详细的论述。

② Bahrain—Saudi Arabia Boundary Agreement 22 February 1958, article 2, available at http：//www. un. org/depts/los/LEGISLATIONANDTREATIES/PDFFILES/TREATIES/BHR-SAU1958BA. PDF, accessed on 3 July 2015.

③ 参见 Iran—Sharjah Memorandum of Understanding of 29 November 1971, article 4, at Masahiro Miyoshi, The Joint Development of Offshore Oil and Gas in Relation to Maritime Boundary Delimitation, International Boundaries Research Unit, Maritime Briefing, Vol. 2, No. 5, 1999, p. 11。

和 C 区分别由澳大利亚和东帝汶授予许可，分别与石油公司签订租约，两国政府互相交付 10% 的毛资源租赁税，并缔结必要的行政协议。联合管理机构主要负责 A 区的管理，而 B 区和 C 区共同开发的管理主体则为澳大利亚、东帝汶，以及两国许可的石油公司。①

在联合经营模式中，较之于联合管理机构，国家、石油公司是更重要的管理主体，重要决策均由两者作出。共同开发区内，作业者的选定以及具体的作业规则由国家或石油公司商议决定，而联合管理机构主要负责监管、提出建议等。以 1974 年日韩共同开发案为例，协议规定两国根据本国法律授予石油勘探开发的特许权，当有商业价值的资源出现时，各自有权批准相应区块内的开采申请。两国分别负责对自己的特许权持有人征收税收和其他费用，特许权持有人负有相应的钻井义务和勤勉作业的义务。在分区块内，两国的特许权持有人之间签订经营协议并指定作业者，该作业者享有区块内活动的专属控制权。双方建立的联合管理委员会，即日韩联合委员会，主要负责审查协定执行、接受年度报告、监管经营活动和作业情况、提出建立等。从共同开发协议具体条款可以看出，国家、石油公司、联合管理机构负责的具体事项不同，三类主体的重要性也存在一定差异。②

在管理机构主导模式中，最大的差异在于联合管理机构的主体

---

① 1989 Treaty between Australia and the Republic of Indonesia on the Zone of Cooperation in an Area between the Indonesian Province of East Timor and Northern Australia, article 4, available at http://cil. nus. edu. sg/1989/1989-treaty-between-australia-and-the-republic-of-indonesia-on-the-zone-of-cooperation-in-an-area-between-the-indonesian-province-of-east-timor-and-northern-australia/, accessed on 3 July 2015.

② Agreement Between Japan and the Republic of Korea Concerning Joint Development of the Southern Part of the Continent Shelf Adjacent to the Two Countries, article 3, 5 , 6, 10, 11, 12, 17, 25, available at https://treaties. un. org/doc/Publication/UNTS/Volume% 201225/volume-1225-I-19778-English. pdf, accessed on 2 July 2015.

角色较之于前两种模式更为突出，地位更为独立且职权范围也更为广泛。国家将更多的权利让渡给了联合管理机构，而自身所承担的多为是整体开发模式的协调。石油公司作为勘探和开发主体，主要负责管理具体的经营和开发活动。以 2001 年尼日利亚和圣多美普林西比共同开发案为例，两国赋予了联合管理局较为独立的角色。联合管理局不仅具有法人资格，有权处置动产和不动产、参与诉讼，有权与承包人签订和终止开发合同，而且有权制定区域内石油制度，包括石油活动的监管和税收制度以及其他财务制度等。石油公司作为与联合管理局签订合同的承包商，在约定期限内对开发区内的有关开采活动享有排他的权利。国家的职能主要体现在，国家有权对区域内的开发活动进展进行监督，有权独立地计量、检查、或监督所有的石油活动，有权对非石油活动授权开发行使刑事和民事管辖权。①

综上所述，在任何一种管理模式中，石油公司承担的角色大同小异，主要承担区域内油气资源的勘探和开发有关的经营活动，区别在于对共同开发区内勘探与开发活动享有的权限范围存在差异；国家和联合管理机构在共同开发区管理上是重叠和互补的关系，若联合管理机构的职能和权限扩张，国家及其职能机构管理的事项和职权则相应缩减。

第四节　海上共同开发管理的 资源类型及分配方式

海上共同开发管理的资源类型主要是指国家可以对何种资源进

---

① Treaty between the Federal Republic of Nigeria and the Democratic Republic of Sao Tome and Principe on the Joint Development of Petroleum and Other Resources, in Respect of Areas of the Exclusive Economic Zone of the Two States, done at Abuja on 21 February 2001, article 9, 21, 24, 25, 29, 34, 40, 42, available at http://www.un.org/Depts/los/LEGISLATIONANDTREATIES/PDFFILES/TREATIES/STP-NGA2001. PDF, accessed on 3 July 2015.

行开发。早期部分共同开发协议中规定资源类型为石油、天然气等非生物资源，但后期的国家实践中，海上共同开发资源的类型从非生物资源延伸至生物资源，部分协定中也对渔业资源进行了安排，或者在协定中采用"自然资源"这一内涵更广的措辞。在资源分配方式上，国家间多以平均分配为主，但也发展出更为多样的分配方式，这不仅体现在资源分配比例上不再是绝对的 5∶5，也体现在对开采出的资源处理方式也更加多样。

一、资源类型——非生物资源、渔业资源

在海上共同开发产生之初以及相当长的时间内，国家间勘探和开发的对象主要是海床和底土上的石油、天然气等非生物资源。这一方面是因为石油、天然气资源几乎在所有国家的能源体系中地位均十分重要。"除了美国、英国、俄罗斯等少数几个国家和地区的法律允许私人拥有石油、天然气资源以外，世界上绝大多数国家和地区能源的所有权是由能源东道国所拥有的。"① 另一方面，因为石油、天然气资源本身的性质，单方面开发会对利益相关国造成不利影响，这在前文中已有论述，在此不再赘述。

在海上共同开发协议中，部分协议明确规定了开发资源为石油和/或天然气资源，但大部分协议中将范围扩展至自然资源或非生物资源，具体可参见 1958 年巴林和沙特共同开发案，② 1981 年冰岛和挪威扬马延岛的大陆架协议，③ 2002 年澳大利亚和东帝汶帝

---

① 隋平著：《海外能源投资的法律与实践》，法律出版社 2011 年版，第 5 页。

② Bahrain—Saudi Arabia Boundary Agreement 22 February 1958, article 2, available at http：//www. un. org/depts/los/LEGISLATIONANDTREATIES/PDFFILES/TREATIES/BHR-SAU1958BA. PDF, accessed on 3 July 2015.

③ Agreement on the Continental Shelf Between Iceland and Jan Mayen, 22 October 1981, article 5, available at http：//www. un. org/depts/los/LEGISLATIONANDTREATIES/PDFFILES/TREATIES/ISL-NOR1981CS. PDF, accessed on 3 July 2015.

汶海条约等协定中的资源条款。① 若协定中将对象仅限定为石油和天然气资源，这会明显限制非生物资源的范围，因此在协议中多采用含义更丰富的用语，或者在相关条款中进行更具体的解释说明。如在 1962 年荷兰和德国埃姆斯河口共同开发案中，协定第 1 条规定："'自然资源'是指根据采矿立法，从地下开采的所有固态、液态和气态的物质。这里的自然资源是指石油、天然气以及其他矿物资源。"② 相似的规定还可见于 1965 年沙特阿拉伯和科威特共同开发案，③ 1974 年日韩共同开发案，④ 1974 年法国和西班牙共同开发案等，这些协定具体条款中都采用的"自然资源"（Natural Resources）这一提法。⑤ 在 1976 年英国和挪威弗里格气田共同开发案中，协议规定可开发的自然资源不仅包括弗里

---

① Timor Sea Treaty between the Government of East Timor and the Government of Australia, signed at Dili, 20 May 2002, article 1 (j), available at http：//timor-leste. gov. tl/wp-content/uploads/2010/03/R _ 2003 _ 2-Timor-Treaty. pdf, accessed on 12 November 2015.

② Supplementary Agreement to the Treaty Concerning Arrangements for Co-operation in the Ems Estuary (Ems-Dollard Treaty), Signed between the Kingdom of the Netherlands and the Federal Republic of Germany on 8 April 1960. Signed at Bennekom, on 14 May 1962, article 1, available at https：//treaties. un. org/doc/ Publication/UNTS/Volume%20509/v509. pdf, p. 140, accessed on 3 July 2015.

③ Agreement between the Kingdom and Saudi Arabia and the State of Kuwait concerning the submerged Area adjacent to the Divided Zone, Annex 1, available at： http：//www. un. org/Depts/los/LEGISLATIONANDTREATIES/PDFFILES/ TREATIES/SAU-KWT2000SA. PDF, accessed on 12 November 2015.

④ Agreement Between Japan and the Republic of Korea Concerning Joint Development of the Southern Part of the Continent Shelf Adjacent to the Two Countries, article 1, available at https：//treaties. un. org/doc/Publication/UNTS/ Volume%201225/volume-1225-I-19778-English. pdf, accessed on 2 July 2015.

⑤ Convention between the Government of the French Republic and the Government of the Spain State on the Delimitation of the Continental Shelf of the two States in the Bay of Biscay , article3, signed at 29 January 1974 , available at http：//www. un. org/depts/los/LEGISLATIONANDTREATIES/PDFFILES/ TREATIES/FRA-ESP1974CS. PDF, accessed on 12 November 2015.

格气田的天然气以及由其产生的碳氢化合物，也包括石油。① 在
1979 年马泰共同开发案中，《1979 年谅解备忘录》中规定共同开
发海床和底土上的非生物资源，在后续《马来西亚和泰国联合管
理局 1990 年法案》（第 440 法案）中，明确规定可开发"任何
矿物、矿物油、和金属质的非生物资源"。② 在 2012 年美国和墨
西哥共同开发协议中，双方协定中同样将资源类型限制在石油、天
然气等碳氢化合物。③

　　随着海上共同开发实践的增多，相关国家在共同开发协议中将
资源类型也扩展至生物资源。在 1993 年牙买加和哥伦比亚的海洋
划界协定中，规定"两国可在联合区内开展的活动包括勘探和开

① United Kingdom of Great Britain and Northern Ireland and Norway
Agreement Relating to the Exploration of the Frigg Field Reservoir and the
Transmission of Gas Therefrom to the United Kingdom, signed at London on 10 May
1976, article 1, available at https: //treaties. un. org/doc/Publication/UNTS/
Volume%201098/volume-1098-I-16878-English. pdf, accessed on 3 July 2015.

② Memorandum of Understanding between the Kingdom of Thailand and Malaysia
in the Establishment of a Joint Authority for the Exploitation of the Resources of the Sea-
bed in a defined Area of the Continental Shelf of the Two Countries in the Gulf of
Thailand, article 3 (2), available at http: //cil. nus. edu. sg/1979/1979-
memorandum-of-understanding-between-malaysia-and-the-kingdom-of-thailand-on-
the-establishment-of-the-joint-authority-for-the-exploitation-of-the-resources-of-the-
sea-bed-in-a-defined-area-of-the/, done at Chiang Mai on 21 February 1979,
accessed on 3 July 2015. Laws of Malaysia ACT 440, Malaysia-Thailand Joint
Authority Act 1990, done at 23 January 1991, article 2, available at http: //
www. agc. gov. my/Akta/Vol. % 209/Act% 20440. pdf, accessed on 12 November
2015.

③ Treaty concerning the joint exercise of sovereign rights over the continental
shelf in the Mascarene Plateau region between the Government of the Republic of
Seychelles and the Government of the Republic of Mauritius, done at Vacoas, 13
March 2012, article 2, available at https: //treaties. un. org/doc/Publication/
UNTS/No% 20Volume/49782/Part/I-49782-0800000280331cac. pdf, accessed on 3
July 2015.

发上覆水域、海床和底土的生物资源与非生物资源"。① 在 1993 年塞内加尔和几内亚比绍的共同开发案中，双方可开发的资源包括大陆架资源，即矿产和石油资源，以及渔业资源。② 在 2001 年尼日利亚和圣多美普林西比共同开发案中，协议规定可开采的资源为石油资源和其他资源，且在协定第 9 部分也对海洋生物资源的开发作出了规定。③ 在 2012 年塞舌尔和毛里求斯共同开发协定中，规定自然资源包括非生物资源和定居种生物。④ 因而，有学者认为海上共同开发协定中所针对的资源，不仅包括碳氢化合物等非生物资源，国家倾向于采用更一般化的立场，即在协议中采用资源（resources）或自然资源（natural resources），而非碳氢化合物

---

① Maritime Delimitation Treaty between Jamaica and the Republic of Colombia, article 3 (2), available at http: //www. un. org/depts/los/LEGISLA-TIONANDTREATIES/PDFFILES/TREATIES/JAM-COL1993MD. PDF, accessed on 13 October 2015.

② Agreement on Management and Cooperation between the Republic of Guinea—Bissau and the Republic of Senegal, signed at Dakar on 14 October 1993. Article 2, and Protocol to the Agreement between the Republic of Guinea—Bissau and the Republic of Senegal Concerning the Organization and Operation of the Management and Cooperation Agency Established by the Agreement of 14 October 1993, signed at Bissau on 12 June 1995, article 1, available at https: // treaties. un. org/doc/publication/UNTS/Volume%201903/v1903. pdf, p. 66, accessed on 3 July 2015.

③ Treaty between the Federal Republic of Nigeria and the Democratic Republic of Sao Tome and Principe on the Joint Development of Petroleum and Other Resources, in Respect of Areas of the Exclusive Economic Zone of the Two States, done at Abuja on 21 February 2001, Preliminary and article1 (17), article 34 (4), available at http: //www. un. org/Depts/los/LEGISLATIONANDTREATIES/ PDFFILES/TREATIES/STP-NGA2001. PDF, accessed on 3 July 2015.

④ Treaty concerning the joint exercise of sovereign rights over the continental shelf in the Mascarene Plateau region between the Government of the Republic of Seychelles and the Government of the Republic of Mauritius, done at Vacoas 13 March 2012, article 1 (1), available at https: //treaties. un. org/doc/Publication/ UNTS/Volume%20509/v509. pdf, p. 140, accessed on 3 July 2015.

（hydrocarbons）的措辞。①

综上可见，海上共同开发的资源类型，主要是大陆架和专属经济区海床和底土上的石油、天然气以及其他任何形式的非生物资源，开发区内的生物资源也可经国家协商一致将其纳入共同开发协议之中。需注意的是，《公约》规定沿海国在大陆架上可勘探和开发的生物资源限于定居物种，只有在专属经济区内享有海床和底土及其上覆水域的自然资源，且生物资源的开发、管理和养护也应遵守相关条款的规定。② 因此，若相关国家将渔业资源纳入共同开发安排之中，应注意专属经济区和大陆架不同国际法规则的相关限制性规定。

二、资源的分配方式

从整体上而言，海上共同开发区内采用的资源分配方式是在国家协商一致基础上，以平均分配为主，其他方式分配为辅。大部分情形下，共同开发协议中有具体的资源分配条款，但也有部分协定中仅作出原则性规定，但辅之以资源分配比例的重新确定条款，以便于后期的调整。

（一）资源的分配方式

大多数情形下，国家间在共同开发协议中约定平均分享所开采出的资源，这种方式可保证国家均衡分享利益，也平均分担相应的义务。但在平均分配的基础上，国家也可灵活约定采用其他资源分享方式。具体而言，主要有下述三种资源分配方式：

第一，平均分配方式。无论是跨界共同开发还是争议海域共同

---

① 参见 J. Tanga Biang, The Joint Development Zone Between Nigeria and Sao Tome and Principle: A Case of Provisional Arrangement in the Gulf of Guinea International Law, State Practice and Prospects for Regional Integration, Division for Ocean Affairs and the Law of the Sea Office of Legal Affairs, United Nations, 2010, p. 64。

② 1982 年《联合国海洋法公约》第 56、61～66、78 条，傅崐成编校：《海洋法相关公约及中英文索引》，厦门大学出版社 2005 年版，第 20～24、30 页。

开发，无论采用何种管理模式，平均分配资源是最常采用的方式。如 1958 年巴林和沙特共同开发案是代理制模式下的跨界共同开发，其采用的是两国平均分享的方式。① 如 1974 年日韩共同开发案，是联合经营模式下对争议海域的共同开发，两国协议规定双方特许权人应平等分享开采出的自然资源。② 又如 2012 年塞舌尔和毛里求斯共同开发案，是在争议海域内采用管理机构主导模式的实践，协议明确规定双方应采用 50∶50 的分配比例，平等分享区域内自然资源的收益。③ 在已有的海上共同开发实践中，大部分采用了平均分配的方式。

　　第二，其他比例分配方式。在海上共同开发实践中，不乏国家在协商一致基础上采用其他比例分配的尝试。例如，在代理制模式中，如 1989 年澳大利亚和印度尼西亚共同开发协议规定，澳大利亚将 B 区石油公司毛资源租赁税的 10% 支付给印度尼西亚，印度尼西亚将 C 区承包商所得税的 10% 支付给澳大利亚。据此澳大利亚和印尼在各自代理开发区域采用的是 90∶10 的分配比例。④ 在

①　Bahrain—Saudi Arabia Boundary Agreement 22 February 1958, article 2, available at http：//www. un. org/depts/los/LEGISLATIONANDTREATIES/PDFFILES/TREATIES/BHR-SAU1958BA. PDF, accessed on 3 July 2015.

②　Agreement Between Japan and the Republic of Korea Concerning Joint Development of the Southern Part of the Continent Shelf Adjacent to the Two Countries, article 9, available at https：//treaties. un. org/doc/Publication/UNTS/Volume%201225/volume-1225-I-19778-English. pdf, accessed on 2 July 2015.

③　Treaty concerning the joint exercise of sovereign rights over the continental shelf in the Mascarene Plateau region between the Government of the Republic of Seychelles and the Government of the Republic of Mauritius, done at Vacoas, 13 March 2012, article 5, available at https：//treaties. un. org/doc/Publication/UNTS/Volume%20509/v509. pdf, p. 140, accessed on 3 July 2015.

④　1989 Treaty between Australia and the Republic of Indonesia on the Zone of Cooperation in an Area between the Indonesian Province of East Timor and Northern Australia, article 4, available at http：//cil. nus. edu. sg/1989/1989-treaty-between-australia-and-the-republic-of-indonesia-on-the-zone-of-cooperation-in-an-area-between-the-indonesian-province-of-east-timor-and-northern-australia/, accessed on 3 July 2015.

跨界共同开发中，如 1981 年冰岛和挪威扬马延岛共同开发协议中
规定，在属于挪威的经济区，冰岛享有 25% 的利润份额，反之亦
然。① 在管理机构主导模式中，1993 年塞内加尔和几内亚比绍共
同开发案区分了渔业资源和油气资源，规定渔业资源按照 50：50
分配，而油气资源按照 85：15（塞内加尔 85，几内亚 15）比例分
配。② 2001 尼日利亚和圣多美普林西比共同开发案中规定资源分
配比例为 60：40（尼日利亚 60，圣多美普林西比 40）。③ 在 2001
年东帝汶和澳大利亚共同开发案中，在共同开发区沿用了 90：10
（东帝汶 90，澳大利亚 10）的分配比例。一般而言，这种倾斜的
比例安排是在特殊背景下作出的。如在尼日利亚和圣多美普林西比
签订共同开协定时，尼日利亚是西非最大的国家、最大的石油出口
国；而圣多美普林西比共和国是小国，石油产业建立的较晚，缺乏
经验。两国地位和领土面积悬殊、石油和天然气产业发展程度的差
异较大、对石油资源需求紧迫程度的不一致，决定了两国在资源分
配比例上采用倾斜的特殊安排。④ 这种非对等的资源分配比例，一
般是基于国家间非对等地位、技术能力的差异、一国的重要让步等
政治和经济因素的考量而作出的。

---

① Agreement on the Continental Shelf Between Iceland and Jan Mayen, 22
October 1981, article 5 and article 6, available at http：//www. un. org/depts/los/
LEGISLATIONANDTREATIES/PDFFILES/TREATIES/ISL-NOR1981CS. PDF, accessed
on 3 July 2015.

② Agreement on Management and Cooperation between the Republic of
Guinea—Bissau and the Republic of Senegal, signed at Dakar on 14 October 1993,
article 2, available at https：//treaties. un. org/doc/publication/UNTS/Volume%
201903/v1903. pdf, p. 66, accessed on 3 July, 2015.

③ Timor Sea Treaty between the Government of East Timor and the
Government of Australia, signed at Dili, 20 May 2002, article 3, available at
http：//timor-leste. gov. tl/wp-content/uploads/2010/03/R _ 2003 _ 2-Timor-Treaty.
pdf, accessed on 12 November 2015.

④ Chidinma Bernadine Okafor, Model Agreements for Joint Development：a
Case Study, Journal of Energy and Natural Resources Law, Vol. 25, No. 1, 2007,
pp. 65-66.

第三，通过后续安排确定资源分配比例。这种方式主要存在于共同开发协定文本中没有对资源分配作出明确安排，仅规定国家间应在后续协议中达成一致的情形。如在 1976 年英国和挪威共同开发弗里格气田协定中，双方并没有明确规定天然气的分配比例，只是规定双方应在弗里格气田开始生产前，尽最大努力就气田的分配达成一致，若无法达成则以许可证持有人对储量分配的建议为临时依据；若没有此种建议提案，则将平均分配作为资源分配的临时方案；若双方后续达成了一致的分配方案，则取代临时方案。① 在 2012 年美国和墨西哥跨界油气资源协议中，规定产量分配方法在联合经营协议中加以规定，并由执行机构批准。执行机构应在跨界储藏进行生产前 60 日，要求联合经营人代表许可证持有人提交生产分配方案，以进行磋商和获得执行机构批准。若磋商开始 30 日后仍未就分配方案达成一致，则应提交联合委员会决定。②

（二）资源分配比例的重新确定条款（Reserve Redetermination）

部分共同开发协定也纳入了资源分配比例的重新确定条款，即国家可以定期对资源生产和分配情况进行审查，并在此基础上协商确定或者调整资源分配比例。资源分配比例的重新确定条款，是一种保证国家在特定情形下重新确定其储量分配和所有权分配，以调整在协议签订之初产量分配比例不准确的机制。随着资源勘探和开发的深入进行，在详细的地理地质、产量等数据基础上，国家间可能需要通过更公平和平等的评估机制，修正资源的分配比例。这种

① United Kingdom of Great Britain and Northern Ireland and Norway Agreement Relating to the Exploration of the Frigg Field Reservoir and the Transmission of Gas Therefrom to the United Kingdom, signed at London on 10 May 1976, article 2, available at https：//treaties. un. org/doc/Publication/UNTS/Volume%201098/volume-1098-I-16878-English. pdf, accessed on 3 July 2015.

② Agreement between the United States of America and the United Mexican States concerning Transboundary Hydrocarbon Reservoirs in the Gulf of Mexico, article 6, article 8 and article 9, done at Los Cabos, on 20 February 2012, available at http：//www. state. gov/p/wha/rls/2012/185259. htm, accessed on 3 July 2015.

条款提供了一种即时修正产量分配不平衡的补救方法。①

资源分配比例的重新确定条款已经在既有的国家实践中得到了采用。但重新确定分配比例的前提是共同开发协议中有条款授予了国家重新审查的权利。如在弗里格天然气田共同开发协定中规定了审查条款,"弗里格气田的界限、总储量、储量的分配,或者其他事项,经任意一方政府要求可进行审查"。同时规定"在任何时候,如果有不属于弗里格气田的气体经证明流入气田,这些气体应该被视为弗里格天然气,并根据本协定进行开发。在这种情形下,双方政府应一致协商决定弗里格气田的总储量,以及这种额外产生的气体总量及其分配方案"。② 在委内瑞拉与特里尼达和多巴哥共同开发协议中,直接规定了重新确定条款(Redetermination),"在对跨界矿床的总储量和限制上,可经任何一方要求重新检视"。③ 只要有明确的授权,相关国家可在审查后重新确定资源的总量和分配比例。

不可忽略的是,资源分配比例的重新确定需要一定的人力、时间等成本,也具有一定的风险,主张重新分配的国家也不一定最后能得到满意的结果。因此,在资源的重新分配上,还应注意两个问题:一是,资源分配的重新确定是否应当施加一定的限制,如时间

---

① 参见 Pablo Ferrante & Fernando Alonso-De Florida, Framework Agreements for the Unitization of Transboundary Hydrocarbon Reservoirs: the Experience in Latin America, Rocky Mountain Mineral Law Foundation, International Mining and Oil & Gas, Development, and Investment, Paper No. 22, 2013, p. 9。

② United Kingdom of Great Britain and Northern Ireland and Norway Agreement Relating to the Exploration of the Frigg Field Reservoir and the Transmission of Gas Therefrom to the United Kingdom, signed at London on 10 May 1976, article 3, available at https: //treaties. un. org/doc/Publication/UNTS/ Volume%201098/volume-1098-I-16878-English. pdf, accessed on 3 July 2015.

③ Framework Treaty relating to the Unitisation of Hydrocarbon Reservoirs that extend across the Delimitation Line between the Republic of Trinidad and Tobago and the Bolivarian Republic of Venezuela, signed at Caracas, 20 March 2007, article 3. 8, available at https: //treaties. un. org/doc/Publication/UNTS/No%20Volume/ 50196/Part/I-50196-08000002802bb3a7. pdf, accessed on 16 December 2015.

段和频率的规定？二是，这种重新确定的分配比例对资源分配的结果是否具有"溯及性"？

首先，关于限制性规定的问题。从已有的实践来看，国家对资源分配的重新确定施加了一定条件。例如在弗里格气田开发案中，双方规定了审查应当在三个时间点进行：（a）在弗里格气田开始生产之日；（b）生产开始后，每隔 4 年期满之日；（c）被证明存在自然产生的含气储层，其气体在开始生产时就有可能流入弗里格气田，且提出要求的政府认为此种情形足以证明有复查的必要。这种规定就是严格限制时间的具体体现，以防止此条款被过于频繁地启动。① 在委内瑞拉与特里尼达和多巴哥共同开发协议中，规定双方可就资源分配的重新确定的次数和时间进行协商。② 这种方式更依赖于国家间的协商一致，未制定具体规则。但在双方于 2010 年签订的后续协议中，将相关条款进行了明确。双方将重新审查的时间限制为：（a）第一次生产后 1 年至 3 年内；（b）在其他时间段，若一方提出，应满足以下条件：要有明确的数据支持；距离上次重新确定的生效时间至少相隔两年；若重新调整的产量分配变化小于 1%，则提出要求的国家应当承担产生的费用。③ 由此可见，国家

---

① United Kingdom of Great Britain and Northern Ireland and Norway Agreement Relating to the Exploration of the Frigg Field Reservoir and the Transmission of Gas Therefrom to the United Kingdom, signed at London on 10 May 1976, article 3 , available at https：//treaties. un. org/doc/Publication/UNTS/Volume%201098/volume-1098-I-16878-English. pdf, accessed on 3 July 2015.

② Framework Treaty relating to the Unitisation of Hydrocarbon Reservoirs that extend across the Delimitation Line between the Republic of Trinidad and Tobago and the Bolivarian Republic of Venezuela, signed at Caracas, 20 March 2007, article 3. 8, available at https：//treaties. un. org/doc/Publication/UNTS/No%20Volume/50196/Part/I-50196-08000002802bb3a7. pdf, accessed on 16 December 2015.

③ Unitisation Agreement for the Exploitation and Development of Hydrocarbon Reservoirs of the Loran-Manatee Field that extends across the Delimitation Line Between the Republic of Trinidad and Tobago and the Bolivarian Republic of Venezuela, done at Caracas, 16 August 2010, article 4, available at https：//treaties. un. org/doc/Publication/UNTS/No% 20Volume/50197/Part/I-50197-08000002802bb35e. pdf, accessed on 16 December 2015.

在确定资源重新分配时仍然十分谨慎，一般采用增加限制性时间点的方式，或者对可能出现的情形附加限制性条件，甚至若国家提出资源重新分配的要求，结果变化不大时也采取一些惩罚性措施。通过这些限制性条件，严格控制重新分配条款的适用。

其次，关于溯及力问题。溯及力意味着国家可否依据重新确定的资源分配比例就之前的产量分配进行补偿和调整。尤其是在重新确定比例后，肯定会对其中一国产生有利影响，溯及力条款对这些国家更为重要。[1] 在委内瑞拉与特里尼达和多巴哥共同开发协议中，双方明确规定了重新确定的分配比例具有溯及力，可溯及"适用于最初的分配比例至重新确定的比例期限内"。[2] 但在美国和墨西哥共同开发协议中，仅规定重新确定的产量分配条款应保证公正、平等的分配结果，对于是否具有溯及力并没有作出规定。[3] 因此，对于重新确定的资源分配比例是否具有溯及力，宜应由国家协商决定。但是，从保证共同开发区活动顺利开展角度而言，笔者认为除非之前的资源分配比例导致了国家间严重不合比例的失调，或者资源的错误分配量达到了年产量的一定比例时，资源分配比例

---

① 参见 Pablo Ferrante & Fernando Alonso-De Florida, Framework Agreements for the Unitization of Transboundary Hydrocarbon Reservoirs: the Experience in Latin America, Rocky Mountain Mineral Law Foundation, International Mining and Oil & Gas, Development, and Investment, Paper No. 22, 2013, pp. 9-10。

② Framework Treaty relating to the Unitisation of Hydrocarbon Reservoirs that extend across the Delimitation Line between the Republic of Trinidad and Tobago and the Bolivarian Republic of Venezuela, signed at Caracas, 20 March 2007, article 3.8.4, available at https://treaties.un.org/doc/Publication/UNTS/No%20Volume/50196/Part/I-50196-08000002802bb3a7.pdf, accessed on 16 December 2015.

③ Agreement between the United States of America and the United Mexican States concerning Transboundary Hydrocarbon Reservoirs in the Gulf of Mexico, article 6, article 10 and article 11, done at Los Cabos on 20 February 2012, article 9.1, available at http://www.state.gov/p/wha/rls/2012/185259.htm, accessed on 3 July 2015.

的重新确定条款不宜具有溯及力，即使有溯及力也应严格限制其适用。

无论建立何种共同开发模式，相关国家对可开采资源种类，以及资源分配方案的确定都是管理制度的重要方面。早期海上共同开发主要针对石油、天然气等非生物资源，随着专属经济区制度的建立，共同开发的对象扩展至渔业等生物资源。资源分配的比例也由单一的 50∶50 的平均分享，发展出了不同比例的分配方式和方案。但是资源分配仍以平均分配为主，其他比例为辅。究其根本，海上共同开发安排以分享区域内的资源及收益为主要目的之一。只要双方达成的安排不损害第三国的利益、不损害人类共同利益，开发方式不违反国际法规定，国家间可以就资源分配的比例问题，根据相关的政治、经济和技术原因作出特殊安排。同时，国家间为了预防后续资源探明后，查明原先的分配比例和方案显失公平，可以在共同开发协议中纳入资源分配比例的重新确定条款。但是，这种补救性条款应当规定较为严格或者细致的适用条件，以维持共同开发区制度的稳定和平衡。

第五节　海上共同开发区内管辖权的分配

国家管辖权主要是指国家对自己领域内的一切人、物、事以及领土外的本国人行使管辖的权利。[1] "国际法决定国家可以采取各种形式的管辖权可允许限度，而国内法则规定国家在事实上行使它的管辖权的范围和方式。"[2] 因此，国家管辖权与国际法和国内法都互相关联。传统的国家管辖权主要限于国家领土和领空。随着国际法的发展，国家管辖权扩展至一定范围的邻接海域，有学者将其称为国家海上管辖权。"国家海上管辖权是国家依据主权及国际公

---

[1]　参见杨泽伟：《国际法》（第二版），高等教育出版社 2007 年版，第88 页。

[2]　［英］詹宁斯、瓦茨修订：《奥本海国际法》（第一卷第二分册），王铁崖等译，中国大百科全书出版社 1998 年版，第 327 页。

约、国际惯例,对各种海域中的人、事、物进行管理和处置的权利,是国家管辖权的重要组成部分。"① 国家的海上管辖权包括立法、司法和执行管辖权三个方面,即国家有权颁布法律、法规和行政命令对海域进行管理,对海域内发生的违法行为有行政、民事和刑事司法裁判权,国家也有权保证其制定的法律法规以及司法裁判得到执行,有权依据相应的规定对相关海域进行行政管理。同时,国家管辖权的划分也与海域范围有关,从领海—毗连区—专属经济区—大陆架—公海,随着这个扩展范围,国家在海上的管辖权权能和范围逐渐减弱。

海上共同开发区内国家管辖的行使应具备三个要素:一是基于一定标准的管辖权原则,如属地管辖、属人管辖;二是存在违反国家法律法规的行为;三是有权行使管辖权的国家机构。在海上共同开发区内,国家管辖权基于不同的国际法基础存在不同程度的重叠,为了保证区域内活动的进行,国家需要就共同开发区的管辖权进行划分。在不同的海上共同管理模式中,国家应对联合管理机构作出相应的让渡和授权,并对国家保留管辖权的事项作出合理安排,以保证区域活动得到有效管理。

一、海上共同开发区内国家行使管辖权的基础

海上共同开发区内国家管辖权的基础是国家划分管辖权的依据,不仅包括传统的属地和属人管辖权的原则,也包括《公约》规定和船旗国管辖的法律原则。

(一)《公约》的规定及其缺陷

如前所述,国家划定海上共同开发区主要有指定特定区域、划定特定矿床或主张重叠区三种方式,且共同开发区一般位于专属经济区和/或大陆架区域内。《公约》赋予了沿海国在专属经济区和大陆架的管辖权,包括:(1)在专属经济区内,沿海国享有以勘探和开发、养护和管理,海床上覆水域和海床及其底土的自然资源

---

① 宋云霞:《国家海上管辖权理论与实践》,海洋出版社 2009 年版,第 4 页。

为目的的主权权利，也享有部分特定事项的管辖权，如海洋科学研究，海洋环境的保护和保全等。（2）沿海国对专属经济区内的人工岛屿、设施和结构有专属管辖权，包括有关海关、财政、卫生、安全、和移民的法律和规章方面的管辖权，并可设置合理的安全地带，采取合理的保障措施。（3）沿海国可以就生物资源的利用，制定利用和养护相关的法律和规章，并妥为通知。（4）为确保其依照本《公约》制定的法律和规章得到遵守，沿海国可采取必要措施，包括登临、检查、逮捕和进行司法程序，当然也有必要限制。（5）在大陆架上，沿海国享有为勘探和开发自然资源的专属性主权权利。（6）若在专属经济区内和大陆架上，包括大陆架上设施周围的安全地带内，外国船舶违反了沿海国有关的法律和规章，沿海国可以行使紧追权。①

《公约》扩展了沿海国在专属经济区和大陆架的管辖权，但同样也存在缺陷。海洋范围有限性决定了国家依据《公约》对海域主张的必然会产生重叠，进而导致了沿海国对相邻海域管辖权的冲突。若双方划定了海洋边界，则可以在各自管辖权区域内行使管辖权；若双方没有划定海洋边界，或无法就海洋划界达成一致，《公约》也缺乏明确的法律技术和方法，管辖权的行使则依赖于相关国家间的合作和协商。

（二）属地管辖权和属人管辖权的适用空间

属地管辖权是指国家对于其领土范围内的一切人、事、物享有完全和排他的管辖权。属地性是管辖权的首要根据。属人管辖权是指国家对具有本国国籍的人均具有管辖的权利。从属地管辖权的角度来说，沿海国对划定为海上共同开发区的专属经济区和大陆架，享有的是以经济性利用为目的的主权权利，沿海国只享有《公约》规定的部分管辖权。其管辖权较之于国家的领土主权来说，受到更多国际法约束性规定的限制。但是，在海上共同开发区内这两项规

---

①　参见 1982 年《联合国海洋法公约》第 11、56、60、73 条，傅崐成编校：《海洋法相关公约及中英文索引》，厦门大学出版社 2005 年版，第 3、20、21、27 页。

则仍有适用空间。例如，基于属地管辖权原则，沿海国对经过其领土的货物、设施的流动以及管道建设，有权依据属地管辖权进行管理。对在共同开发区内勘探和开发获得的利润有征税的权利。共同开发区内的活动若违反了相关国家法律，或者对相关国的环境、渔业等造成了损害，相关国家有权依据本国的法律追究责任并提起诉讼。对在共同开发区内工作的本国公民获得的相关报酬，国家有权依据属人管辖权对其征税；若区域内的活动、事件等对本国国民造成了损害，国家有权进行保护并接受其提起的诉讼。

在争议海域共同开发中，区域内的勘探和开发有关的部分活动受到国家属地和属人管辖权的约束，尤其在货物、设施、人员流动和征税问题上。为了保证勘探和开发活动的顺利进行，相关国家应在共同开发协定或后续法律文件中作出安排，这既可以协调管辖权的冲突，也可以对区域内作业的石油公司提供法律和政策指引。

（三）船旗国的管辖权的适用空间

在海上共同开发中，船舶是重要的油气和物资运输工具，其管辖权原则有其特殊性。船旗国对其所属船舶在公海或其他国家航行时，在许多事项上可进行"长臂管辖"。"二战"后，"船旗国中心主义"在许多方面受到了冲击，国际海事管辖权逐渐以船旗国为中心向其他国家和国际组织发生偏移。① 对海上共同开发而言，船舶管辖权问题主要是指专属经济区内，商业船舶的管辖权问题和船舶使用中的污染防止等相关事项。海上共同开发区与其他海域并无差别，船旗国管辖权仍为优先原则，沿海国的保护管辖权辅之。在进行共同开发时，若油气勘探和开发活动中使用的船舶属于进行共同开发国家的船舶，相关国家享有对船舶的管辖权；若不属于共同开发国家国籍的船舶，则船旗国管辖仍然占中心地位，沿海国家的管辖行使受到限制。一般而言，在防止污染事项上，船旗国管辖权原则适用包括以下几个方面：

第一，船旗国管辖权优先。《公约》第 94 条规定，每个国家

---

① 参见张湘兰、郑雷：《论"船旗国中心主义"在海事管辖权中的偏移》，载《法学评论》2010 年第 6 期，第 69 页。

应对悬挂该国旗帜的船舶有效地行使行政、技术及社会事项上的管辖和控制，并应就海上安全的事项采取必要措施。① 在海洋环境保护和污染防治问题上，《公约》肯定了船旗国防污管辖权的首要地位。②

第二，沿海国和港口国的管辖权得到扩张，但也受到限制。在法律制定上，沿海国可以对其专属经济区制定法律和规章，以防止和控制来自船舶的污染，但是此种立法必须符合通过主管国际组织或一般外交会议制定的国际规则和标准，并使其有效。③ 同时，《公约》为沿海国在专属经济区内的利益保护也作出了特别规定，即当一些国际规则和标准不足以适应特殊情况，沿海国有合理根据需要在特定区域采取防止来自船舶污染的特殊强制性措施时，可通过主管国际组织与任何有关的国家进行适当协商后，对该特定区域指定相应特殊的法律和规章。④ 然而，它也受到一般国际规则和标准和程序性的限制，"对船旗国而言，形成了强制的最低标准；对沿海国而言，则为最大容忍限度"。⑤

第三，在法律执行问题上，对专属经济区内的外国船舶污染，船旗国是防污的主要执行者，可对悬挂其国旗的船舶进行完全的防污控制；沿海国可对影响其水域环境的船舶进行司法诉讼、扣押、检查等措施，但限制规定十分严格；港口国可对违章排放的船舶进行司法诉讼，但船舶必须自愿停靠在该港口，港口国也可对影响其

---

① 参见 1982 年《联合国海洋法公约》第 94 条，傅崐成编校：《海洋法相关公约及中英文索引》，厦门大学出版社 2005 年版，第 34 页。

② 参见张湘兰、郑雷：《论"船旗国中心主义"在海事管辖权中的偏移》，载《法学评论》，2010 年第 6 期，第 72 页。1982 年《联合国海洋法公约》第 217 条，傅崐成编校：《海洋法相关公约及中英文索引》，厦门大学出版社 2005 年版，第 82 页。

③ 参见 1982 年《联合国海洋法公约》第 221（5）（6）条，傅崐成编校：《海洋法相关公约及中英文索引》，厦门大学出版社 2005 年版，第 84 页。

④ 参见武良军、童伟华：《论沿海国对外国船舶污染的刑事立法管辖权——兼论我国对外国船舶污染的行使立法规则》，载《太平洋学报》2015 年第 2 期，第 17 页。

⑤ 傅崐成：《海洋法专题研究》，厦门大学出版社 2004 年版，第 67 页。

环境的船舶进行诉讼。①

海上共同开发区主要是钻井平台，虽然船舶是重要的原油和液化气的运输载体，但是一般情形下共同开发区的面积都不大，因此一旦采用船舶运输油气，则更多的可能是其他海域内的问题。但是共同开发区内同样也会有使用地震测量船、钻井船的情形，在这种情况下有些国家实践规定了适用船旗国管辖的原则。② 同样，对船舶上相应的船员待遇标准、船舶遇险的救助义务、石油运输船舶通行的行业标准和国际标准，也应当得到遵守。

二、国际法对海上共同开发区权利行使的限制性因素

在跨界共同开发中，由于国家边界已经划定，一国应当尊重另一国在本国管辖权范围内的主权和主权权利。在争议海域的共同开发中，由于边界线并没有最终划定，相关国家依据国际法的合法权利主张应当得到尊重，但也应避免建立的共同开发区影响第三国的权利。《公约》赋予了沿海国在一定海域内的主权权利和管辖权，同时也为这些权利施加了一定限制性义务。

（一）区域内第三国的权利

沿海国享有管辖权的海域可以分为两种类型：一是沿海国享有领土主权的海域，如领海、内水等；另一个是沿海国享有功能性限制的主权权利和管辖权的海域，如大陆架，专属经济区。在进行海上共同开发时，无论相关国家边界线是否划定，首先不应当影响另一国享有领土主权的海域，其次应当尊重另一国享有主权权利和管辖权的海域。国家建立的海上共同开发安排不能削弱其他国家的权

---

① 参见 1982 年《联合国海洋法公约》第 218、220、228 条，傅崐成编校：《海洋法相关公约及中英文索引》，厦门大学出版社 2005 年版，第 82、83、85 页。

② Timor Sea Treaty between the Government of East Timor and the Government of Australia, done on 20 may 2002, article 14, available at http：//timor-leste. gov. tl/wp-content/uploads/2010/03/R _ 2003 _ 2-Timor-Treaty. pdf, accessed on 7 July 2015.

利，或者对争议海域进行事实上（de facto）的划分。① 在进行海上共同开发时，若矿床延伸至第三国的海域管辖权范围内，或涉及第三国主张的争议海域，则相关国家应当与第三国进行协商和谈判。每个国家享有自然资源的永久主权，基于油气资源的自然性质，若矿床的共同开发影响了第三国对自然资源的权利，相关国家有通知和协商的义务，否则会引起国家责任。

（二）共同开发区外其他国家的权利

《公约》赋予了沿海国依据一定标准，主张附近海域的主权权利，也为沿海国施加了保障其他国家的权利和自由的义务。

第一，"区域"的保留性规定。海上共同开发安排不应涉及公海和国际海底区域（以下简称"区域"）。《公约》规定，"区域"及其资源是人类的共同继承财产。任何国家和个人不应对"区域"的任何部分或其资源主张或行使主权或主权权利。对"区域"内资源的一切权利属于全人类，由管理局代表全人类行使。② 公海对所有国家开放，所有国家都享有航行、飞越、铺设海底电缆和管道、建设人工岛屿和其他设施、捕鱼和科学研究的自由，任何国家都不应当将公海纳入本国的专属性和功能性管辖之下。

第二，专属经济区内其他国家的利益。在专属经济区进行共同开发应适当顾及其他国家的利益。专属经济区内的资源分为生物资源和非生物资源，沿海国对生物资源享有的是一种优先性权利（preferential rights），即在应特定情形下赋予其他国家获得剩余资源的权利；对非生物资源享有专属性权利。③ 沿海国若在专属经济区内进行共同开发应顾及其他国家的权利：（1）若开发的资源包

---

① 参见 Vasco Becker-Weinberg, Theory and Practice of Joint Development in International Law, in Zhiguo Gao et al, Cooperation and Development in the South China Sea, China Democracy and Legal System Publishing House, 2013, p. 102。

② 参见 1982 年《联合国海洋法公约》第 136、137 条，傅崐成编校：《海洋法相关公约及中英文索引》，厦门大学出版社 2005 年版，第 47~48 页。

③ 参见 Vasco Becker-Weinberg, Theory and Practice of Joint Development in International Law, in Zhiguo Gao et al, Cooperation and Development in the South China Sea, China Democracy and Legal System Publishing House, 2013, p. 27。

括渔业等生物资源，应保证开发采用可持续的方式，使其不受过度开发的危害，保障其他国家享有获得剩余部分生物资源的权利空间。（2）人工岛屿、设施和结构的建造，必须妥为通知，并应对其存在维持永久性的警告方法；放弃和不再使用的应予以撤除，以确保航行安全。不得在对国际航行必经的公认海道可能有干扰的地方，设置人工岛屿、设施和机构及其周围的安全地带。（3）相关国家进行共同开发时有保护和保全海洋环境的义务。（4）其他国家在专属经济区内的航行和飞越自由、铺设海底电缆管道的自由，以及与这些自由有关的其他国际合法用途也应当得到尊重。①

第三，大陆架上其他国家的利益。沿海国对大陆架上的自然资源享有专属性权利，但相关国家在进行共同开发时仍应注意：（1）大陆架权利不应影响上覆水域或水域上空的法律地位，不得对航行和《公约》规定的其他国家的权利和自由有所侵害。（2）应当尊重其他国家在大陆架上铺设海底电缆和管道的权利，沿海国除了对开发资源和防止污染采取合理措施外，不应当加以阻碍。（3）在人工岛屿、设施和结构的建造上，相关权利义务与专属经济区规定一致。②

三、海上共同开发区内管辖权的划分方式

进行海上共同开发是经济利益驱动的结果，而并非法律驱动力。在跨界共同开发中，相关国家有权依据管辖权原则对本国一侧，适用本国法律并行使管辖权。在争议海域共同开发中，国家间并没有划定海域界限，应当就主张重叠区内勘探和开发活动有关的管辖权事项作出安排。在争议海域内，与国家行使管辖权有关的行为和事件都可能会对国家在相关海域的主张造成一定影响，因此国

---

① 参见 1982 年《联合国海洋法公约》第 56、58、60、61、62、69 条，傅崐成编校：《海洋法相关公约及中英文索引》，厦门大学出版社 2005 年版，第 20、21、22、30 页。

② 参见 1982 年《联合国海洋法公约》第 77~80 条，傅崐成编校：《海洋法相关公约及中英文索引》，厦门大学出版社 2005 年版，第 30~31 页。

家对管辖权的分配和行使十分慎重，并在共同开发协议中纳入了"不影响条款"。

（一）享有海上共同开发区管辖权的主体

在海上共同开发区内，享有区域内事项管辖权的主体包括国家，以及区域内建立的联合管理机构两类主体。随着国家选择和建立的联合管理模式的不同，以及国家在文化、法律习惯上的差异，国家授权联合管理机构管辖事项的范围也存在一定程度的差别。在代理制模式下，多建立职责非常单一的联合管理机构或者不建立管理机构，区域内的开发事项由一国负责或者由一国指定的石油公司负责，另一国只分享收益。这以 1958 年巴林和沙特阿拉伯共同开发案为典型代表。在联合经营模式下，国家间多建立咨询式的联合管理机构，主要负对区域内的作业事项进行监管以保证区域活动的顺利进行，并就相关事项向国家提出建议。重要的事项仍由国家间协商确定，或者由相应的石油公司订立具体的作业规则。这以 1974 年韩国和日本共同开发案为典型代表。在管理机构主导模式中，多建立法人型的联合管理机构，这种类型的机构可就区域内活动的大部分事项独立作出安排，国家发挥的则是补充性角色。这种模式下联合管理机构既有单层机构，如马来西亚和泰国共同开发案，也有双层或多层联合管理机构，如澳大利亚和东帝汶共同开发案。无论建立何种模式，法人型联合管理机构是一个地位独立和职能全面的机构，其可就区域内勘探和开发权的授予、资源开发相关的政策法律、区域作业计划等事项作出规定，因此其较之于前两种模式下，国家授权管理事项和范围更广。

海上共同开区作为国家建立的经济和务实的区域合作方式，旨在就海上资源开发中所涉的相关事项作出安排。国家和联合管理机构作为共同开发中两类主体，二者是互为协调和互补的关系。若联合管理机构所享有的权利范围更为广泛和独立，相应的国家角色则相对削弱；反之则国家角色相应增强。

（二）海上共同开发区内管辖权的划分方式

如前所述，海上共同开发区内享有管辖权的主体是国家和联合机构，但如何确立管辖权事项及分割方式，又随着国家实践的不同呈现出不同方法。基于管辖权的政治性和敏感性，国家都会选择对管辖权作出划分，对部分事项作出管辖权保留，另外部分事项协商达成一致安排或制定统一措施。海上共同开发实践中对管辖权的划分主要有以下五种方式：

1. 先划定边界后各自管辖。这主要存在于跨界共同开发中，具体包括两种情形：一是划界后发现共同资源矿床，继而相关国家签订共同开发协议；二是双方在进行划界的同时，达成共同开发的一致。在这两种情形中，相关国家在各自海域一侧根据本国法律对相关事项进行管理，对共同的事项进行协商并制定必要的措施。如在英挪弗里格开发案中，协议规定双方政府应保证所有设备、人员、物资的自由流动，所有设备上的着陆设施供船舶自由使用。双方政府应当就设备的安全措施进行协商，对穿过设施间的管道制定统一的安全措施。对于弗里格气田内的许可证持有人，由两国各自征税，无论利润是否产于他国的大陆架。① 在冰岛和挪威共同开发案中，协议约定在经济区界限以北和以南的地区，分别适用挪威和冰岛有关油气活动管理、安全措施和环境保护的法律法规，并由各自负责执行和管理。②

2. 一方单独管辖。这种模式主要存在于代理制模式中，一国代理另一国在共同开发区内，适用本国的法律行使管辖权。如在1958 年巴林和沙特阿拉伯共同开发案中，共同开发区的主权和管

---

① United Kingdom of Great Britain and Northern Ireland and Norway Agreement Relating to the Exploration of the Frigg Field Reservoir and the Transmission of Gas Therefrom to the United Kingdom, signed at London on 10 May 1976, article 6, 7, 9, available at https://treaties.un.org/doc/Publication/UNTS/Volume% 201098/volume-1098-I-16878-English.pdf, accessed on 3 July 2015.

② Agreement on the Continental Shelf Between Iceland and Jan Mayen, 22 October 1981, article 5 and article 6, available at http://www.un.org/depts/los/LEGISLATIONANDTREATIES/PDFFILES/TREATIES/ISL-NOR1981CS.PDF, accessed on 3 July 2015.

辖权归属于沙特阿拉伯。① 但是，这种模式可能会造成一国对相关海域形成实际控制的不利后果，现在鲜有国家采用。

3. 一般性条款+后续安排。"一般性条款+后续安排"是指双方在共同开发协定中，只规定双方应对管辖权问题进行协商，具体由双方通过后续安排对管辖权划分作出规定。如在马来西亚和泰国共同开发案中，《1979 年谅解备忘录》只有 8 条，仅规定"双方应当就共同开发区内油气勘探与开发相关的条款达成一致，不影响任何一方在共同开发区内的立场和主张。谅解备忘录需要双方在一定时间内通过外交换文的方式进一步细化"。②

4. 划分临时性管辖线。这种模式是指相关国家将海上共同开发区划分为两个或多个分区块，双方在各自区块内行使管辖权。如伊朗和沙迦共同开发协议规定："伊朗对其军队已经占领的穆萨岛部分行使完全的管辖权，而沙迦对剩余部分行使完全管辖权。"③而在马来西亚和泰国共同开发案中，双方将共同开发区一分为二，分别在各自区域内行使刑事管辖权，后双方将该分界线扩展并作为民事管辖权的分界线。这种方法与先划定边界后各自管辖的方式不同之处在于，后者主要适用于已划界地区，而临时性管辖线的方法

---

① Bahrain—Saudi Arabia Boundary Agreement 22 February 1958, article 2, available at http：//www. un. org/depts/los/LEGISLATIONANDTREATIES/PDFFILES/ TREATIES/BHR-SAU1958BA. PDF, accessed on 3 July 2015.

② 1992 Memorandum of Understanding between Malaysia and the Socialist Republic of Vietnam for the Exploration and Exploitation of Petroleum in a Defined Area of the Continental Shelf Involving the Two Countries, article 2, 4, 5, available at http：//cil. nus. edu. sg/1992/1992-memorandum-of-understanding-between-malaysia- and-the-socialist-republic-of-vietnam-for-the-exploration-and-exploitation-of-petroleum- in-a-defined-area-of-the-continental-shelf-involving-the-two-c/, accessed on 3 July 2015.

③ Iran—Sharjah Memorandum of Understanding of 29 November 1971, Para. 2（b）, at Masahiro Miyoshi, The Joint Development of Offshore Oil and Gas in Relation to Maritime Boundary Delimitation, International Boundaries Research Unit, Maritime Briefing, Vol. 2, No. 5, 1999, p. 11.

适用于争议海域，双方是为了便利管理而划分临时线，并不具有划定边界的法律后果。因此，在划分临时性管辖线的实践中，相应协定中也会包括"不影响条款"。如在伊朗和沙迦共同开发案中，双方签订的备忘录明确规定两国都不放弃对阿穆岛的主张或承认对方的主张。① 在马来西亚和泰国共同开发案中，规定"关于刑事司法管辖的范围，既不构成依据第二条确定的共同开发区内两国的大陆架界线，也不应当损害任何一方在共同开发区内的主权权利"。②

5. 管辖权分类，混合行使。这种方式在联合经营模式和管理机构主导模式中都有体现。该模式主要是将管辖事项作出分类，重要事项的管辖权仍由国家保留，部分事项由享有勘探和开发权利的石油公司或者联合管理机构享有。管辖事项的划分没有统一的标准，具体分类随着国家协商程度的不同也会呈现差异性。在日韩共同开发案中，规定自然资源的勘探和开发事项，由不同分区块中作业者的所属国适用其法律并行使管辖权；在其他事项上并不适用"作业者准则"。例如，日韩协议规定，开发区内对特许权持有人的征税权仍由地方当局保留，具体条款列明了对地方当局应当和不应当征税的事项，以避免双重征税。日韩协议也对勘探和开发活动必须引进的设备、材料和货物（统称为"设备"）进口、出口征税问题作出了规定，对需要经过一国管辖地区引入的设备，要求国

---

① Iran—Sharjah Memorandum of Understanding of 29 November 1971, Para. 2（a），at Masahiro Miyoshi, The Joint Development of Offshore Oil and Gas in Relation to Maritime Boundary Delimitation, International Boundaries Research Unit, Maritime Briefing, Vol. 2, No. 5, 1999, p. 11.

② Memorandum of Understanding between the Kingdom of Thailand and Malaysia in the Establishment of a Joint Authority for the Exploitation of the Resources of the Sea-bed in a defined Area of the Continental Shelf of the Two Countries in the Gulf of Thailand, article5, available at http：//cil. nus. edu. sg/1979/1979-memorandum-of-understanding-between-malaysia-and-the-kingdom-of-thailand-on-the-establishment-of-the-joint-authority-for-the-exploitation-of-the-resources-of-the-sea-bed-in-a-defined-area-of-the/, done at Chiang Mai on 21 February 1979, accessed on 3 July 2015.

家应当提供必要便利，使用人应当向有关当局报告。日韩协定对开发区内的刑事法律规则的适用没有规定，但对因勘探和开发活动对任何一国的国民或居民引起的民事损害，指定了可提起诉讼的法院和适用的法律。日韩协议进一步规定，一方特许权持有人对另一方领土上的建筑、平台、油槽、管道、码头以及其他设施的取得、建造、维护、使用和处置，应当按照另一国的法律和法规进行；双方政府对于共同开发区内建立的固定设施，有管理、标示和通知的权利和义务。①

若海上共同开发区内建立了主导性的联合管理机构，则管辖权由国家和联合管理机构共同行使。如在尼日利亚和圣多美普林西比共同开发案中，双方在协议中规定：联合管理局有权依据国际法建立安全区域和限制区域；有权对卫生、安全和环境保护等颁布规定并给予指导；有权依据可适用的国际法规则维护海洋环境；有权制定共同开发区内石油活动的监管和税收制度并负责执行。双方政府保留对下列事项的管辖权，具体规定是：开发区内的搜索和救援行动、制止或打击恐怖主义、污染的防止和补救仍由有关当局采取行动；区域内非石油资源的管理和税收制度，仍由双方政府享有作出安排或适用本国专属经济区的法律；对从事非石油资源开发活动的人，当事国享有专属管辖权；对移民、劳工、卫生、安全等事项，双方政府间应进行合作并作出安排；刑事管辖权优先适用属人管辖的原则，双方政府应进行互助和合作；对于民事和行政管辖权，双

---

① Agreement Between Japan and the Republic of Korea Concerning Joint Development of the Southern Part of the Continent Shelf Adjacent to the Two Countries, article 7, 16, 17, 18, 19, 21; Agreement Minute to the Agreement Between Japan and the Republic of Korea Concerning Joint Development of the Southern Part of the Continent Shelf Adjacent to the Two Countries, article 16; Exchange of Note, January 30, 1974, Note b, available athttps：//treaties. un. org/doc/Publication/UNTS/Volume％ 201225/volume-1225-I-19778-English. pdf, accessed on 2 July 2015.

方均可依据本国专属经济区的法律行使管辖。①

四、国家保留管辖权的事项

前文所述的五种管辖权划分方式是从国家实践中发展出来的，国家间可通过协商或考量国家政治、法律因素倾向性进行选择或加以借鉴。但海上共同开发作为一种经济性的安排，更快建立共同开发区并保证其更高效运行是指导原则之一。基于国家实践效果的差异、开发区建立的难易程度，以及海上共同开发的目的进行综合考量，笔者认为将海上共同开发区内事项依据其法律特性进行分类，分别赋予国家和联合管理机构是一种优化的方式。其中有四类属于国家保留管辖权的事项，或者通过政府间协商的方式加以处理是更优化的选择。对于联合管理机构而言，保持开发和管理事项的相对单一性可以保障共同开发活动更高效的进行。

（一）司法管辖权

司法管辖权是一国根据管辖权原则对主权原则的具体体现。对发生在海上共同开发区内，损害本国公民和法人的民事和刑事事件，国家有权依据本国相关的民事和刑事法律对其提供法律保护和救济，这种法律救济就包括存在可适用的法律，以及有权进行管辖的司法机构两个方面。但是，海上共同开发区作为一个主权归属未定的且海域面积较小的经济合作区域，并不具有完整的司法体系，在救济和处分的法律准则和执行上仍需借助于国家机关，但国家司法机构的执法行为在争端海域的实施常常被另一国所警惕，也易引发争端。因此在争议海域内不赋予联合管理机构对民事和刑事管辖权，而将之按照一定的标准保留给国家机关是更为高效的选择。

---

① Treaty between the Federal Republic of Nigeria and the Democratic Republic of Sao Tome and Principe on the Joint Development of Petroleum and Other Resources, in Respect of Areas of the Exclusive Economic Zone of the Two States, done at Abuja on 21 February 2001, article 9, 21, 33, 34, 36, 37, available at http://www.un.org/Depts/los/LEGISLATIONANDTREATIES/PDFFILES/TREATIES/STP-NGA2001.PDF, accessed on 3 July 2015.

在实践中，马来西亚和泰国共同开发案的处理方式是十分值得借鉴的。马泰共同开发协议中规定："所有成员，包括官员、工人、联合管理局的代理人、部长指定的主管人员，均属于刑法上的特定公职人员。根据划定的临时管辖权，泰国由宋卡省的民事法院或刑事法院，对违反法案或规章的行为行使管辖权。"① 同样，马来西亚作出了类似规定，由地方法院行使管辖权，并享有相应事项的处罚权。②

又如在澳大利亚和东帝汶共同开发案中，双方规定得更为具体。双方在共同开发协议的第 14 条中对刑事管辖权作出了规定：（a）澳大利亚或东帝汶的国民或永久性居民，在共同石油开发区内行使的，与石油资源勘探开发相关的作为或不作为，均适用其本国的刑法；如果是一缔约国的永久性居民，同时也是另一缔约国的公民，则适用后一国家的刑法。（b）根据本条第 d 款之规定，非澳大利亚或东帝汶永久性居民的第三国公民，在共同石油开发区内行使的，与石油资源勘探开发相关的作为或不作为，适用澳大利亚和东帝汶的刑法。如果一人因同一作为或不作为，已经根据其他国家的法律，受到了该国法庭审判并且认定无罪或免除刑事责任，或者已受到处罚，或者主管当局根据本国法律、基于公共利益不对该人的行为提起公诉，那么该人在澳大利亚和东帝汶不应受到刑事追诉。（c）在上述 b 款所提情形，澳大利亚和东帝汶在必要时，应相互协商以确定应适用的刑事法律，并要考虑受害人国籍以及受该被指控的行为影响最大国家的利益。（d）对于共同石油开发区内航行的船只，包括地震测量船或者钻井船上发生的作为或不作为，适用船旗国刑法；对于飞越共同石油开发区的航空器上发生的作为

① Thailand-Malaysia Joint Authority Act, B. E. 2553 (1990), article 20 and article 21, available at http://thailaws.com/law/t_laws/tlaw0428.pdf, accessed on 3 July 2015.

② Laws of Malaysia ACT 440, Malaysia-Thailand Joint Authority Act 1990, done at 23 January 1991, article 16 and article 17, available at http://www.agc.gov.my/Akta/Vol.%209/Act%20440.pdf, accessed on 12 November 2015.

或不作为，适用国籍国刑法。（e）为了执行本条所规定的刑法，包括获得证据和信息，澳大利亚和东帝汶之间应当互助合作，其中包括通过适当的协定或安排。（f）澳大利亚和东帝汶承均认为该国利益，当所控罪行的受害者是一国国民时，应在法律允许范围内，将针对所控罪行所采取的措施告知该该国。（g）澳大利亚和东帝汶可作出安排，允许一国公务人员协助另一国执行刑法。若这一协助需要对依据本条 a 款另一国享有管辖权的人员进行拘留。拘留只能持续到将相关人员可以移交给另一国的相关公务人员为止。①

在跨界共同开发中，双方可以在边界线两侧各自行使民事和刑事管辖权；在争议海域共同开发中，刑事和民事管辖权的行使除了根据相关国家国内法规定外，还需要双方对法律适用的冲突加以协调。为了保证共同开发区内的民事和刑事案件得到有效管辖，无论是否划定海域界线，双方也应当就证据搜集、执行、法院选择、法律适用等事项进行协商和合作。具体而言，国家间可通过国内冲突法规则，以及国家间签订司法协作协议等方式避免同一行为进行两次处罚，保障国家民事和刑事管辖权的有效行使，嫌疑人的权利也不受到不合理侵犯。

（二）渔业等生物资源的管理和养护

海上共同开发的对象可以包括石油、天然气等矿物资源，以及渔业等生物资源。但部分情形下，生物资源对沿海国的渔业和渔民来说具有重要作用，尤其是对日本、韩国等岛国而言具有重要的经济依赖性。因此，相关国家在进行共同开发时，往往也会在协议中对渔业问题加以特别规定，但是方式各有差异。具体而言，有以下几种方式：

第一，国家在协议中保留本国主管机关对渔业活动的管理权，并明确提出共同开发活动不应对渔业利益造成不正当的损害，并建

---

① Timor Sea Treaty between the Government of East Timor and the Government of Australia, done on 20 may 2002, article 14, available at http：// timor-leste. gov. tl/wp-content/uploads/2010/03/R ＿ 2003 ＿ 2-Timor-Treaty. pdf, accessed on 7 July 2015.

立了相应的渔业补偿制度。在日韩共同开发案中，渔业问题一度是阻碍日本通过共同开发协定的重要因素，为了减轻渔民对海洋污染的担忧、取得渔业部门对共同开发案的支持，日本外务省与经济产业省、天然资源与能源厅、农林省（现为农林水产省）、水产厅、海上保安厅和环境省等部门交换了意见①。日本经济产业省和水产厅成立了协调办公室，为确保海底勘探开发最大程度的安全地进行，建立了海洋事故的全额渔业赔偿制度。② 同时，双方也在后续的会议纪要中进一步交换了意见，"双方政府需要给予各国特许权持有人以行政指导，尽最大努力调整平衡双方的渔业利益"。③ 同时，协定还规定"为了保护共同开发区重要鱼群，对石油开采和相应措施施加了某些限制，对渔民也要进行补偿"。④

　　第二，简单规定了一种平行制度，即规定共同开发制度应尊重既存的渔业开发制度，两种制度在特定海域内并存。在马来西亚和泰国共同开发案中，两国政府约定在渔业、航行、水文学和海洋勘测，防控海洋污染及其他相关事项上，所享有的权利（包括执行

---

① 影响日本政府海洋政策的四个部门主要是：内阁、外务部、农林渔业部、渔业署。参见 Akaha Tsuneo, A Cybernetic Analysis of Japan's Fishery Policy Process, in Robert L. Friedheim, et al., Japan and New Ocean Regime, Westview Press 1984, p. 179。

② 参见 Takeyama Masayuki, Japan's Foreign Negotiations over Offshore Petroleum Development: An Analysis of Decision-Making in the Japan-Korea Continental Shelf Joint Development Program, in Friedheim, Robert L. et al., Japan and New Ocean Regime, Westview Press 1984, p. 308。

③ Agreement Minute to the Agreement Between Japan and the Republic of Korea Concerning Joint Development of the Southern Part of the Continent Shelf Adjacent to the Two Countries, article 4, available at https：//treaties. un. org/doc/Publication/UNTS/Volume% 201225/volume-1225-I-19778-English. pdf, accessed on 15 December 2014.

④ Agreement Between Japan and the Republic of Korea Concerning Joint Development of the Southern Part of the Continent Shelf Adjacent to the Two Countries, article 27, available at https：//treaties. un. org/doc/Publication/UNTS/Volume% 201225/volume-1225-I-19778-English. pdf, accessed on 15 December 2014.

权力）都应当继续沿用，并应当得到联合管理局的承认和尊重。①
两国在共同开发协议中明确仅针对非生物自然资源进行开发，明确
排除渔业等生物资源。②

　　第三，将渔业资源的开发权利明确授予联合管理机构，并进一
步确定分配比例。在塞内加尔和几内亚比绍共同开发案中，双方授
予了管理局对区域内渔业资源排他性的权利。③ 从国家实践来看，
这种方式一般是双方建立了职权非常全备的联合管理机构，且采用
这种方式的案例并不多见。

　　从国家实践的整体发展趋势而言，国家间更倾向于保留渔业资
源的开发权利，或者规定已有的渔业资源开发模式与共同开发模式
之间应互相尊重，但都要求在共同开发过程中应当尽量做到不对渔
业生态和环境造成损害。究其原因，由于渔业等生物资源开发管理
的合作模式，早于海上油气资源的共同开发，相关邻国在进行海上
共同开发之前可能已经签订了渔业合作条约，或者建立了渔业开发
和管理制度，共同开发区内的渔业资源开发和管理应遵守有效的国

---

① Memorandum of Understanding between the Kingdom of Thailand and
Malaysia in the Establishment of a Joint Authority for the Exploitation of the
Resources of the Sea-bed in a defined Area of the Continental Shelf of the Two
Countries in the Gulf of Thailand, article 4, available at http：//cil. nus. edu. sg/1979/
1979-memorandum-of-understanding-between-malaysia-and-the-kingdom-of-thailand-
on-the-establishment-of-the-joint-authority-for-the-exploitation-of-the-resources-of-the-
sea-bed-in-a-defined-area-of-the/, done at Chiang Mai on 21 February 1979, accessed
on 3 July 2015.

② Thailand-Malaysia Joint Authority Act, B. E. 2553（1990）, article 4,
available at http：//thailaws. com/law/t_laws/tlaw0428. pdf, accessed on 3 July
2015.

③ Protocol to the Agreement Between the Republic of Guinea—Bissau and
the Republic of Senegal Concerning the Organization and Operation of the
Management and Cooperation Agency Established by the Agreement of 14 October
1993, article 9, available at https：//treaties. un. org/doc/publication/UNTS/
Volume%201903/v1903. pdf, p. 66, accessed on 3 July 2015.

际条约和国际标准。① 因此，除了双方明确将渔业等生物资源纳入海上共同开发制度的协定之外，对渔业等生物资源利用、开发、管理的权利保留给国家是最佳的选择。从国际石油公司的角度而言，保持海上共同开发区内作业事项的单一性也更加有利于共同开发区内作业的实施。

（三）移民、卫生、检疫等公共法律事项

在海上共同开发区内进行勘探和开发活动时，人、物资、货物、设备等都需要通过相关国家的陆地领土，并由船舶、飞机、或者管道运入和运出。在大多数海上共同开发协定中，相关国家都会约定用于共同勘探和开发活动的设备、物资等在国家间的自由流动；直接从一国进入共同开发区，或者从共同开发区直接进入任一国，不应视为进口或出口，免于征税。同时，对于移民、卫生、检疫等共同政策或法律相关的事项，国家仍需要执行本国政策和法律，尤其是对相关事项标准更为严格的国家而言，其更希望执行本国的法律和标准。

如在澳大利亚和印度尼西亚共同开发案中，双方都不希望共同开发区建立之后削弱各自对关税、移民的控制；尤其是澳大利亚采用严格的检验检疫制度，澳方更希望本国保有控制部分危险疾病、动植物进入的权利。② 在澳大利亚和东帝汶共同开发案中，双方出于这样的考量也在协议中规定"澳大利亚和东帝汶有权，对从本国前往共同开发区，或者从共同开发区进入本国领土的人、设备和货物，适用自己的关税、移民和检疫法。两国应作出必要的安排，便利这种进出"。协议进一步规定"有限责任公司或其他有限责任实体应当确保，除非有澳大利亚和东帝汶的授权，在进入澳大利亚或者东帝汶的人员、设备和货物之前，不得进入共同开发区的构筑物内。承包商和分包商的雇员进入共同开发区应有指定当局的授

---

① 第一章对多边生物资源公约和双边渔业协定已经作出了分析，并与海上共同开发管理模式作出了比较，此处不再赘述。

② 参见 Stuart Kaye, The Timor Gap Treaty: Creative Solutions and International Conflict, Sydney Law Review, Vol. 16, 1994, p. 81。

权。该规定不影响对未获得其授权进入共同石油开发区的人员、设备和货物,澳大利亚和东帝汶适用本国的关税、移民和检疫法的权利"。①

(四) 海上共同开发区内先存权的处理

"先存权 (Pre-existing right) 是指在共同开发区建立之前,签约国之一方在原有争议海域勘探、开发期间,业已给第三方所属经营机构颁发的许可权,允许其参与该有争议海域的共同开发活动,由此而使第三方对该地区获得某种经营开发权利。"② 国家对大陆架的权利具有专属性,且无需有效或象征性的占领或任何明文公告。因此,国家一般依据此种大陆架权利,并按照本国国内法授予外国石油公司在特定海域的油气资源的勘探开发权,但是一旦签订此种授权投资开发协议,授权国需要保证石油公司投资的安全与稳定性,并维持有利的投资环境、保障开发企业的自主权。东道国不得以承担国际义务为由,擅自取消开发企业的"先存权"。③ 但是从国际法角度而言,一国在权利未定海域单边授予权利,必然侵犯了他国的权利,明显属于"国际不当行为"。也有国内学者从法律、政治、经济、技术等更加全面的角度分析了"先存权"产生的原因较为复杂,有可能引发与沿海国所承担的义务相冲突的问题。④

建立共同开发区的价值在于消除对资源所有权的竞争,使双方

---

①　Timor Sea Treaty between the Government of East Timor and the Government of Australia, done at Dili on 20 may 2002, article 15, available at http：//timor-leste. gov. tl/wp-content/uploads/2010/03/R _ 2003 _ 2-Timor-Treaty. pdf, accessed on 7 July 2015.

②　蔡鸿鹏:《争议海域共同开发的管理模式:比较研究》,上海社会科学出版社 1998 年版,第 17 页。

③　参见何海榕:《泰国湾海上共同开发先存权问题的处理及启示》,载《南海法学》2017 年第 2 期,第 117~118 页。

④　参见杨泽伟:《海上共同开发的先存权问题研究》,载《法学评论》2017 年第 1 期,第 121~122 页。

冲突的可能性最小化。① 先存权的存在必然会影响双方对资源的获得和分配、区域内活动的进行，共同开发区的建立也会使得区域内获得先存权的公司，有可能丧失根据一国国内法合法获得的权利。因此，在共同开发之初就由国家、石油企业之间对先存权问题进行商议，而不是留待后期进行调整是更为明智的选择。

更进一步而言，在先存权上有下列两个问题需要解决：一是如何处理已经存在的勘探和开发许可权？二是若先存权得不到保护，那么权利持有人可以如何行使救济的权利？在既有的国家实践中，对先存权的处理主要有三种方式②：

1. 国家间进行协商，通过一定的形式准许享有先存权的公司进入共同开发区。如在马来西亚和泰国共同开发案中，《1979 年谅解备忘录》规定联合管理局的权利和义务不应影响或妨碍，任何一方迄今已授予的特许权、已签发的许可证、协议或安排的有效性。③ 实践中，两国最初的受让人美国德州太平洋集团（Texas Pacific，现名为 TPG Capital），从泰国获得 B17 区块的权益；美国塞敦能源公司（Triton Energy），从泰国获得 B18 和 B19 区块的权益；且埃克森美孚（EPMI）从马来西亚获得共同开发区的大部分区域权益。1980 年，EPMI 将其权益出售给了马来西亚国家石油公司

---

① 参见 Elliot L. Richardson, Jan Mayen in Perspective, The American Journal of International Law, Vol. 82, 1988, pp. 448-449。

② 杨泽伟教授在其论文中将先存权的处理方式划分为五种：明确承认先存权、不正式承认先存权、先存权重新授权、回避先存权问题、单方废除先存权。参见杨泽伟：《海上共同开发的先存权问题研究》，载《法学评论》2017 年第 1 期，第 124~126 页。

③ Memorandum of Understanding between the Kingdom of Thailand and Malaysia in the Establishment of a Joint Authority for the Exploitation of the Resources of the Sea-bed in a defined Area of the Continental Shelf of the Two Countries in the Gulf of Thailand, article 3, available at http：//cil. nus. edu. sg/ 1979/1979-memorandum-of-understanding-between-malaysia-and-the-kingdom-of-thailand-on-the-establishment-of-the-joint-authority-for-the-exploitation-of-the-resources-of-the-sea-bed-in-a-defined-area-of-the/, done at Chiang Mai on 21 February 1979, accessed on 3 July 2015.

(PETRONAS)；且 Triton 放弃了从泰国获得的 B19 区块的权益。1986 年，Texas Pacific 将自己在 B17 区块（以及 14、15 和 16 区块）的权益出售给了泰国石油公司（PTT）。由此，共同开发区内的大部分石油勘探和开发权被两国国有石油公司所把持。同样，在马来西亚和越南共同开发案中，越南同意马来西亚已签订的石油合同在共同开发区内继续有效。①

2. 国家间进行协商，通过一定的方式公平解决先存权问题，但并不赋予获得先存权的公司进入共同开发区，进行勘探和开发活动的权利。如在尼日利亚与圣多美和普林西比共同开发案中，协议规定"双方当事国间应以公平的方式解决，一方当事国在本条约谈判期间，在区域内的任何部分与第三人进行的先前交易（该交易已经向另一方当事国披露）引发的问题；对未披露的问题，应该由该当事国单方承担，但不影响为了解决开发区内，当事国与第三人先前交易引发的问题，另一当事国合作和帮助的权利"。②

3. 海上共同开发协议未作出规定，留待后期调整。先存权问题一般产生于争议海域，一方面是授权国家急于评估和获取油气资源，另一方面是授权国家希望通过这种方式巩固其海域主张，同时对争议海域的先行开发也是一种将邻国拉回谈判桌的有效方式。③先存权问题的症结在于一方在没有海域确权的情形下，依据本国的

---

① 参见 Nguyen Hong, Vietnam and Joint Development in the Gulf of Thailand, Asian Year Book of International Law, Vol. 8, 1999, p. 143。

② Treaty between the Federal Republic of Nigeria and the Democratic Republic of Sao Tome and Principe on the Joint Development of Petroleum and Other Resources, in Respect of Areas of the Exclusive Economic Zone of the Two States, done at Abuja on 21 February 2001, article 46, available at http://www. un. org/Depts/los/LEGISLATIONANDTREATIES/PDFFILES/TREATIES/STP-NGA2001. PDF, accessed on 3 July 2015.

③ 参见 Hazel Fox et al., Joint Development of Offshore Oil and Gas, London: the British Institute of International and Comparative Law, Vol. I, 1989, p. 214。

国内法授予了私人公司进入争议海域开发资源的权利。先存权问题产生于在联合管理机构成立之前，其解决也需要两国在共同开发安排之初就作出相应安排，同时获得先存权的公司依据国内法也有获得保护和救济的权利。因此，先存权问题由国家间进行安排是最佳的选择。

海上共同开发区作为一个以经济动力为主的特殊区域，过于复杂的职能必然会阻碍共同开发区的建立，也会降低对石油投资和开发公司的吸引力，这在日韩共同开发案中已经得到了相应体现。在日韩共同开发案中，双方为石油开发的承包方设定了一系列详尽的渔业、环保、安全等方面的责任，尤其是对渔业利益的让步，对石油开采活动的限制。在第一阶段结束后，石油资源开发的前景不甚乐观的情形下，石油公司作为一个追求盈利的私主体不愿意承担如此繁重的责任，不再申请权利延期或进行下一步的勘探开发。这也是日韩共同开发的第二阶段，韩方没有石油公司提交开发和勘探申请的一个重要原因。因此，在海上共同开发管理制度安排上，国家间可以通过不同的方式，在国家和管理机构间就管辖权的行使进行分配和协调，而部分事项由国家保留管辖权进行安排更为可取。

第六节　海上共同开发区域内争端解决方式

海上共同开发区内的争端解决同样是管理模式中的重要法律问题。在海上共同开发协议谈判和签订之初，相关国家都会在协议中规定争端解决条款。在已签订的海上共同开发协议中，争端解决方式主要分为以下几种类型：

第一，限于国家间通过谈判或协商等政治方式解决争端。如在马来西亚和泰国共同开发协议中，规定争端应由双方政府通过协商或谈判和平解决；若三个月内仍未能解决争端，任何一方可将争端提交马来西亚首相和泰国总理，由两国政府首脑共同决定争端解决方式。①

第二，首先寻求和平方式解决争端，若无法解决，则可提交第三方争端解决机构，包括国际法院、国际仲裁机构等。如在 1974年日本和韩国共同开发协定中，规定"双方关于本条约解释和执行有关的争端，首先应当通过外交途径解决；任何未能解决的争端，应该提交仲裁委员会解决"。②

第三，除外交和法律争端解决方式外，也可利用区域组织解决争端。如《科威特和沙特阿拉伯划分中立区协定》第 22 条规定："一旦因本协定的解释或使用，或者相关权利义务而产生争端，缔约双方应当寻求友好的方式解决争端，包括寻求阿拉伯联盟解决争端。如果上述方式无法解决争端，应将争端提交到国际法院。"③

第四，双方授予联合管理机构争端解决的职能。如在英挪开发弗里格气田协定中，第 28 条规定："任何与本协定解释和适用有关的争端，以及许可证持有人协议提交的争端，应通过弗里格咨询

---

① Agreement between the Government of Malaysia and the Government of the Kingdom of Thailand on the constitution and Other Matters relating to the Establishment of the Malaysia- Thailand Joint Authority, done at Kuala Lumpur on 30 May 1990, article 21, available at http：//cil. nus. edu. sg/1990/1990-agreement-between-the-government-of-malaysia-and-the-government-of-the-kingdom-of-thailand-on-the-constitution-and-other-matters-relating-to-the-establishment-of-the-malaysia-thailand-joint-autho/, accessed on 3 July 2015.

② Agreement Between Japan and the Republic of Korea Concerning Joint Development of the Southern Part of the Continent Shelf Adjacent to the Two Countries, article 26, available at https：//treaties. un. org/doc/Publication/UNTS/Volume% 201225/volume-1225-I-19778-English. pdf, accessed on 2 July 2015.

③ Kuwait-Saudi Arabia Agreement to Partition the Neutral Zone, signed ad Al-Hadda on 7 July 1965, article 22, (American society of International law), Legal Materials Vol. 4 No. 6, 1965, p. 1136, available at http：//www. jstor. org/stable/20689992? seq＝1#page_scan_tab_contents, accessed on 3 July 2015.

委员会解决，或者两国政府协商解决。"①

　　第五，将争端进行分类，对不同类型的争端采用不同的解决方式。如在尼日利亚和圣多美普林西比共同开发案中，协议第十一部分规定："联合管理局和承包商，承包商和/或经营者之间，就开发活动或作业协议解释和适用有关的争端，除非双方达成其他一致，应当提交商业仲裁解决。对联合管理局或委员会工作中产生的争端，应当由董事会解决，无法解决的应提交委员会，仍无法解决则应提交国家元首；若国家元首仍未解决，最后提交仲裁庭裁决。"②

　　具体而言，海上共同开发区内争端主要分为三种类型：一是区域内国家间的争端；二是许可或特许权持有人与授予国家间的争端；三是许可或特许权持有人等私主体之间的争端。对第一种争端主要通过协商或谈判等外交方式，或者国家协商一致可采用法律方式解决；第二种争端主要依据特许权授予国的国内法律来解决；第三种争端可以通过私主体通过后续的商业协定或谈判来解决。但某些情形下，由于许可或特许权持有人与授权国家有紧密的联系（如国有石油公司参与的情形），国家间在建立海上共同开发管理模式之初，在协定中对争端解决方式作出原则性规定是更佳的选择；在协定中也可指明争端解决的具体方式、适用的准据法以及其

---

　　① United Kingdom of Great Britain and Northern Ireland and Norway Agreement Relating to the Exploration of the Frigg Field Reservoir and the Transmission of Gas Therefrom to the United Kingdom, signed at London on 10 May 1976, article 28, available at https://treaties.un.org/doc/Publication/UNTS/Volume%201098/volume-1098-I-16878-English.pdf, accessed on 3 July 2015.

　　② Treaty between the Federal Republic of Nigeria and the Democratic Republic of Sao Tome and Principe on the Joint Development of Petroleum and Other Resources, in Respect of Areas of the Exclusive Economic Zone of the Two States, done at Abuja on 21 February 2001, article 47、48、49, available at http://www.un.org/Depts/los/LEGISLATIONANDTREATIES/PDFFILES/TREATIES/STP-NGA2001.PDF, accessed on 3 July 2015.

他相关规定。①

本 章 小 结

海上共同开发的管理模式问题贯穿整个共同开发过程之中。国家间在作出海上共同开发安排时，需要对相关的法律因素也作出安排。这些法律要素可以分为两种类型：一是必备的法律要素；二是可以留作后期调整的法律要素。国家在建立共同开发管理模式之初，只需要对必备的法律要素达成一致，以建立共同开发法律制度的轮廓和核心，这样一方面可以使共同开发安排更快地建立起来，也可以给予国家一定程度的灵活性，根据各自国家不同的法律规则以及建立的不同权限的管理机构来完善制度设计。海上共同开发中必备的法律要素主要有八个方面，包括区域的划定、开发的对象及资源分配方式、管理机构、权利授予的方式、争端解决方式、环保和安全条款、程序性规定等。

在海上共同开发管理模式建立之初，国家间需要对必备的法律要素作出安排。依据国家采用的管理模式不同，相应的分配方案也存在差异。第一，国家、石油公司和联合管理机构都是海上共同开发管理的主体。石油公司承担的角色大同小异，主要承担相关的勘探和开发等经营活动，国家和联合管理机构在管理上存在重叠和互补，二者职权大小是此消彼长的关系。第二，海上共同开发管理的范围，即共同开发区的划定。在跨界共同开发和争议海域共同开发中，共同开发区的选择主要有指定特定区域、划定特定矿床、指定主张重叠区三种方式，并辅助特定的地理方式加以确定区域范围。第三，海上共同开发管理的资源类型主要是海床和底土上的非生物资源，但随着国家实践的发展，渔业资源也被列入共同开发的框架之内。国家间对资源的分配方式由国家协商一致决定，大部分情形下采用50∶50的方式，但也可采用其他比例安排或签订后续协议

---

① 参见 Peter C. Reid, Joint Development Zones between Countries, 6 AMPLA Bull. 4 Vol. 6 (1), 1987, p. 5。

来分配资源。第四,国家管辖权的分配。海上共同开发区内的管辖权是基于管辖权原则产生的,并受到国际法的约束。在海上共同开发的实践中,发展出了五种划分管辖权的方法。其中部分事项基于政治和法律因素的考量,国家保留管辖权是最佳的方式。第五,争端解决方式主要包括谈判或协商外交方式,国际法院和仲裁庭等法律方式,以及管理模式下建立的联合管理机构三种方式的不同组合。

第三章　海上共同开发联合管理机构的类型与职权

联合管理机构的构建是海上共同开发管理模式中的核心内容。在海上共同开发协定中，联合管理机构常被命名为联合管理局（Joint Authority），或联合委员会（Joint Commission）。随着管理模式的不同，以及相关国家对管理事项和管理权限让渡程度的差异，联合管理机构也呈现不同类型。根据海上共同开发的联合管理机构的特征，它有单一性联合管理机构、咨询式联合管理机构、法人型联合管理机构三种类型，三种模式下管理机构的权限和职能逐渐增强。三种类型联合管理机构存在差异，但也存在管理机构的组成、成员的权利和义务、部分必备的职权等共性问题。并且，随着国家实践的发展，管理机构也呈现出不同的发展趋势和相互融合的发展方向。

第一节　海上共同开发联合管理机构的分类与比较

国家采用何种海上共同开发管理模式，大致决定了联合管理机构的类型。在早期代理制和联合经营的管理模式下，海上共同开发协定的条款比较简单，有时仅为简单数条，这种共同开发协议更侧重于共同开发意愿的表达，并没有建立相应的联合管理机构。最早建立联合管理机构的尝试是在 1965 年科威特和沙特阿拉伯共同开发案中，双方采用非常简易的管理机构，我们将之称为单一性联合管理机构。随着海上共同开发合作的发展和深入，相继出现了咨询式联合管理机构和法人型联合管理机构，两种模式主要为联合经营模式和管理机构主导模式分别采用。三种类型的联合管理机构具有不同的特点，也各有优劣。

一、海上共同开发联合管理机构的三种类型

在海上共同开发的产生和发展阶段，部分国家实践并没有建立联合管理机构。从 1965 年科威特和沙特阿拉伯共同开发案开始，联合管理机构作为国家间在海上共同开发管理制度中的一个机构出现。海上共同开发联合管理机构大致可以分为三种基本类型：单一性联合管理机构、咨询式联合管理机构、法人型联合管理机构。

（一）单一性联合管理机构

单一性联合管理机构最主要的特点是职权单一、组成简单。这种联合管理机构在共同开发国家实践中并不普遍。部分共同开发案虽然建立了联合管理机构，但对机构设置的规定较为简单，较之于后两种类型的管理机构而言，国家在建立之初并未赋予其多样性的职权，只规定了某一方面的职权或仅作出建立机构的一般性规定，因而将这种类型的机构称为单一性的联合管理机构。

以 1993 年牙买加和哥伦比亚共同开发案为例，协议规定双方同意成立一个"联合委员会"，该委员会职责是管理共同开发区内的活动，以及制定和执行相关措施。由两国各自委任一名代表组成联合委员会，必要时可配备相关顾问进行协助。① 双方仅明确赋予该联合委员会以上职责，甚至没有协商、建议、监督、管理、海洋环境保护等其他权利的规定，职责单一。联合委员会基本成员只有两名，协议中也没有定期召开会议、建立秘书处等规定。又如，在 2010 年俄罗斯和挪威共同开发中，双方区分了渔业资源和碳氢化合物的不同管理模式，渔业资源在俄挪混合渔业委员会框架内进行商定；建立联合委员会管理开发跨界碳氢化合物的相关活动。联合委员会是保障经常性协商和交换双方关于此类问题的信息，以及通

---

① Maritime Delimitation Treaty between Jamaica and the Republic of Colombia, article 4, available at: http://www.un.org/depts/los/LEGISLATIONAND-TREATIES/PDFFILES/TREATIES/JAM-COL1993MD.PDF, accessed on 13 October 2015.

过协商途径解决问题的媒介。① 该联合委员会的职责同样限于协商、交换信息，对开发区内活动的监督和管理、海洋环境的保护、安全和健康等事项，依赖于双方政府的合作。②

（二）咨询式联合管理机构

咨询式联合管理机构一般为联合经营模式所采用，这种类型的管理机构最大的特点是其职权多为提供咨询建议、对区域内活动的日常监管，并不具有重大事项的决定权。较之于单一性的联合管理机构，其职权更加多样和复杂；较之于法人型的联合管理机构，其咨询和建议性质更加明显，机构对国家的附属性凸显。咨询式联合管理机构的职权有三个特点：第一，联合管理机构是常设性的，一般可以定期召开会议，有秘书处等行政机关。第二，其职权多为提供政策建议、协商等的权力。第三，开发区内重大事项的权利仍由国家保留行使。

日韩联合委员会是最为典型的咨询式联合管理机构。在1974年日韩共同开发协议中，特许权的授予、作业者的选择、法律适用、征税等决定性的问题都由日韩双方协商一致。分区内特许权受让人由日韩两国决定，双方只需要通知另一方其选定的特许权受让人，而无需另一国接受（但是特许权转让时需要其他特许权受让人的同意）。③ 在作业者选择方面，设立了僵局机制（deadlock mechanism）：双方需要在规定的时间内选定作业者；若无法确定，

---

① 《俄罗斯联邦与挪威王国关于在巴伦支海和北冰洋的海域划界与合作条约》附件一第 1 条、附件二第 1 条第 13 款，条约原文见 http://www. kremlin. ru/supplement/707，最后访问日期 2015 年 7 月 1 日。

② 《俄罗斯联邦与挪威王国关于在巴伦支海和北冰洋的海域划界与合作条约》附件二第 1 条，条约原文见 http://www. kremlin. ru/supplement/707，最后访问日期 2015 年 7 月 1 日。

③ Agreement Between Japan and the Republic of Korea Concerning Joint Development of the Southern Part of the Continent Shelf Adjacent to the Two Countries, article4 and article 14, available at https://treaties. un. org/doc/Publication/UNTS/Volume% 201225/volume-1225-I-19778-English. pdf, accessed on 15 December 2014.

双方将采取抽签的方式决定。① 开发区内的法律适用采用"作业者规则",由不同分区块中作业者的所属国行使管辖权并适用其法律。② 日韩联合委员会只作为对有关事项的执行进行协商的机构。日韩委员会由两国国民小组组成,每一小组由各方任命两个成员组成。日韩联合委员会应每年至少召开一次会议,经任一国民小组要求随时召开会议。日韩联合委员会应建立一个永久秘书处,处理其事务性工作。日韩联合委员会的职责为审查执行情况、接受年度报告、提出争端解决和法规建议、监管经营活动等。日韩联合委员会的所有决议、建议及其他决策,均只能通过国家部门之间的协议达成,缺少权威性。③ 对于法律适用、作业者选择、法律适用等核心法律问题已在共同开发协议中有明确规定,日韩委员会虽然有一部分权利,但都是较为一般化的权利,其提出的建议等也并未明确规定拘束力问题。

(三) 法人型联合管理机构

法人型联合管理机构一般为管理机构主导模式所采用,这种类型的机构独立程度最高,对区域内勘探和开发活动享有全面的决策权。这种联合管理机构的特点是:第一,一般具有独立的法律人格,并有固定住所。如在 1990 年《马来西亚和泰国关于建立马来

① Agreement Between Japan and the Republic of Korea Concerning Joint Development of the Southern Part of the Continent Shelf Adjacent to the Two Countries, article 6, available at https：//treaties. un. org/doc/Publication/UNTS/Volume% 201225/volume-1225-I-19778-English. pdf, accessed on 15 December 2014.

② Agreement Between Japan and the Republic of Korea Concerning Joint Development of the Southern Part of the Continent Shelf Adjacent to the Two Countries, article 19, available at https：//treaties. un. org/doc/Publication/UNTS/Volume% 201225/volume-1225-I-19778-English. pdf, accessed on 15 December 2014.

③ Agreement Between Japan and the Republic of Korea Concerning Joint Development of the Southern Part of the Continent Shelf Adjacent to the Two Countries, article 24, available at https：//treaties. un. org/doc/Publication/UNTS/Volume% 201225/volume-1225-I-19778-English. pdf, accessed on 15 December 2014.

西亚—泰国联合管理局及其他事项的协议》(以下简称《1990 年协定》)中,规定"联合管理局应当具备法律人格和相应的能力。联合管理局的住所位于马来西亚和泰王国。联合管理局有权订立合约,有权收购、购买、取得、持有和使用除土地以外的任何动产和不动产,有权运输、分配、放弃、收取、抵押、转让、转移或其他方式处分动产和不动产,以及任何归属于联合管理的财产"。① 第二,机构权能较为全面,如招投标、颁发许可证、税收、制定规章制度等。在《苏丹和沙特阿拉伯共同开发共同区协定》中,第 7 条规定"联合委员会有权考量并决定勘探和开发的许可和特许权的申请,可采取必要措施促进自然资源的开采,有权在生产阶段监督开采活动,有权制定规定和规章"。②

2001 年尼日利亚和圣多美普林西比共同开发案是最为典型的法人型联合管理机构的实践。在该案中,两国建立了由联合部长委员会和联合管理局组成的双层管理机构。联合管理局应向联合部长委员会负责,并服从后者的所有指令。③ 联合部长委员会由双方元首指定相同级别的代表组成,人数为 2 至 4 人。联合部长委员会不具有独立的法律人格,每年应当至少召开两次会议,所有的决议在协商一致基础上达成。联合部长委员会全面负责共同开发区内资源的勘探和开发有关的所有问题,并履行当事国赋予的其他职能。联

---

① Thailand-Malaysia Joint Authority Act, B. E. 2553 (1990), article 6, available at http: //thailaws. com/law/t _ laws/tlaw0428. pdf, accessed on 3 July 2015. Malaysia-Thailand Joint Authority Act 1990, done at 23 January 1991, article 3, available at http: //www. agc. gov. my/Akta/Vol. % 209/Act% 20440. pdf, accessed on 12 November 2015.

② Masahiro Miyoshi, The Joint Development of Offshore Oil and Gas in Relation to Maritime Boundary Delimitation, International Boundaries Research Unit, Maritime Briefing, Vol. 2, No. 5, 1999, p. 32.

③ Treaty between the Federal Republic of Nigeria and the Democratic Republic of Sao Tome and Principe on the Joint Development of Petroleum and Other Resources, in Respect of Areas of the Exclusive Economic Zone of the Two States, done at Abuja on 21 February 2001, article11, available at http: //www. un. org/ Depts/los/LEGISLATIONANDTREATIES/PDFFILES/TREATIES/STP-NGA2001. PDF, accessed on 3 July 2015.

合部长委员会的职责主要是指导联合管理局职能的行使，批准联合管理局的运作规则、年度预算，审批联合管理的审计事项、年度报告，核准联合管理局与承包商的开发合同，协商解决联合管理局内的争议。① 联合管理局具有法人资格，有权订立合同、获得和处置动产和不动产、提起和参加诉讼。联合管理局管理区域内资源的勘探和开发相关的活动，其职责包括：将共同开发区划分为合同区域，并就区域内的合同进行协商、招标、合同和监督；根据联合部长委员会的批准，与承包商签订开发合同或者终止合同；根据部长委员会的批准或要求，收取收益并进行分配，编制预算；依据国际法建立安全区和限制区，确保区域内的安全和有效管理；进行海洋科学研究以及搜集、交换有关的科研、技术数据；其他行政管理权力。② 联合管理局由双方政府首脑各自指派两名执行董事，共4人组成的董事会进行管理。4个执行董事由联合部长委员会指派到管理局的不同部门中担任负责人，全体一致达成决议，不能一致同意的事项交由联合部长委员会决定。③ 除此之外，联合管理局应

① Treaty between the Federal Republic of Nigeria and the Democratic Republic of Sao Tome and Principe on the Joint Development of Petroleum and Other Resources, in Respect of Areas of the Exclusive Economic Zone of the Two States, done at Abuja on 21 February 2001, article6-8, available at http：//www. un. org/Depts/los/LEGISLATIONANDTREATIES/PDFFILES/TREATIES/STP-NGA2001. PDF, accessed on 3 July 2015.

② Treaty between the Federal Republic of Nigeria and the Democratic Republic of Sao Tome and Principe on the Joint Development of Petroleum and Other Resources, in Respect of Areas of the Exclusive Economic Zone of the Two States, done at Abuja on 21 February 2001, article 9, available at http：//www. un. org/Depts/los/LEGISLATIONANDTREATIES/PDFFILES/TREATIES/STP-NGA2001. PDF, accessed on 3 July 2015.

③ Treaty between the Federal Republic of Nigeria and the Democratic Republic of Sao Tome and Principe on the Joint Development of Petroleum and Other Resources, in Respect of Areas of the Exclusive Economic Zone of the Two States, done at Abuja on 21 February 2001, article10, available at http：//www. un. org/Depts/los/LEGISLATIONANDTREATIES/PDFFILES/TREATIES/STP-NGA2001. PDF, accessed on 3 July 2015.

当制定区域计划供联合部长委员会审批，并对该计划进行定期检查；联合管理局也应当制定符合开发区内石油勘探和开发活动的管理和税收制度，由联合部长委员会修改、审批，联合管理局执行。联合部长委员会对重大事项具有最终决定权，联合管理局虽然权限广泛，但是它作为前者的下位机构，应对其负责。

二、不同类型联合管理机构的比较

早期代理制模式下，部分国家实践中并未建立相应的联合管理机构。在联合经营模式下，多采用咨询式联合管理机构，并赋予该机构最基本的管理、监督、建议等权力。在管理机构主导模式下，一般建立法人型联合管理机构，并赋予其重大事项的决定权。较之于单一性联合管理机构，后两种类型的联合管理机构被更多地采用。

（一）单一性联合管理机构的特点

单一性联合管理机构在海上共同开发实践中并不常见。因为其模式过于简单，即使设立这样的一种管理机构，共同开发区内几乎所有的法律要素均需要国家间的合作和协商。代理制模式下可建立单一性联合管理机构，并赋予其监管职能，以保证被代理的国家可以监督另一国的勘探和开发活动有效进行，保障资源和收益得到了公平分配。但职权的有限性决定了单一性联合管理机构可发挥的作用十分受限。这样单一的职能完全可以通过协定的约束性条款，或者国家间通过设立监察员制度来实现，而无需单独建立一个联合管理机构。海上共同开发的实践也表明，国家在合作时更倾向于建立一个常设性的机构，赋予其基本的职能。

（二）咨询式联合管理机构的特点

咨询式联合管理机构一般由联合经营模式采用。在联合经营模式下，勘探和开发权的授予、法律适用、经营者的选定、税收等制度都不属于联合管理机构的职权，联合管理机构更多的是一个协商和咨询的机构，因此，在共同开发协议谈判之初，国家应对开发区内必备的法律要素进行谈判，并作出具体安排。在这种模式下，海上共同开发协定对必备法律要素的安排一般可采用以下方式：

一是规定相关国家或者相关部门进行协商或作出安排。如在科威特和沙特阿拉伯共同开发案中，协议规定缔约国应采取有关税收立法保障措施，避免双重征税；两国的自然资源部长，应当对区域内自然资源特许权的授予或修订进行协商；现有的石油特许协议继续有效，并且双方应当通过必要的立法和法律措施确保已获得特许权的公司持续行使权利和履行义务。[①]

二是直接对相关重要事项作出规定。如在英国和挪威弗里格气田共同开发案中，对气田产量的计量和分配、先存权的处理、许可证持有人的计划、联合经营人的指定、设备和管道安全、观察员、税收、管道建设等各方面，协议都作出了全面而直接的规定。[②]

在部分共同开发实践中，联合管理机构也具有争端解决、进行科学和地质研究、海洋环境保护、促进商业合作等职能，这扩展了联合管理机构的职权范围。咨询式联合管理机构可协商和建议的内容，也不仅限于协定的执行或区域内法规的指定或修改，其在共同开发活动中的参与性可得到加强。但大部分情形下，咨询式联合管理机构的职权十分有限，仅限于如咨询、建议、讨论相关双方提交的问题、接受报告等一般性的权利。

为什么国家间愿意采用这种角色较为一般化的咨询式联合管理机构呢？这是因为咨询式联合管理机构较之于其他两种具有自身优势：其一，可以保证国家的主导角色，国家和其授权的石油公司可对开发区内的重要事项作出更灵活的安排，保障法律、税收、安全

[①]　Kuwait-Saudi Arabia Agreement to Partition the Neutral Zone, signed ad Al-Hadda on 7 July 1965, article 11, article13、20, (American society of International law), Legal Materials Vol. 4 No. 6, 1965, p. 1136, available at http：//www. jstor. org/stable/20689992？seq = 1 # page _ scan _ tab _ contents, accessed on 3 July 2015.

[②]　United Kingdom of Great Britain and Northern Ireland and Norway Agreement Relating to the Exploration of the Frigg Field Reservoir and the Transmission of Gas Therefrom to the United Kingdom, signed at London on 10 May 1976, available at https：//treaties. un. org/doc/Publication/UNTS/Volume%201098/volume-1098-I-16878-English. pdf, accessed on 3 July 2015.

等政策得到实施。这对十分依赖石油产业的国家，或者双方政治经济制度差异较大的国家而言尤为重要。其二，通过国家层面，对海上共同开发区的具体事项安排达成一致，可以保证后期勘探和开发顺利进行，国家需要审核和批准的事项也会减少。

（三）法人型联合管理机构的特点

较之于前两种类型，法人型联合管理机构享有更全面的职权范围，也可对开发区内的重大事项有更灵活的安排。法人型联合管理机构包括了两种模式：

第一，单层的管理机构。建立单层的管理机构，并通过相应的分支机构负责具体事项的执行。这种类型以马来西亚和泰国共同开发案为代表。马泰两国委派相同数量的成员组成联合管理局，[1] 联合管理局又将其具体的职能分配为开发和生产、财务和会计、商业支持和法律服务三个具体的部门，各部门由两国委派的成员交叉任职。[2] 联合管理局有法律人格，享有与开发区内资源勘探和开采有关的专属性权利和特权。联合管理局有权在获得政府批准前提下，签订勘探和开发自然资源的合同；在双方政府同意后，就开发区内的具体事项制定规章。[3] 在这种单层的管理机构下，重大事项的决

---

① Agreement between the Government of Malaysia and the Government of the Kingdom of Thailand on the constitution and Other Matters relating to the Establishment of the Malaysia- Thailand Joint Authority, done at Kuala Lumpur on 30 May 1990, article 3, available at http：//cil. nus. edu. sg/1990/1990-agreement-between-the-government-of-malaysia-and-the-government-of-the-kingdom-of-thailand-on-the-constitution-and-other-matters-relating-to-the-establishment-of-the-malaysia-thailand-joint-autho/, accessed on 3 July 2015.

② 参见"Present MTJA Management and Staff", available at http：//www. mtja. org/organisation. php, accessed on 2 July 2015。

③ Thailand-Malaysia Joint Authority Act, B. E. 2553（1990）, article 6、8、17 、18, available at http：//thailaws. com/law/t_laws/tlaw0428. pdf, accessed on 3 July 2015. Laws of Malaysia ACT 440, Malaysia-Thailand Joint Authority Act 1990, done at 23 January 1991, article 14 and article 15, available at http：//www. agc. gov. my/Akta/Vol. % 209/Act% 20440. pdf, accessed on 12 November 2015.

策需要获得国家的批准或同意，其作为一个具体的执行和管控机构
与承包商签订合同、管理区域内的开发和勘探活动、管理财务等。

第二，双层或多层的管理模式。建立双层或多层的管理模式，
且存在上下位的关系。上层的管理机构由双方指派的政府成员构
成，全面负责区域内的勘探和开发活动，对区域内重大问题具有决
策权或者政策的制定权，管控下层管理机构的运行。① 下层管理机
构负责日常事务的管理，具有法律人格和住所，有缔结合同、获得
和处分动产和不动产、提起和参加诉讼的能力。② 下层管理机构由
上层管理机构任命、缔结合同、制定规章、财务预算等事项应提交
上层管理机构批准，对上层管理机构负责。上层管理机构的决定在
国家平等合作的基础上，由双方协商一致达成；下层管理机构的权
限更多的是商业导向。③ 这种上下层级的管理模式下，由于上层管
理机构组成均为政府成员，可以保证重大的决策建议可及时通告相
关政府，保证与本国的法律、政策、经济利益不发生冲突，保证政
府参与的角色；下层管理机构作为开发区内的参与和执行机构，又
保证了联合管理局一种相对独立的角色，形成一种制衡的系统（a
system of "checks-and-balance"）。④

此外，法人型开发管理机构作为开发区内的实际参与者，其构

---

① 有的甚至规定由政府首脑或国家元首构成，参见 Protocol to the Agreement Between the Republic of Guinea—Bissau and the Republic of Senegal Concerning the Organization and Operation of the Management and Cooperation Agency Established by the Agreement of 14 October 1993, article 9, available at https：//treaties. un. org/doc/publication/UNTS/Volume% 201903/v1903. pdf, p. 66, accessed on 3 July 2015。

② Timor Sea Treaty between the Government of East Timor and the Government of Australia, done at Dili on 20 may 2002, article 6, available at http：//timor-leste. gov. tl/wp-content/uploads/2010/03/R _ 2003 _ 2-Timor-Treaty. pdf, accessed on 7 July 2015.

③ 参见 Stuart Kaye, The Timor Gap Treaty：Creative Solutions and International Conflict, Sydney Law Review, Vol. 16, 1994, p. 86。

④ Vasco Becker-Weinberg, Joint Development of Hydrocarbon Deposits in the Law of the Sea, Springer-Verlag Berlin Heidelberg 2014, p. 124.

成和运行较之于前两种模式较为复杂。因此，在共同开发协定中，一般都会规定联合管理机构有独立的经费，其产生的开支由两国共同承担，其工作人员也有工资、津贴和其他报酬，联合管理机构在区域内的收益免于征税等规定。① 从国家角度来说，这种类型的机构自身的复杂性和相对独立性也决定了其建立具有一定的难度。从国家外交层面来说，赋予联合管理机构大的权限可促成更完整的早期协定的达成，但也会留下无法解决的问题。如马来西亚和泰国《1990 年协定》对联合管理局的权限，较之于《1979 年谅解备忘录》有很大退步。从国家参与的角度来说，法人型的联合管理机构较之于前两种模式，机构的独立性和自主性更强，而国家角色相对较弱。因此，机构数量、机构职权、机构与国家的协调对共同开发活动有效开展均十分重要。对作业者来说，若缺乏清晰的争端解决规则、可适用的法律、管辖权规则、勘探和开发权的授予和变更

---

① Agreement between the Government of Malaysia and the Government of the Kingdom of Thailand on the constitution and Other Matters relating to the Establishment of the Malaysia- Thailand Joint Authority, done at Kuala Lumpur on 30 May 1990, article 9, available at http：//cil. nus. edu. sg/1990/1990-agreement-between-the-government-of-malaysia-and-the-government-of-the-kingdom-of-thailand-on-the-constitution-and-other-matters-relating-to-the-establishment-of-the-malaysia-thailand-joint-autho/, accessed on 3 July 2015; 1989 Treaty between Australia and the Republic of Indonesia on the Zone of Cooperation in an Area between the Indonesian Province of East Timor and Northern Australia, article6, available at http：//cil. nus. edu. sg/1989/1989-treaty-between-australia-and-the-republic-of-indonesia-on-the-zone-of-cooperation-in-an-area-between-the-indonesian-province-of-east-timor-and-northern-australia/, accessed on 3 July 2015; Treaty between the Federal Republic of Nigeria and the Democratic Republic of Sao Tome and Principe on the Joint Development of Petroleum and Other Resources, in Respect of Areas of the Exclusive Economic Zone of the Two States, done at Abuja on 21 February 2001, article 12 and 17, available at http：//www. un. org/Depts/los/LEGISLATION-ANDTREATIES/PDFFILES/TREATIES/STP-NGA2001. PDF, accessed on 3 July 2015.

规则，会不可避免地导致僵局的产生。①

从制度设计上而言，并非所有的法人型联合管理机构都有如此复杂的层级分立，但是其在整体制度上的复杂程度更高，机构功能和角色定位更为独立和明确是毋庸置疑的。

第二节　国家在不同类型联合管理 机构中的角色分配

在跨界共同开发中，国家间主要是为了实现对资源的有效开发而进行合作。国家间除了进行资源的合作开发和分享之外，其他事项与在各自领土内进行资源勘探和开发活动并没有太大区别。在争议海域共同开发中，海上共同开发区的功能是将双方竞争性的主张中立化，在没有国家单方面干预的法律框架内实现对资源的开发。海上共同开发区内联合管理机构的职能与国家职能是一种此消彼长的关系，联合管理机构管理的空间越小，国家间需要协调的空间就越大，反之亦然。在不同管理模式下，联合管理机构与国家的角色分配略有差异；在部分具体事项上，国家和联合管理机构两者协同合作才能保证海上共同开发区内的活动有效、安全的进行。

一、单一性联合管理机构下国家的主导角色

如前所述，早期海上共同开发的国家实践中，部分没有建立联合管理机构，部分虽建立了联合管理机构，但规定较为简单，职能也较为单一。在这两种情形下，在对海上共同开发区内的法律要素作出安排时，国家的主导角色是必然的。

在代理制模式下，负责代理的国家需要发挥主导角色，依据本国法律对共同开发区行使管辖权，并指定石油公司负责区域内资源

---

① Vasco Becker-Weinberg, Joint Development of Hydrocarbon Deposits in the Law of the Sea, Springer-Verlag Berlin Heidelberg 2014, p. 125.

的开发，或者双方直接约定所有的活动由特定的公司或企业进行。在联合经营模式下，若双方未建立联合管理机构，则国家间应当就勘探和开发权的授予以及作业者选择达成一致，还应就共同开发区内活动的管理、法律适用、产品和设备的进出口事项、管道使用、争端解决等事项达成一致。如在 1974 年西班牙和法国共同开发案中，双方当事国均鼓励对跨界资源进行开发，并进行资源的平均分配。一方收到在其海域内开发的许可申请后，应通知另一方；另一方应在六个月内指派具有本国国籍的公司，双方公司一起参与许可证授权程序。双方当事国若对许可证作出修改，应通知另一方。双方也应当就合作协议的达成、产品的出口和管理，制定相关程序。①

　　若双方建立单一性联合管理机构，国家主导性角色同样凸显。以弗里格气田共同开发案为例，气田开发和天然气输出的大部分事项依赖于双方的合作和协商。在弗里格气田开发的具体问题上，协议规定双方的许可证持有人间达成的管理开发协议、许可证持有人的计划、联合经营人的指定，均应当得到政府批准。② 双方政府应共同决定每个设备的位置，并应就天然气田的界限、总储量、储量分配和其他事项达成一致。双方政府应当就设备，以及设备间管道的安全措施进行协商，并采取必要措施保证安全和建设标准得到遵

---

① Convention between the Government of the French Republic and the Government of the Spain State on the Delimitation of the Continental Shelf of the two States in the Bay of Biscay , done at 29 January 1974 , Annex 2, available at http：// www. un. org/depts/los/LEGISLATIONANDTREATIES/PDFFILES/TREATIES/FRA-ESP1974CS. PDF.

② United Kingdom of Great Britain and Northern Ireland and Norway Agreement Relating to the Exploration of the Frigg Field Reservoir and the Transmission of Gas Therefrom to the United Kingdom, article 1, article 4 and article5, signed at London on 10 May 1976, available at https：//treaties. un. org/ doc/Publication/UNTS/Volume%201098/volume-1098-I-16878-English. pdf, accessed on 3 July 2015.

守，包括各自授予观察员进入设备和设施的监督的权利。① 同样，管道建设、管道经营人、安全、税收等事项也有类似规定，均需要国家间的协商、同意和合作。②

在早期海上共同开发的实践中，共同开发协定对区域内事项的规定较简单。但随着海洋法的发展和科学技术的进步，国家在进行共同开发时需要平衡的问题更多，比如环境、安全、进出口限制、信息和技术交换、工作人员社会福利等问题。若国家仍然选择不建立联合管理机构或单一性联合管理机构，则国家的主导性角色和国家间的合作将会在各方面得到体现。

二、咨询式联合管理机构下国家的重要角色

若国家选择建立咨询式联合管理机构，开发区内重要的法律和政策安排等事项，仍由国家保留决定权，但其职权较之于单一性联合管理机构的范围要广泛得多，因此国家相应地不需要对较为一般性的事项作出安排。

在咨询式联合管理机构下，国家职能的重要性不仅体现在谈判和制度建立环节，也体现在开发活动进行中。在谈判和制度建立阶段，国家首先应对联合管理机构的职权、构成、行政管理等事项达成一致。咨询式联合管理机构不具有重大事项的决定权，则该部分需要国家指定国内相关机构补充该职能，并确立相应的联系机制。

---

① United Kingdom of Great Britain and Northern Ireland and Norway Agreement Relating to the Exploration of the Frigg Field Reservoir and the Transmission of Gas Therefrom to the United Kingdom, signed at London on 10 May 1976, article 7 and article 8, available at https：//treaties. un. org/doc/Publication/UNTS/Volume% 201098/volume-1098-I-16878-English. pdf, accessed on 3 July 2015.

② United Kingdom of Great Britain and Northern Ireland and Norway Agreement Relating to the Exploration of the Frigg Field Reservoir and the Transmission of Gas Therefrom to the United Kingdom, signed at London on 10 May 1976, article 13-21, available at https：//treaties. un. org/doc/Publication/UNTS/Volume%201098/volume-1098-I-16878-English. pdf, accessed on 3 July 2015.

在资源勘探和开发权授权问题上，相关国家依据各国法律分别授予特许或许可权，国家需要就各自授权人的合作方式和期限、作业者的指定等问题达成一致。如在日韩共同开发案中，虽然协议规定日韩两国的特许权持有人应签订经营协议，协议中也明确了应纳入经营协议的必备条款，经营协议及其内容的修改都需要双方政府批准后才生效。① 在法律适用、税收制度、环境保护和安全措施等问题上，都需要国家间协商确定。在共同开发进行阶段，国家同样需要就开发中产生的问题进行合作。如在弗里格共同开发案中，规定了双方应当定期或不定期就资源储量和分配的重新审查进行协商。② 在日韩共同开发案中，协议规定在一国的特许权持有人若发生转让、撤销、放弃、终止等情形，相应国家有通知以及保护另一国特许权持有人的义务。③

较之于没有建立联合管理机构或单一性联合管理机构，咨询式管理机构下国家角色有相同，也有不同点。相同点是两种类型的联合管理机构下，国家都需要发挥主导性的角色，重大事项仍由国家决定。不同点是咨询式联合管理机构具有更多的权限，国家让渡了日常事务的管理权，并可在处理具体问题时采用联合管理机构的建议和提案。

---

① Agreement Between Japan and the Republic of Korea Concerning Joint Development of the Southern Part of the Continent Shelf Adjacent to the Two Countries, article 5, available at https：//treaties. un. org/doc/Publication/UNTS/Volume%201225/volume-1225-I-19778-English. pdf, accessed on 2 July 2015.

② United Kingdom of Great Britain and Northern Ireland and Norway Agreement Relating to the Exploration of the Frigg Field Reservoir and the Transmission of Gas Therefrom to the United Kingdom, signed at London on 10 May 1976, article 3, available at https：//treaties. un. org/doc/Publication/UNTS/Volume%201098/volume-1098-I-16878-English. pdf, accessed on 3 July 2015.

③ Agreement Between Japan and the Republic of Korea Concerning Joint Development of the Southern Part of the Continent Shelf Adjacent to the Two Countries, article 14-16, available at https：//treaties. un. org/doc/Publication/UNTS/Volume% 201225/volume-1225-I-19778-English. pdf, accessed on 2 July 2015.

三、法人型联合管理机构下国家的补充性角色

法人型联合管理机构作为一种权利较大、地位更为独立的机构，被赋予了处理共同开发区内活动相关的大部分权利，国家主要承担补充性的职能。

首先，单层的联合管理机构具有独立的法律人格和权利能力，其职权范围更广。如在马来西亚和泰国共同开发案中，虽然后期双方对联合管理局的职权作出了重大让步，但是联合管理局仍然享有制定政策的权力，决定共同开发区内作业计划和管理工作计划的权力，实施和缔结勘探和开发合同的权力，享有经费和财政预算的权力，任命必要的委员会和专家顾问团的权力。① 在单层联合管理机构中，国家赋予联合管理局重要的决策权，使其更具有独立性和决策能力，国家管辖的事项和范围也相应缩小，主导性角色减弱。

其次，在双层和多层的联合管理机构中，上层机构由国家指派一定级别的成员组成，负责整体区域的勘探和开发活动。这种模式较之于咨询式管理机构具有优势，国家通过其选定的政府成员掌握了区域内重大问题的决定权，指定成员管理联合管理机构的分支机构，发生重大问题时，双方可在联合管理机构内进行协商。如在澳大利亚和东帝汶共同开发案中，联合委员会的职能包括：除了第 8 条 c 款规定的内容外（建设共同开发区内通往澳大利亚或东帝汶的管道），澳大利亚和东帝汶任命的委员，均可在任何时候提交问题

---

① Agreement between the Government of Malaysia and the Government of the Kingdom of Thailand on the constitution and Other Matters relating to the Establishment of the Malaysia- Thailand Joint Authority, done at Kuala Lumpur on 30 May 1990, article 1 and article 7-10, available at http：//cil. nus. edu. sg/1990/1990-agreement-between-the-government-of-malaysia-and-the-government-of-the-kingdom-of-thailand-on-the-constitution-and-other-matters-relating-to-the-establishment-of-the-malaysia-thailand-joint-autho/, accessed on 3 July 2015.

至部长理事会以求解决。① 这种上层机构处理问题的便捷性和及时性，使得国家职权的补充性角色较为明显。同时下层管理机构又被赋予法律人格，有权签订勘探和开发合同，有权对区域内的活动进行日常管理，也可以制定税收、管理的法律法规。下层管理机构可以保证区域内共同开发区内日常作业活动的进行，国家无需作出过多的安排。

法人型管理机构作为地位独立、职能全面的机构，决定了在海上共同开发区的管理问题上，联合管理机构主导，国家补充的角色分配。

四、国家与联合管理机构的互为补充与协调

无论建立何种类型的联合管理机构，仍有一些事项因其自身的特殊性，如区域安全和海洋环境的保护、司法管辖权的行使、检疫和移民等公共政策的执行、区域安全政策和标准的执行，需要国家和联合管理机构互为协调和补充。

（一）海上共同开发区内海洋环境的保护

随着科技进步和石油工业的发展，国际社会对海上油气开发可能带来的环境损害高度重视。在海上共同开发区内，海洋污染主要来自于两种类型：一是来自于设施和设备上的油气和其他物质对海洋环境的损害；二是来自于船舶的油气和其他物质的泄漏。② 随着几次油气泄露事件带来的国际影响，国家在进行海上共同开发时对能源开发和运输的安全也更为关注。基于海上共同开发区内环境保护问题的特殊性以及国家职能的便利性，决定了在海洋环境保护问题上国家应发挥主导性角色，联合管理机构应承担辅助性或补充性

---

① Timor Sea Treaty between the Government of East Timor and the Government of Australia, done at Dili on 20 may 2002, article 6（c）（iii），available at http：//timor-leste. gov. tl/wp-content/uploads/2010/03/R _ 2003 _ 2-Timor-Treaty. pdf, accessed on 7 July 2015.

② 参见 Hazel Fox et al. , Joint Development of Offshore Oil and Gas, London：the British Institute of International and Comparative Law, Vol. I, 1989, p. 335。

的角色。

1. 国家的主导性角色

虽然在部分共同开发协议中，不乏有先例规定联合管理机构可以就安全、环境保护等事项颁布规章，或给予行政指导等，但是海上共同开发区内环境和安全事项仍需要国家发挥主导性作用。这是由以下原因决定的：

第一，海洋污染一旦发生，范围广、危害大。由于海洋的特殊性，随着海水的流动、风向、洋流的影响，海洋污染往往不会限制在一个特定区域内，而联合管理机构制定的相关规则只能针对海上共同开发区。加之，海洋油气泄漏造成的污染具有危害性大、持续性强、扩散范围广、防治难和危害大等突出特点。[1] 区域内作业者或经营者对海洋污染事故的防控能力有限，而国家以及相应的职能部门可针对海洋污染制定紧急作业计划，受影响的国家之间也可以通过紧急联系机制对污染海域进行整体合作或者寻求帮助，这种国家指导的方式更为高效，也能更快控制污染扩散范围。

第二，联合管理机构职权和能力有限。若海上石油泄露，或勘探和开发活动的污水、矿水排放，对附近海域第三国造成了环境污染和损害，则会产生国家责任等相关问题。联合管理机构作为相关国家在特定海域内建立的一种非政府的、功能性的开发管理机构，在责任承担上存在缺陷。而且，联合管理机构缺乏专业技术和经验，以及海上的执法能力，环境污染的防治和补救仍需要相关国家和政府部门间直接进行合作。

第三，海上共同开发区内勘探和开发活动引起的环境损害赔偿问题，需要国家间针对具体情形加以商定。在已签订的共同开发协定中，相关国家均会对环境保护作出一般性规定，但是对于环境损害的求偿问题鲜有规定。在日韩共同开发案中，规定任何一方的国民或居民，遭受因共同开发区内自然资源勘探或开采引起的损害时，可以选择在损害发生地法院、居住地法院、事故发生地法院提

---

[1]　参见韩立新主编：《海上侵权行为法研究》，北京师范大学出版社2011年版，第183页。

起损害赔偿诉讼。并规定了不同情形下特许权持有人应就损害共同地、分别地承担责任赔偿。① 再如在澳大利亚和东帝汶共同开发案中，协议规定共同开发区内因石油活动而产生的海洋环境污染所造成的损失或费用，有限责任公司或其他实体应依据以下规定承担责任：（1）合同、执照或者许可证，当局依据条约颁布的其他文件，以及；（2）对赔偿请求具有管辖权的国家（澳大利亚或东帝汶）的法律承担责任。② 此外，海上共同开发协定中对环境损害赔偿的法律适用或求偿程序并没作出规定，需要国家国内法的冲突法规则予以最终确定。

综上所述，海上共同开发区内的海洋环境保护，无论国家选择何种共同开发模式，国家均应发挥主导性角色。国家也可从下几个方面进行完善制度建设：第一，应该完善国内立法，确定油气等资源勘探和开发活动有关的安全和环保标准；第二，相关国家间应进行合作，保证石油公司及相关船舶执行相应的规则和标准；第三，国家及其有关部门应建立沟通和协调机制，协商建立统一和协调的规则或标准，或者设立观察员制度，保证双方对区域内油气勘探和开发活动的进行定期监控。若发生油气泄漏等事故，国家间也应就油污应急和处理方面及时制定控制方案，通过有关政府间的合作以最大限度地降低损害。

2. 联合管理机构对国家职能的补充

联合管理机构作为共同开发区内的管理主体，在安全管理和海洋环境保护上需要发挥补充性的角色，如监督开发区内勘探和开发活动的进行，获取合同方的相关信息。若区域内发生了油气泄漏或者其他可能引起海洋污染的事件，应及时通知双方政府。在联合管理机构内设立一般性的监管和联系机制，这样可以有助于国家更好

---

① Agreement Between Japan and the Republic of Korea Concerning Joint Development of the Southern Part of the Continent Shelf Adjacent to the Two Countries, article 21, available at https：//treaties. un. org/doc/Publication/UNTS/Volume%201225/volume-1225-I-19778-English. pdf, accessed on 2 July 2015.

② Timor Sea Treaty between the Government of East Timor and the Government of Australia, article 10.

地发挥其职能。

如在冰岛和挪威共同开发案中，虽然双方已经划定了大陆架和专属经济区的界线，界线两侧分别适用各国的法律和法规和政策，但协定第9条规定"若安全措施和环境保护的有关规定不能对所划区域内勘探和开发活动提供足够的保障，双方应协商；若协商无法达成一致，则应将相关问题提交调解委员会。调解委员会给出建议之前，双方若没有重大理由不能继续进行相关开发"。① 又如在澳大利亚和东帝汶共同开发案中，协议规定"两国应当合作以保护共同开发区的海洋环境，以防止石油活动造成污染和其他环境损害，或将其损害降至最低。澳大利亚和东帝汶应当就确保共同开发区内，海洋环境免受石油活动不利影响的最佳方式进行协商；指定当局应该发布保护共同开发区海洋环境的法规；其应当制定防止共同开发区内石油活动污染的应急计划。如果共同开发区内产生的海洋污染溢出该区，澳大利亚和东帝汶之间应当进行合作以防止、减轻和消除污染"。② 又如日韩共同开发案中，共同开发协定第20条规定双方应当防止和消除海洋污染。同时又在后续外交换文中规定，国家应当保证其授权的特许权持有人，以及参与勘探和开发的本国船舶（本国为船旗国），采取必要措施防止海洋污染。这些措施包括安装防止泄露的装置，制定防止泄露标准、石油排放标准、污水排泄标准，进行信息交换等。③

---

① United Kingdom of Great Britain and Northern Ireland and Norway Agreement Relating to the Exploration of the Frigg Field Reservoir and the Transmission of Gas Therefrom to the United Kingdom, signed at London on 10 May 1976, article 9, available at https://treaties.un.org/doc/Publication/UNTS/Volume%201098/volume-1098-I-16878-English.pdf, accessed on 3 July 2015.

② Timor Sea Treaty between the Government of East Timor and the Government of Australia, done at Dili on 20 may 2002, article 10, available at http://timor-leste.gov.tl/wp-content/uploads/2010/03/R_2003_2-Timor-Treaty.pdf, accessed on 7 July 2015.

③ Exchange of Note, January 30, 1974, Note c, available at https://treaties.un.org/doc/Publication/UNTS/Volume%201225/volume-1225-I-19778-English.pdf, accessed on 15 December 2014.

在海洋环境事项上，联合管理机构应督促区域内资源勘探和开发活动的经营人和作业者遵守其义务，不对海洋环境造成污染；也应发挥监督职能，对区域内的活动进行监督，若出现可能影响海洋环境的危险或事件时，应及时作出反应。但是，海上共同开发区经济利益驱动力的特性决定了联合管理机构和经营者、作业者既缺乏足够的经验和权限，不宜为其施加过重的负担，该机构自身所拥有的权限和能力也难以应对发生的海洋环境污染问题。因此，海上共同开发区内的海洋环境保护，国家除了要赋予联合管理机构制定必要措施和规则的权利之外，自身仍需要发挥主要作用。

(二) 海上共同开发区内的安全管理

海上共同开发区内的安全管理包括四个方面：一是共同开发区内设备、设施、管道安全；二是防止海上碰撞以保证航行安全；三是海上共同开发区内人员的健康和安全；四是事故发生后的搜索和营救。

1. 设施和管道的建设和安全

在海上共同开发区内，管道和设施的建设应得到相关国家的批准。为了共同勘探和开发活动的目的，国家也应当允许另一国的作业者对设备和管道合理使用。部分共同开发协定还规定，在当事国领土内，承包商可以依照相关当事国的法律和规章，取得、建造、维护、使用和处理建筑物、平台、油罐、管道、终端和其他石油活动必须的设施。① 在设施和管道建设的标准上，也应当由国家协商制定统一的标准，或者由联合管理机构制定指导原则。如在尼日利亚和圣多美普林西比共同开发案中，协议规定联合管理局有权就安

---

① Treaty between the Federal Republic of Nigeria and the Democratic Republic of Sao Tome and Principe on the Joint Development of Petroleum and Other Resources, in Respect of Areas of the Exclusive Economic Zone of the Two States, done at Abuja on 21 February 2001, article 28, available at http：//www. un. org/Depts/los/LEGISLATIONANDTREATIES/PDFFILES/TREATIES/STP-NGA2001. PDF, accessed on 3 July 2015.

全事项颁布规定并给予指导。① 在弗里格共同开发协定中，规定双方政府应当与另一方政府就每个设备恰当的安全措施进行协商，应尽可能保证所有设备符合统一的安全和建设标准。对穿过设备之间的管道，双方政府应当在协商之后制定统一的安全措施，并责成各方的许可证持有人予以施行。弗里格气田内无线通信设备的建立、运行以及设备的控制，应按照有关电信机构间的协议来进行。②

　　在设施和管道的安全问题上，一般有以下几种处理方式：（1）联合管理机构或国家建立监督机制，如检查员制度。如美国和墨西哥共同开发协定规定，两国各自授权检查员，根据本国法律和双方达成的一致程序，检查区域内的有关设施。执行机构应当制定详细程序，便利检查员更好地维护安全。两国检查员应相互合作、共同协商，保证设施达到相应的安全和环保标准。若双方检查员发生分歧，可提交执行机构解决。若有危害工作人员生命和健康，或破坏环境等紧急情况发生，检查员可暂停任何或全部设施的运行。③（2）建立相应的安全区或限制区域。在马来西亚和泰国

---

　　① Treaty between the Federal Republic of Nigeria and the Democratic Republic of Sao Tome and Principe on the Joint Development of Petroleum and Other Resources, in Respect of Areas of the Exclusive Economic Zone of the Two States, done at Abuja on 21 February 2001, article 9（i）（j）, available at http：//www. un. org/Depts/los/LEGISLATIONANDTREATIES/PDFFILES/TREATIES/STP-NGA2001. PDF, accessed on 3 July 2015.

　　② United Kingdom of Great Britain and Northern Ireland and Norway Agreement Relating to the Exploration of the Frigg Field Reservoir and the Transmission of Gas Therefrom to the United Kingdom, signed at London on 10 May 1976, article 7, available at https：//treaties. un. org/doc/Publication/UNTS/Volume%201098/volume-1098-I-16878-English. pdf, accessed on 3 July 2015.

　　③ Treaty concerning the joint exercise of sovereign rights over the continental shelf in the Mascarene Plateau region between the Government of the Republic of Seychelles and the Government of the Republic of Mauritius, done at Vacoas, 13 March 2012, article 18, available at https：//treaties. un. org/doc/Publication/UNTS/No%20Volume/49782/Part/I-49782-0800000280331cac. pdf, accessed on 3 July 2015.

共同开发案中，联合管理机构公布了钻井平台和离岸设施的准确地理坐标，以及在平台周围建立了 500 米半径的安全区。① (3) 为保证区域安全，建立其他必要的设备和装置。如在尼日利亚和圣多美普林西比颁布的石油法中规定，管理局可在开发区内特殊建筑物周围建立安全区域，并可要求许可证持有者、承租人和承包商，安装、保持或提供导航、驱雾、照明、传声及其他必要的装置与设备，确保石油作业的安全。安全区域可从建筑物的边缘最远延伸500 米。未经授权的船只不得进入安全区域。此外，应建立一个限制区域，该区域从安全区域或管道的边缘起不超过 1250 米，在此区域内，未经授权勘探和开采石油资源的船只不得停泊或操控。②

关于设施和管道的建设，联合经营模式下多将制定程序和标准的权利以及具体执行的权利保留给国家；在管理机构主导模式下，则由联合管理机构和国家共同行使。

2. 航行安全

海上共同开发不应对区域内的航行安全造成不合理的影响。为保证相应区域内船舶的航行安全，实践中主要采用以下几种方式：第一，对区域内建设的设施应进行必要的标识和公布。如在日韩共同开发案中，日韩两国特地就影响航行的固定设施作出了规定。双方在外交换文中对防止海上碰撞进行了约定，规定任意一方政府，若其授权的特许权持有人被指定为经营者，应当在海上共同开发区块内采取以下措施：如果区块内有船舶进行勘探活动，该国政府应当将这种勘探活动覆盖海域、工作期限及时通知另一国政府和海员；如果建立了影响航行的固定设施（以下称为固定设施），该方政府应当将固定设施的准确位置和其他航行安全必要的事项（比如建立此种设施时固定的标示），及时地通知另一方政府和海员；拆除或移除此种固定设施时，政府也应当采取同样的措施。同时，

① 参见马来西亚和泰国共同开发区网站，http：//www.mtja.org/notification.php，访问日期 2015-12-19。

② Nigeria-Sao Tome and Principe Joint Autority Petroleum Regulations 2003, article 30.

对固定设施高于水面的距离、指示灯的闪烁频率、声音信号、雷达反射器、标识等作出了具体的规定，以确保固定设施的建设不影响航行安全。① 第二，依据国际法建立安全区域，或者在设备上安装有助于航行的辅助工具。许可证持有者、承租人和承包商建造的所有工程或装置，应保证其能在任何情况下，维持安全使用，保证海上交通运输渠道的畅通；在不损害前述工程或装置一般使用的前提下，依据管理局或国际公约的批准或要求，安装可听的或可视的航行辅助工具，并以管理局认可的方式进行维护。②

实践中，国家间通过多种方式保证共同开发区内作业不对船舶的航行造成影响，这既是保证航道通畅的必要措施，也符合《公约》对航行自由和安全保障的目的。

3. 区域内人员的健康和安全

双方政府应当保证海上共同开发区内人员的健康和安全，使其享受不低于国内标准的社会保险福利和医疗体系，无论其为本国国民或第三国国民。在具体实践中，相关国家采用的方式也存在一定差异：如在澳大利亚和印度尼西亚共同开发案中，协议规定联合管理机构有权制定职业健康标准和规则；在弗里格共同开发案中，协议约定针对社会安全、雇员福利以及劳动关系领域内涉及共同利益管理的事项，双方政府可作出个别安排;③ 若共同开发区内建立了工作小组或专家小组，则可由其进行协商，制定一项统一的标准。因此，具体采用何种方式取决于国家选择的管理模式和相应联合管

---

① Exchange of Note, January 30, 1974, Note b, available at https://treaties. un. org/doc/Publication/UNTS/Volume% 201225/volume-1225-I-19778-English. pdf, accessed on 15 December 2014.

② Nigeria-Sao Tome and Principe Joint Autority Petroleum Regulations 2003, article 29.

③ United Kingdom of Great Britain and Northern Ireland and Norway Agreement Relating to the Exploration of the Frigg Field Reservoir and the Transmission of Gas Therefrom to the United Kingdom, signed at London on 10 May 1976, article 24, available at https://treaties. un. org/doc/Publication/UNTS/Volume%201098/volume-1098-I-16878-English. pdf, accessed on 3 July 2015.

理机构的权限。但是，也要注意区分两种类型：部分需要制定标准的事项，应当在勘探和开发活动进行前达成一致；部分不需要统一制定标准的事项，可以留待承包商和联合管理局之间进行协商。总之，无论采用何种模式，国家应当保证区域内工作人员的安全和健康，并符合国际劳工组织和国际海事组织制定的相应标准。

4. 事故发生后的搜索和营救

若海上共同开发区内发生事故，为了避免环境污染和保障航行安全，需要及时采取搜索和营救工作。若区域内发生的与共同开发活动无关的海上碰撞事故，具有管辖权的国家也有义务积极参与搜索和营救工作。

《公约》第 98 条规定了救助义务，"国家应当责成悬挂该国旗帜航行的船舶的船长，在不严重危及船舶、船员或乘客的情况下，救助在海上遇到任何有生命危险的人；每个沿海国应当促进有关海上和上空，足够和有效的搜寻和救助服务的建立、经营和维持，并应在情况需要时为此目的通过相互的区域性安排与邻国合作"。① 在《1989 年国际救助公约》中，也规定救助作业指在可航水域或其他任何水域中，援救处于危险中的船舶或任何其他财产的行为或活动。② 发生事故后，需要依据沿海国国内法的有关规定，遵循国际标准，由政府机构和船舶积极合作。同时，若出现了直接影响人命或公共安全，或对海洋环境或国家的其他公共利益造成危害的情形下，国家依法授权的海事主管机关有权行使强制救助权。③ 这项规定在部分海上共同开发协议中也有具体规定，如在塞舌尔和毛里求斯共同开发协定中，规定"双方应在共同管理区的搜索与营救行动中开展合作与援助，考虑适用相关国际组织建立的通行的规定

---

① 参见 1982 年《联合国海洋法公约》第 98 条，傅崐成编校：《海洋法相关公约及中英文索引》，厦门大学出版社 2005 年版，第 36 页。

② 刘刚仿：《海难救助法初论》，对外经济贸易大学出版社 2014 年版，附录一，第 255 页。

③ 参见刘刚仿：《海难救助法初论》，对外经济贸易大学出版社 2014 年版，第 158 页。

与程序"。① 在部分共同开发协议中，规定联合管理机构应及时通知国家，再由国家间进行合作。如在澳大利亚和东帝汶共同开发案中，规定"经指定当局请求以及根据本条约之规定，澳大利亚和东帝汶应考虑到普遍接受的国际法规则，以及相关国际组织制定的规范和程序，就共同石油开发区的搜索和营救安排进行合作"。②

海上共同开发区内发生事故后，联合管理机构应当制定应急机制，及时通知或请求有关国家依据国内法规定和国际标准，采取搜索和营救合作行动。

第三节　联合管理机构的职权

建立何种类型的联合管理机构取决于两方面的因素：一是国家协商选定的管理模式类型；二是国家间对具体事项协商和权利让渡的程度。这两种影响因素同样也决定了管理机构具体制度的评价标准：一是联合管理机构的设置应当保证海上共同开发区的高效运作；二是国家法律和政策因素需保留的权利在联合管理机构职能设置时应得到充分考量。随着国际社会和国际法的发展，新增了第三条标准，即国际社会的利益和公共利益应当得到尊重和保护。结合这三条标准，联合管理机构的职权可划分为三个层面：一部分是不同联合管理机构共同具备的基本功能；一部分是随着海洋法和国家实践的发展，可以附加给联合管理机构的职能；还有一部分职能不授予联合管理机构，将之保留给国家协商

---

① Protocol to the Agreement Between the Republic of Guinea—Bissau and the Republic of Senegal Concerning the Organization and Operation of the Management and Cooperation Agency Established by the Agreement of 14 October 1993, article 20, available at https：//treaties. un. org/doc/publication/UNTS/Volume%201903/v1903. pdf, accessed on 3 July 2015.

② Timor Sea Treaty between the Government of East Timor and the Government of Australia, done at Dili on 20 may 2002, article 20 and AnnexC（d）（i）, available at http：//timor-leste. gov. tl/wp-content/uploads/2010/03/R_2003_2-Timor-Treaty. pdf, accessed on 7 July 2015.

和决定是最佳的安排。

一、联合管理机构的基本功能

为保证海上共同开发区的有效运行，虽然不同管理模式下授予联合管理机构的权限不同，但联合管理机构也具有一些与生俱来的职能。具体而言，联合管理机构至少具有三个基本功能，即监管、举行会议、协调利益冲突。①

（一）监管功能

联合管理机构对共同开发区内的活动具有最低限度的监管功能。为保证共同开发区内油气资源勘探和开采活动的顺利进行，联合管理机构可以作为一个监管机构，对区域内日常活动进行监督和管理。同时，为促进区域内相关措施得到遵守，联合管理机构也可以审查协定执行的情况，监管经营活动以及设备的运行情况。若区域内出现了危害人员生命安全、环境安全的紧急事项，联合管理机构应迅速做出处理，最大限度降低危害并且用最短的时间通知相关机构及时作出安排。无论采用何种类型的管理机构，监管职能可以作为联合管理局的基本职权之一，以促进和保证区域内资源勘探和开发活动的顺利进行。

（二）举行会议

联合管理机构可以作为一个论坛场所，供合作国家和实际参与的石油公司进行常规性会议。在大部分海上共同开发协议中都规定了联合管理局的职责，包括举行会议、向双方政府提出建议。部分共同开发协定也包含一项兜底条款，即联合管理局有权处理双方协商一致交由联合管理局的其他事项，即在发生共同开发协定签订之初没有预料到的情形。相关国家应当充分利用联合管理局协商的职能，举行常规会议，必要时可提起临时会议，解决勘探和开发活动中遇到的障碍。

---

① 参见 Clive R. Symmons, Regulatory Mechanisms in Joint Development Zones, in Hazel Fox et al., Joint Development of Offshore Oil and Gas, Vol. II, The British Institute of International and Comparative Law, 1990, p. 146。

（三）协调利益冲突

当海上共同开发的国家间出现涉及重大利益的问题时，联合管理机构可以作为咨询和协调的媒介。联合管理机构一般都由双方政府委派相同数量的成员组成，而且委派的成员一般都为政府高层，部分协定中也规定必要时可委派或者任命专家委员会或技术委员会。相关国家在共同勘探和开发过程中，联合管理机构可作为一个由政府高层以及必要的专门技术人员组成的协调机构，平衡重大利益的冲突。这样不仅具备了政治层面的高效性，也具备了技术层面的可靠性。同时，部分共同开发协定中规定联合管理机构可以作为争端解决机构之一，若开发区内产生了与资源勘探和开发有关的或者与协定解释和执行有关的争端，可将联合管理局作为一个争端解决或协商的场所。

二、联合管理机构必要的职权

在 1970 年以前，海上共同开发实践中并没有建立职能多样的常设性联合管理机构；在 1970 年以后，除了 5 个海上共同开发案之外都建立了联合管理机构。[1] 联合管理机构的常设性增强、复杂性增加，已经成为海上共同开发实践的一个趋势。在海上共同开发安排中，更可取的办法是建立一个对共同开发区有全面管理权的联合管理机构，并授予其必备的行政和管理职能。[2] 因此，无论选择何种类型的管理模式，海上共同开发联合管理机构应具有一些必备的职能。

（一）监管

赋予联合管理局最低限度的监管职能，可保证区域内的资源勘探和开发活动的顺利进行。这种监管职能主要体现在以下几个方面：

---

① 1970 年以后未建立管理机构的案例有：1971 年伊朗和沙迦共同开发案、1974 年法国和西班牙划界与共同开发案、1981 年冰岛和挪威共同开发案、1988 年利比亚和突尼斯共同开发案、1993 年哥伦比亚和牙买加海域划界与共同开发案。

② 参见 Ernst Willheim, Australia-Indonesia Sea-Bed Boundary Negotiations: Proposals for a Joint Development Zone in the "Timor Gap", Natural Resources Journal, Vol. 29, 1989, pp. 834-835。

第一，有权审查和监督共同开发协定的执行情况，并为协定的执行提供建议。

第二，有权监管经营者或作业者的经营活动，督促其尽到勤勉作业的义务。

第三，有权监管设备的运行和安全情况，必要时可以任命观察员或者监察员对区域内设备的运行状况和安全隐患问题进行监察，若出现了设备故障或安全事故，积极作出反应。

第四，有权为相关国家人员进入共同开发区提供必要的便利。这不仅包括共同开发协议中规定的定期检查，也包括特定情形下对区域内活动的监察或者调控，联合管理机构可以为相关国家人员相应的活动进行安排，提供便利。

（二）咨询和建议

无论建立何种类型的管理模式，咨询和建议的职能是联合管理机构的基本职能。具体而言，咨询和建议的范围包括：

第一，有权对区域内勘探和开发等相关活动法律法规的制定以及适用，提供建议，供相关政府参考。

第二，有权对区域活动相关的运行和管理，以及执行有关的法律和法规制度，提供建议。

第三，有权就双方提交的与勘探和开发有关的问题，以及双方提交的其他问题提供咨询和建议。

第四，研究协定签订时没有预料到的情况，或经双方一致同意提交的其他事项。这项兜底性条款可用于处理共同开发协议签订之初没有预料或者后期产生的新问题，联合管理机构可以针对新问题提供咨询和建议。

（三）举行会议

在海上共同开发实践中，常设性联合管理机构一般由双方委派相同数量的代表组成，并设立秘书处。若成员构成较为复杂，可配备必要的行政人员和秘书处，并有自己的住所。举行会议作为联合管理机构的三个基本功能之一，必然也应作为联合管理机构的必备职能。联合管理机构可举行的会议包括两种：一是常规会议，即定期召开的会议，通常为一年一次或者一年两次；二是临时会议，即一方的联合委员会成员提起，或者紧急情况发生所召开的临时会议。

联合管理机构可以通过举行会议的方式积极发挥沟通和协调功能，以保证共同开发区内活动的顺利进行以及国家间的有效沟通。

（四）其他行政管理权

除上述职权外，联合管理局还应具有其他一般事项的行政管理权，如有权接受年度计划、年度报告、财务报告；有权在必要时雇佣专家或技术人员，协助区域内活动的开展；联合管理机构可以有自己的经费，进行与勘探和开发活动有关的调查和研究，经费由双方共同支付。

这些行政管理权的授予可以保证区域活动的有效运行和管理，但是其授予的权限和范围也取决于国家间构建的联合管理机构的复杂程度。

三、联合管理机构可附加的职权

海上共同联合管理机构的必备职权是指，无论采用何种管理模式和何种类型的管理机构，为了促进和保证共同开发区内勘探和开发活动的顺利进行，均应当赋予联合管理机构的职权范围。这种职权是较为一般化的权利或行政性的权利，而且不需要相关国家作出很大的让步。较之于必备的权利，联合管理机构可附加的职权需要国家间更深层次的合作。联合管理机构可附加的职权包括两个层次：一部分职权是为了保证区域内活动高效运行，如争端解决、科学研究和数据交换、雇佣人员和提供经费支持；另一部分职权是随着海洋法的发展，为有效保护国际社会利益和公共利益的目的而赋予的，如海洋环境保护和安全维护。

（一）争端解决

海上共同开发区内的争端主要分为三个方面：国家间的争端、许可或特许权持有人与授权国家间的争端、许可或特许权持有人间的争端。除了国家应依据国内法解决的争端外，联合管理机构也可以发挥争端解决的功能。在海上共同开发协定中，国家间一般都会约定谈判或协商等作为前置程序，而联合管理机构可以作为一个谈判和协商的场所，专家或技术人员也可提供法律和技术建议。若相关国家同意采用法律方法解决争端，联合管理机构的争端解决可作为先决程序或者可供选择的程序。除此之外，若联合管理局内部或成员发生纠纷，联合管理局机构同样可以作为内部争端解决机构。

（二）海洋环境保护和安全维护

随着海洋法发展，相关国家在进行海上共同开发时，海洋环境保护、航行安全等事项也成为共同开发安排中的必备事项。《公约》规定各国有保护和保全海洋环境的义务，各国应采取一切必要措施，确保在其管辖或控制下活动的进行不致使其他国家及环境遭受污染的损害，并确保在其管辖或控制范围内的事件或活动所造成的污染不致扩大到其按照本公约行使主权权利的区域之外。①《公约》也规定在专属经济区内所有国家有航行和飞越的自由，对大陆架权利的行使也不能影响其上覆水域的法律地位。② 在实践中，从1974年日韩共同开发案开始，海上共同开发协定就包含了防止海上碰撞和海洋污染的条款。③ 联合管理机构作为海上共同开发区内的管理机构，可享有如下两个职能：第一，联合管理机构环境和安全保护的职能。如在塞内加尔和几内亚比绍共同开发案中，协议规定联合管理局有权依据国际法建立安全区域和限制区域，有权就安全和环境保护等事项颁布规定并给予指导④。第二，由国家相关机构间进行协商，但联合管理局可提出建议供双方参考，或者督促国家间作出相关安排。在紧急情况的发生时，联合管理局有权作出安排。这种方法较之于相关国家各自采取措施或者单独建立合

---

① 参见1982年《联合国海洋法公约》第192、194条，傅崐成编校：《海洋法相关公约及中英文索引》，厦门大学出版社2005年版，第74~75页。

② 参见1982年《联合国海洋法公约》第58条，傅崐成编校：《海洋法相关公约及中英文索引》，厦门大学出版社2005年版，第21页。

③ Agreement Between Japan and the Republic of Korea Concerning Joint Development of the Southern Part of the Continent Shelf Adjacent to the Two Countries, article 20, available at https：//treaties. un. org/doc/Publication/UNTS/Volume%201225/volume-1225-I-19778-English. pdf, accessed on 2 July 2015.

④ Protocol to the Agreement Between the Republic of Guinea—Bissau and the Republic of Senegal Concerning the Organization and Operation of the Management and Cooperation Agency Established by the Agreement of 14 October 1993, article 11. 4 （i）, available at https：//treaties. un. org/doc/publication/UNTS/Volume%201903/v1903. pdf, p. 66, accessed on 3 July 2015.

作机制更具有效率，可对突发事件及时作出反应，同时可以避免机构和人员的冗杂。

具体而言，环境保护、安全维护的职能主要包括两个方面：第一，联合管理机构有权监管区域内的环境安全，采取必要措施防止和控制海洋环境污染。若发生环境污染或油气泄漏事件，联合管理局有权紧急停止开发活动，并采取必要的措施控制海洋污染。第二，经双方政府同意，在不影响第三国权利的前提下，联合管理机构有权采取必要的措施，如建立安全区等，保证共同开发区活动的安全进行，且不影响海上船舶的航行安全，防止海上碰撞。

（三）科学研究和数据交换

油气资源的勘探和开发大致可分为勘探、开发、运输、收益分配四个阶段。从现有的海上共同开发协议内容来看，国家主要关注合作的方式，而将油气的商业开发问题留给作为承包商的石油公司，鲜有共同开发协议中对可开发性（exploitation）问题作出具体规定，仅规定资源类型。① 而在海上共同开发合作开展之前，国家或者经营者之间必须对相应的地质结构、数据、开采方式进行具体的研究和安排。在跨界共同开发中，相关国家只有对跨界矿床的地质、地理情况有全面的掌握，才可以对跨界资源的开采方式、双方的收益分配作出具体规定。在争议海域共同开发中，相关国家同样应对资源最有效的开发方式达成一致。国家可以各自委派技术人员和专家，或者共同委派必要的技术人员和专家，对区域内可开采的资源矿床进行科学研究，并在此基础上对开采方式、区块划分、收益分配等问题作出安排或调整。

在海上共同开发活动开展过程中，国家同样可将资源矿床相关的信息，如地质勘探数据、测量数据、管道和设备运行相关的数据进行交换。特别是在国家间为迅速推进资源开发的目的，对资源分配方案未达成一致，或资源分配重新确定条件满足时，双方更应该就相应勘探和测量数据进行交换，对管道和设备运行相关的数据进

---

① 参见 Peter D Cameron, The Rules of Engagement：Development Cross-Border Petroleum Deposits in the North Sea and the Caribbean, International and Comparative Law Quarterly, Vol. 55, Issue 03, 2006, pp. 580-581。

行交换。过样不仅可以保障资源生产和运输的安全，也可以把握区域整体的产量情况，及时调整开发方案。

（四）雇佣人员和经费支持

在单一性联合管理机构和咨询式联合管理机构中，成员构成较为简单，由政府各自委派，成员对各自政府负责。若机构不具有常设性，或功能性不明显，机构成员可以不由联合管理机构支付报酬。若机构为常设性，且建立了秘书处或办事处，或者配备了一定数量的行政人员，则给予机构经费是必要的。部分协议还规定联合管理机构可在必要时聘请专家和技术人员，这部分人员的报酬也需要经费支持。法人型联合管理机构除了由相应的政府成员构成外，也会建立下属机构负责具体事项的管理和执行。联合管理机构有权雇佣工作人员或专业人员，在必要时也可聘请专家和技术人员对勘探和开发相关的技术问题提供咨询，可以任命监督员对区域内的活动进行监管。在这种情形下，联合管理机构及其分支机构的成员、聘用的专家和技术人员、服务人员都有获得报酬的权利，则应给予联合管理机构相应的经费支持。

在实践中，部分共同开发协议中明确规定了联合管理局的基金问题。如在马来西亚和泰国共同开发案中，协议规定了联合管理基金问题；尼日利亚和圣多美普林西比共同开发协议中也有关于储备基金的条款。① 因此，在大部分情形下，联合管理机构应

---

① Agreement between the Government of Malaysia and the Government of the Kingdom of Thailand on the Constitution and Other Matters relating to the Establishment of the Malaysia- Thailand Joint Authority, done at Kuala Lumpur on 30 May 1990, article 9, available at http：//cil. nus. edu. sg/1990/1990-agreement-between-the-government-of-malaysia-and-the-government-of-the-kingdom-of-thailand-on-the-constitution-and-other-matters-relating-to-the-establishment-of-the-malaysia-thailand-joint-autho/, accessed on 3 July 2015. Treaty between the Federal Republic of Nigeria and the Democratic Republic of Sao Tome and Principe on the Joint Development of Petroleum and Other Resources, in Respect of Areas of the Exclusive Economic Zone of the Two States, done at Abuja on 21 February 2001, article18, available at http：//www. un. org/Depts/los/LEGISLATIONANDTREATIES/PDFFILES/TREATIES/STP-NGA2001. PDF, accessed on 3 July 2015.

142

拥有独立的经费，以维持日常活动的运行、支付聘请或雇佣人员的薪酬。

四、法人型联合管理机构可延展的职权

法人型联合管理机构较之于其他两种机构，其独立性强和职权丰富是其显著特点。为了保证区域内活动在法人型联合管理机构的管理下顺利进行，其独立性得到充分发挥，除了赋予其基本职权外，这需要国家将部分原属于政府的职权授权给联合管理机构，即赋予其可延展的职权。

（一）勘探或开发活动权利的授予

海上共同开发区内的资源勘探和开发活动，一般由石油公司在授权区块内进行。在代理制模式下，一方缔约国作为单一开发机构，授予其选定的石油公司以资源的勘探和开发权。在联合经营模式下，资源的勘探和开发权主要通过两种模式授予：一是每个国家各自授予勘探和开发权，勘探和开发权持有人间签订联合经营合同。在这种模式中，相关国家倾向于适用于各国的法律制度，以确保各自开发制度得到尊重；二是两国各自授权的石油公司成立合资企业，签订共同作业协定。双方仍依据本国的法律授权，但是同时也获得另一国的直接授权。[1] 在管理机构主导的模式中，勘探和开发活动权利的授予则更为具体。

在管理机构主导模式中，多由法人型联合管理机构负责和管理区域内的勘探和开发活动。具体勘探和开发权的授予也包括两种方式：

第一种方式是联合管理机构直接与承包商签订勘探和开发合同。在马来西亚和泰国共同开发案中，联合管理局有权在政府批准前提下，实施和缔结勘探和开发非生物资源的合同。协定也列明了

---

[1]　Hazel Fox et al, Joint Development of Offshore Oil and Gas, London: the British Institute of International and Comparative Law, Vol. II, 1990. p. 234.

产品分成合同的必备条款。① 区域内资源的勘探和开发必须按照与联合管理局签订的合同进行。② 在尼日利亚和圣多美普林西比共同开发案中，协议规定联合管理局将共同开发区划分为合同区块，经联合部长委员会批准，与承包商签订和终止开发合同。③ 在塞舌尔和毛里求斯共同开发案中，协议规定区域内自然资源活动的进行应当经指定当局批准，承包商应当与指定当局缔结合同。④

第二种方式是联合管理机构与区域内专为勘探和开发目的而设立的公司签订合同，国家按照资源分配比例分享收益。这可见于澳大利亚和东帝汶共同开发案中，协议规定共同开发区内应当根据指定当局与专为合同目的而设立的有限责任公司之间缔结的合同，进

---

① Agreement between the Government of Malaysia and the Government of the Kingdom of Thailand on the Constitution and Other Matters relating to the Establishment of the Malaysia-Thailand Joint Authority, done at Kuala Lumpur on 30 May 1990, article 7 (2) (e) and article 8, available at http://cil. nus. edu. sg/1990/1990-agreement-between-the-government-of-malaysia-and-the-government-of-the-kingdom-of-thailand-on-the-constitution-and-other-matters-relating-to-the-establishment-of-the-malaysia-thailand-joint-autho/, accessed on 3 July 2015.

② Malaysia-Thailand Joint Authority Act 1990, done at 23 January 1991, article 14, available at http://www. agc. gov. my/Akta/Vol. % 209/Act% 20440. pdf, accessed on 12 November 2015.

③ Treaty between the Federal Republic of Nigeria and the Democratic Republic of Sao Tome and Principe on the Joint Development of Petroleum and Other Resources, in Respect of Areas of the Exclusive Economic Zone of the Two States, done at Abuja on 21 February 2001, article 8 (2) and article 9 (6), available at http://www. un. org/Depts/los/LEGISLATIONANDTREATIES/PDFFILES/TREATIES/STP-NGA2001. PDF, accessed on 3 July 2015.

④ Treaty concerning the joint exercise of sovereign rights over the continental shelf in the Mascarene Plateau region between the Government of the Republic of Seychelles and the Government of the Republic of Mauritius, done at Vacoas, 13 March 2012, article 1 and article 3, available at https://treaties. un. org/doc/Publication/UNTS/No% 20Volume/49782/Part/I-49782-0800000280331cac. pdf, accessed on 3 July 2015.

行石油开发活动。①

赋予法人型联合管理机构勘探和开发活动的授予权有一定优势：从区域活动的进行来说，联合管理机构作为一个相对独立的机构，拥有重大事项的决定权，可以保证共同开发区内勘探和开发活动的有效进行；从商业角度来说，若负责资源勘探和开发的石油公司（承包商）与联合管理机构签订合同，可以简化法律关系，对石油公司投资安全是更大的保障，投资关系也更为简单清晰。但是，这种方式也存在一定限制：从其制度的设计上我们可以发现，联合管理机构由双方政府成员进行管理，重大事项仍需要国家批准或同意，联合管理机构并没有完全脱离国家的控制。国家参与的角色是通过批准的方式得到体现。这是因为石油、天然气等重要的能源是国家能源体系的重要构成，将这种权利授予联合管理机构，需要国家间政治上的互信、法律制度的相似性、政府更深层次的合作。若两国本身的石油许可或特许制度、合同方式、上游和下游产业链发展程度不同，那么采用国家各自授权的方式应当更加可取。

（二）制定开发区内资源活动相关的政策法律

海上共同开发区内适用的法律主要包括三个方面：国家间签订的共同开发协定及后续文件、相关国家的国内法律以及区域内制定的法律法规。在代理制和联合经营模式下，若双方没有建立联合管理机构，或者建立的是单一性或咨询式联合管理机构，往往协商确定适用已有的法律法规，而鲜有制定专适用于区域的新法律法规。在管理机构主导的模式下，若双方建立了法人型联合管理机构，一般由联合管理机构制定法律法规和政策法令。

具体而言，法人型联合管理机构对区域内法律法规主要有两种处理方式：

一是制定一套适用于共同开发区的法律法规，包括勘探和开发

---

① Timor Sea Treaty between the Government of East Timor and the Government of Australia, done at Dili on 20 may 2002, article 2（c），available at http：//timor-leste. gov. tl/wp-content/uploads/2010/03/R_2003_2-Timor-Treaty. pdf, accessed on 7 July 2015.

活动、区域管理、财政与税收等事项。如在塞舌尔和毛里求斯共同开发案中，协议规定联合委员会有权为共同管理区内的石油和其他自然资源活动制定政策法规，有权颁布适用于共同管理区的税收法规和自然资源法规，包括必要时制定修正案与临时安排。① 又如在尼日利亚与圣多美普林西比共同开发案中，协议规定在条约生效后三个月内，联合管理局应制定一套适用于开发区的，有关石油勘探和开采活动的管理和税收制度，并由委员会批准。在条约生效后六个月内，管理和税收制度草案由委员会修改后采纳。经采纳后，该制度适用于开发区内的石油活动，并由管理局执行。委员会在任何时候都可以对建立的监管和税收制度，进行适当的修订并立即在区域内适用，并由联合管理局执行并予以公布。②

　　二是联合管理机构可就部分事项发布规范和命令，剩余事项仍适用相关国家的国内法。如在澳大利亚和印度尼西亚共同开发案中，协议规定在本国和 A 区进出的人、设备和货物，仍然适用本国关税、移民和检疫法。产品分成合同适用的法律由合同中具体约定。参与石油作业的船只应遵守本国的法律，以及作业港口所属国的法律。A 区内与石油勘探开发有关的刑事犯罪行为，依据不同情形适用国籍所属国或永久居住地国的法律。但部长理事会可以自行决定或依据联合当局的建议，修订《石油开采规则》；联合当局应根据《石油开采规则》就有关石油作业的监督管理问题（包括健

---

① Treaty concerning the joint exercise of sovereign rights over the continental shelf in the Mascarene Plateau region between the Government of the Republic of Seychelles and the Government of the Republic of Mauritius, done at Vacoas, 13 March 2012, article 4 （c）, and Annex C, available at https：//treaties. un. org/doc/Publication/UNTS/No%　20Volume/49782/Part/I-49782-0800000280331cac. pdf, accessed on 3 July 2015.

② Treaty between the Federal Republic of Nigeria and the Democratic Republic of Sao Tome and Principe on the Joint Development of Petroleum and Other Resources, in Respect of Areas of the Exclusive Economic Zone of the Two States, done at Abuja on 21 February 2001, article 21, available at http：//www. un. org/Depts/los/LEGISLATIONANDTREATIES/PDFFILES/TREATIES/STP-NGA2001. PDF, accessed on 3 July 2015.

康、安全、环保、评估以及工作实践）发布规范和命令。① 在澳大利亚和东帝汶共同开发协定中，双方也作了类似规定。②

　　从制度层面上来说，海上共同开发中最难克服的是相关国家法律制度和行政体系的融合和平衡。③ 若在开发区内适用某一国的法律制度，则需要另一国作出管辖权的让步，这会使作出让步的国家产生是否会带来政治上不利后果的担忧；若制定一套适用于开发区的法律制度，则在政治、法律、外交、技术层面上都需要两国作出大量的协商和谈判。若两国在法律制度上存在差异，如特许权或许可制度、税收制度等，双方若要采用统一的制度，则需要各自对国内法律作出修改，或者重新制定适用于开发区的制度。例如在马来西亚和泰国共同开发案中，双方将共同开发区块进行划分，分别在两侧适用各国的刑事法律规则。马泰两国用了 8 年时间仍没有解决如民事法律的适用问题，最终双方将刑事管辖权的划分方式扩展至民事法律的适用。④ 因而，在海上共同开发区法律适用问题上，采用第一种方式建立一套新的法律制度并非易事，这要求两国的法律制度相似、政治互信较深。第二种方式较之于第一种方式有很大的

---

①　1989 Treaty between Australia and the Republic of Indonesia on the Zone of Cooperation in an Area between the Indonesian Province of East Timor and Northern Australia，article6（1）、8（j）、18、22-27 available at http：//cil. nus. edu. sg/1989/1989-treaty-between-australia-and-the-republic-of-indonesia-on-the-zone-of-cooperation-in-an-area-between-the-indonesian-province-of-east-timor-and-northern-australia/，accessed on 3 July 2015.

②　Timor Sea Treaty between the Government of East Timor and the Government of Australia，done at Dili on 20 may 2002，article 10，12，13，14，15，17，available at http：//timor-leste. gov. tl/wp-content/uploads/2010/03/R_2003_2-Timor-Treaty. pdf，accessed on 7 July 2015.

③　Ernst Willheim，Australia-Indonesia Sea-Bed Boundary Negotiations：Proposals for a Joint Development Zone in the "Timor Gap"，Natural Resources Journal，Vol. 29，1989，p. 832.

④　Ernst Willheim，Australia-Indonesia Sea-Bed Boundary Negotiations：Proposals for a Joint Development Zone in the "Timor Gap"，Natural Resources Journal，Vol. 29，1989，p. 833.

让步，在主权色彩较浓的民事和刑事法律、税收制度、进出口制度等问题上仍然适用各自国家的法律，国家间制定具体协调方案。但是，联合管理机构仍然有权就区域运行和管理相关的事项，颁布规范和指导法规。这样可以避免区域管理和开发活动适用规则的不统一性，又保留了国家法律选择的自主权。

（三）制定区域计划

区域计划是指当事国间制定的区域内石油活动的开发计划。[1]在海上共同开发的实践中，部分管理机构主导模式下，联合管理机构有权制定区域计划，以确保区域内资源勘探和开发活动的顺利进行。如在尼日利亚和圣多美普林西比共同开发案中，协议规定一旦共同开发协议生效，联合管理局应尽快召开会议，依据共同开发的原则起草一份区域计划草案，以制定一套高效、经济且能迅速开采区域资源的方案。区域计划应提交委员会审批，经批准的区域计划应由联合管理局和双方当事国以适当的方式发布。区域计划可在联合管理局认为合适的范围或经委员会发布指令，为区域内非石油资源开发活动订立规则。[2] 法人型联合管理机构有权对区域内的勘探和开发活动进行更全面的管理，但具体活动的实施仍依赖于石油公司，因而为了促进区域内活动更顺利地进行，管理机构可以为负责经营活动的石油公司制定区域计划，管控区域内活动的进行，督促石油公司履行勤勉作业的义务。

---

① The Revised Model, Agreement between State X and State Y on the Joint Development of Petroleum in Areas of the Continental Shelf and/or the Exclusive Economic Zone of the Two Countries, article14, in Hazel Fox et al., Joint Development of Offshore Oil and Gas, London: the British Institute of International and Comparative Law, Vol. II, 1990, p. 15.

② Treaty between the Federal Republic of Nigeria and the Democratic Republic of Sao Tome and Principe on the Joint Development of Petroleum and Other Resources, in Respect of Areas of the Exclusive Economic Zone of the Two States, done at Abuja on 21 February 2001, article 19 and article 32, available at http://www. un. org/Depts/los/LEGISLATIONANDTREATIES/PDFFILES/TREATIES/STP-NGA2001. PDF, accessed on 3 July 2015.

第四节 联合管理机构成员的选择
及其权利和义务

联合管理机构成员一般由政府委派，部分情形下联合管理机构也享有雇佣专家和技术人员的权利。成员的构成和选派应当在平等和均衡的基础上，由国家协商一致确定。国家采用的联合管理机构不同，复杂程度不同，联合管理机构成员的权利和义务也会呈现不同程度的差异。

一、联合管理机构成员的选择

在单一性联合管理机构和咨询式联合管理机构中，一般规定由数量相同的政府成员或者政府委派的成员构成，主席和副主席或者联合主席，由选举产生或轮流担任，并对任期有具体的规定，成员对各自政府负责。在法人型联合管理机构中，成员构成则更为细化，体现了均衡性的原则。在双层或三层的联合管理机构模式中，上层机构的成员由两国委派或任命政府成员构成，成员数量相等。实践中，部分协议也对委派何种层级的成员作出了进一步规定，如明确规定成员为两国的自然资源部长。下层机构成员的任命也要体现国家平等和均衡分配的原则，重要机构由两国成员分别担任或者轮流担任，或者机构住所分别位于不同的国家境内。如在澳大利亚和印度尼西亚共同开发案中，联合委员会作为部长理事会的下层机构，由财政理事会、技术理事会、法律理事会、公司服务理事会四个构成，其中最重要的财政理事会和技术理事会不能由同一国成员担任。若印度尼西亚的提名人员被任命为技术理事会的理事，那么澳大利亚的提名人选应当被任命为财政理事会的理事。① 同样，在

---

① Timor Sea Treaty between the Government of East Timor and the Government of Australia，done at Dili on 20 may 2002，article 9，available at http：//timor-leste. gov. tl/wp-content/uploads/2010/03/R _ 2003 _ 2-Timor-Treaty. pdf，accessed on 7 July 2015.

尼日利亚和圣多美普林西比共同开发案中，规定联合管理局由 4 个执行董事组成的董事会管理，两国各自任命两名，并由委员会指派到不同部门中担任负责人。①

甚至，在部分共同开发协议中规定联合管理机构的成员不再对国家负责，而是作为联合管理局的成员。机构成员以其身份行事时，应只考虑联合管理局自身的利益，秉持公正的态度，不以损害一方当事国为代价而支持另一方。②

二、联合管理机构成员的权利和义务

在单一性联合管理机构和咨询式联合管理机构中，管理机构的职权和构成均较为简单。如成员协商一致达成联合管理机构决议，部分成员可以提出召开临时会议。③ 在法人型联合管理机构中，机构成员除有作出决定的权利、提起临时会议的权利外，还有权依据联合管理机构的安排，负责区域内日常活动的管理和行政事项的处理。若建立了分支机构，则应根据具体的委派负责相应管理工作，并对其上位机构负责。联合管理机构的成员也有获得报酬、安全和福利保障的权利。部分协议还规定了对联合管理局的成员违法行为

---

① Treaty between the Federal Republic of Nigeria and the Democratic Republic of Sao Tome and Principe on the Joint Development of Petroleum and Other Resources, in Respect of Areas of the Exclusive Economic Zone of the Two States, done at Abuja on 21 February 2001, article 10, available at http：//www. un. org/Depts/los/LEGISLATIONANDTREATIES/PDFFILES/TREATIES/STP-NGA2001. PDF, accessed on 3 July 2015.

② 如《帝汶条约》规定联合管理局内除四名理事外的执行董事和其他人员，不得与 A 区石油资源勘探和开发有关的任何活动存在经济利益。

③ Agreement Between Japan and the Republic of Korea Concerning Joint Development of the Southern Part of the Continent Shelf Adjacent to the Two Countries, article 24, available at https：//treaties. un. org/doc/Publication/UNTS/Volume% 201225/volume-1225-I-19778-English. pdf, accessed on 15 December 2014.

的处罚,① 部分规定联合管理局成员不应当有直接或间接的经济利益，对区域内交换的文件、商业秘密、专业数据等信息有保密的义务等。②

由此可见，联合管理机构成员的权利和义务与机构的类型与职权直接相关。若成立较为简单的单一性联合管理机构，成员构成、权利和义务均十分趋同，并无太大实质性差别；若成立权限强大，甚至是多层的联合管理机构，成员的权利和义务随着管理机构的权限和层级设置的不同，也更为细化并呈现出差异性。在海上共同开发的国家实践中，联合管理机构成员的权利和义务问题也出现了一些突破，如成员独立于国家，不享有经济利益等，这都是国家为了区域活动更顺利的开展所做出的尝试。在联合管理机构成员的选择、权利和义务问题上，国家可以根据自身的情况，加以具体的选择。

本 章 小 结

海上共同开发联合管理机构是共同开发区内开发和管理的核心主体之一，管理模式决定了联合管理机构的类型。早期海上共同开发的实践并没有建立联合管理机构。1965 年以后，随着国家实践和国际法的发展，联合管理机构成为了不同管理模式下的常设性机构。联合管理机构也大致发展出三种类型：单一性联合管理机构、咨询式联合管理机构、法人型联合管理机构，机构的复杂性和参与

① Thailand-Malaysia Joint Authority Act, B. E. 2553 (1990), article 23-27, available at http://thailaws.com/law/t_laws/tlaw0428.pdf, accessed on 3 July 2015.

② Treaty between the Federal Republic of Nigeria and the Democratic Republic of Sao Tome and Principe on the Joint Development of Petroleum and Other Resources, in Respect of Areas of the Exclusive Economic Zone of the Two States, done at Abuja on 21 February 2001, article 15 and article 16, available at http://www.un.org/Depts/los/LEGISLATIONANDTREATIES/PDFFILES/TREATIES/STP-NGA2001.PDF, accessed on 3 July 2015.

程度逐渐加深，国家直接介入程度逐渐减弱。单一性管理机构的职权十分有限，并不被国家实践经常采用。咨询式管理机构权利范围有扩展，但其仍然主要限于咨询和建议等一般性的权利，重要事项仍由国家间作出安排，或通过签订后续协议加以明确。法人型联合管理机构较之于前两种具有更独立的地位，因而在其构成上也发展出单层管理模式和多层管理模式两种基本类型。

联合管理机构和国家及相关部门都是不同管理模式下，发挥管理职能的重要主体。随着国家选择的管理模式和建立的管理机构差异，国家的角色也存在差异。总体来说，在单一性联合管理机构、咨询式联合管理机构、法人型联合管理机构下，国家主导性角色依次减弱，而补充性角色依次增强。具体到部分事项上，由于其现实和法律的特殊性，需要国家和联合管理机构的通力合作才能加以完善。

授予联合管理机构何种权限是联合管理机构建立中的核心问题，授予权限范围是三个标准共同作用的结果：一是保证共同开发区的高效运作；二是国家法律和政策因素需保留的权利应得到充分考量；三是国际社会的利益和公共利益应当得到尊重和保护。具体到联合管理机构职权的选择上，也体现出三种不同的广度：一是应授予联合管理机构的必要职权，包括监管、咨询和建议、举行会议、必要行政职能四个方面；二是可附加的职权，包括争端解决、海洋环境保护和安全维护、科学研究和数据交换、雇佣人员和经费支持；三是法人型联合管理机构可延展的职权，包括授予勘探和开发权、制定法律、制定区域计划等权利。

不同联合管理机构下，成员的构成和义务也存在差异。总体上成员的选择要建立在国家均衡和平等的基础上，双方选派同等数量和层级的成员是主要方法。部分独立程度较大的联合管理机构规定其成员一旦选定即应以独立身份参与，并以区域内的权利维护为指导原则，而非代表国家利益。成员的权利与义务因联合管理机构的职权和地位不同而存在差异，基本的权利和义务包括监管、建议、提起会议等，可扩展的权利包括管理活动、获得报酬等。

第四章 海上共同开发管理模式及其机构的发展趋势

通过对海上共同开发国家实践的对比研究，不难发现管理模式和联合管理机构均呈现出几种发展趋势。而通过对发展趋势的研究，可以厘清国家实践中不同模式的整体脉络以及发展前景。在此基础上，对海上共同开发管理模式的影响因素以及管理机构的选择作出相应建议，既可以结合国家实践的发展成果进行制度设计，也可以借鉴实践中的经验教训。

第一节 海上共同开发管理模式的发展趋势

在不同的经济发展阶段、不同的海上争议区，海上共同开发可采用不同的模式。通过对有关海上共同开发案例进行比较研究，我们可发现海上共同开发的管理模式主要呈现以下发展趋势。

一、传统代理制模式已不能适应油气资源开发的现状

传统的代理制模式存在于海上共同开发的产生阶段，即 20 世纪 70 年代以前。20 世纪 70 年代以后，除了 1989 年澳大利亚和印尼共同开发案外，鲜有共同开发的案例采用代理制模式。原因主要有以下几个方面：

第一，20 世纪 70 年代以前，采用代理制的国家主要为波斯湾国家。在波斯湾地区，石油是支撑国民经济的重要产业，共同开发区内的油气产量较之于国内石油产量比例较小，快速实现油田的开发是共同的目的，而对具体制度设计关注较小，这些因素决定了简

单易行的代理制模式可以推行。①

第二，油气资源作为一种短缺资源和现代能源安全体系的重要部分，国家不可能如此轻易地让渡油气资源的勘探和开采权以及油气资源的分配权。国家要寻求资源开发中更多的参与权和监督权，将共同开发区内石油资源的勘探和开发权完全交于另一国进行处理和安排，难免会出现担忧。因此，即使采用代理制模式，后期的国家实践通常也会设置相应的监督机制，以确保资源的有效开发和公平分配。

第三，随着海洋法的发展，海上油气资源开发需要考虑公共利益的因素，并需要协调资源开采之外的利益，比如海洋生态和渔业资源的保护、对海上航行的影响等。这些利益和因素的协调，需要相关国家共同作出安排，也需建立相应的监督机制作为补充。

第四，1989 年澳大利亚和印尼共同开发案的代理制具有特殊性。该案采用的是一种在互惠基础上的代理制。② 两国是在相同的时间、对应的区块采用相同的模式，并交换同等比例的收益。澳大利亚和印尼采用的代理制是有条件的代理制，而并非传统代理制下的由一方当事国完全代理。

早期代理制模式被采用是由其制度本身的优势以及特定的历史背景决定的。代理制模式的优势主要体现在，它在很大程度上可以减少双方在共同开发管理和运行中具体问题的谈判上所需花费的时间成本，也易于更快地进行共同开发。但是，这种模式需要一国对

---

① 参见 Hazel Fox et al. , Joint Development of Offshore Oil and Gas, London: the British Institute of International and Comparative Law, Vol. I, 1989, p. 54。

② 1989 Treaty between Australia and the Republic of Indonesia on the Zone of Cooperation in an Area between the Indonesian Province of East Timor and Northern Australia, article 4, available at http: //cil. nus. edu. sg/1989/1989-treaty-between-australia-and-the-republic-of-indonesia-on-the-zone-of-cooperation-in-an-area-between-the-indonesian-province-of-east-timor-and-northern-australia/, accessed on 3 July 2015.

另一国让渡对资源的主权权利和海域的管辖权，若未建立相应的监督机制，直接参与分配的当事国也易产生资源不能得到公平分配的顾虑。在存在岛屿主权或者海域管辖权争端的争议海域，当事国间为了避免造成在争议地区对另一国主权或管辖权默示承认的法律后果，更不易采用代理制的模式。① 但若突破传统代理制模式，划分区块采用轮流许可制度也不失为一种有益的尝试。② 轮流许可制在国家互惠的基础上，一定程度上弥补传统代理制中代理国家权限过大和缺乏监督的缺陷，但这种轮流许可制也在一定程度上与联合经营模式中划分区块的方法产生一定的趋同性。

二、联合经营模式最常采用且合作方式最为多元

联合经营模式较之于其他两种模式，更具有优势。在这种模式下，国家保留了更大的自主权，可以依据本国的法律制度和经济倾向性选定石油公司，直接管理税收、制定法律、批准合同或区域计划；石油公司只需依据与特许权授予国间的合同以及与其他石油公司签订的联合经营合同，负责指定区域资源的勘探和开采；联合管理机构作为一个咨询和协商的场所，对区域内的日常经营活动进行监督和管理，监管区域内资源勘探和开采的活动，并依据具体进展向当事国提出建议或者制定管理规范。三者之间的角色和分工更明确、具体和务实。同时协议中引入"不影响条款"可避免联合经营所带来的政治后果。在资源开采法律制度不同的国家间、经济利益有冲突的区域内，这种制度更能包容当事国法律制度和经济导向的差异，促进区域内资源的开发更快进行。

---

① 参见 Robert Beckman & Leonardo Bernard, Framework of the Joint Development of Hydrocarbon Resources, p. 19, available at http：//cil. nus. edu. sg/wp/wp-content/uploads/2010/08/BECKMAN-AND-BERNARD-FRAMEWORK-FOR-THE-JOINT-DEVELOPMENT-OF-HYDROCARBON-RESOURCES. pdf, accessed on 3 July 2015。

② "轮流许可制"在本书第一章第二节，海上共同开发的三种类型中已作出相关论述。

155

联合经营模式可采用的合作方式也较为多元，主要有以下几种方式：

第一种方式是存在于跨界共同开发中，国家间先划定海域界限，然后各自授权石油公司对跨界资源进行勘探和开发。这在冰岛和挪威共同开发案中得到了充分体现，两国以经济区界限为界，以北区域由挪威授权的石油公司，以南由冰岛授权石油公司进行勘探和开采。双方采用联合经营的方式，在风险开发阶段，另一方享有25％的股份；在开发阶段，另一方有权参与并承担与股份相等的开发费用。① 在《俄罗斯联邦和挪威关于在巴伦支海和北冰洋的海域划界与合作条约》中，双方先划定了海域界限，并在附件二中专门规定了跨界碳氢矿床的开发问题。② 对跨界的碳氢矿床，双方各自授权勘探和开发的公司，并为统一开发缔结共同开发协定。同时，俄挪两国也应成立联合委员会，针对任何未来可能出现的或现有的联合碳氢化合物矿床开发活动中产生的问题进行协商。联合委员会的职权是保障经常性协商、交换双方关于此类问题的信息以及通过协商解决问题。③

第二种方式是将共同开发区划分为小区块，双方当事国在不同区块内授予特许权经营人负责相应的勘探和开采权，双方的特许权经营人之间进行密切合作。例如，在德国和荷兰埃姆斯河口的共同开发案中，双方首先划定了一条分界线，在界限两边各自适用两国

---

① Agreement on the Continental Shelf Between Iceland and Jan Mayen, 22 October 1981, article 5 and article 6, available at http：//www. un. org/depts/los/LEGISLATIONANDTREATIES/PDFFILES/TREATIES/ISL-NOR1981CS. PDF, accessed on 3 July 2015.

② 《俄罗斯联邦与挪威王国关于在巴伦支海和北冰洋的海域划界与合作条约》第 1 条，条约原文见 http：//www. kremlin. ru/supplement/707，最后访问日期，2015 年 7 月 1 日。

③ 《俄罗斯联邦与挪威王国关于在巴伦支海和北冰洋的海域划界与合作条约》附件二，跨界碳氢化合物矿床，第 1 条，条约原文见 http：//www. kremlin. ru/supplement/707，最后访问日期，2015 年 7 月 1 日。

的法律制度，各自授权特许经营人负责界线两边的勘探和开采工作。① 同时协议也规定，荷兰和德国的特许经营人对开采出来的油气资源以及其他物质享有同等的份额。② 而日韩共同开发案合作方式更为具体，日韩双方将共同开发区分为 9 个区块（后期重新划分为 6 个大致相等的区块）。双方均在每个区块内授予一个或几个特许权持有人，双方的特许权持有人之间达成经营协议并指定经营人，经营人对依据经营协议所进行的一切活动享有专属控制权。双方的特许权持有人平等分享资源，分担开支。③

第三种方式是不划分区块，两国各自授权特许权经营人，获得国家的特许权经营人间达成协议，指定联合经营人来进行勘探和开发活动。在 1981 年英国和挪威弗里格天然气田共同开发案中，双方将弗里格气田作为一个整体进行联合开发。协议规定"双方许可证持有人之间应就管理开发事宜达成协议。双方许可证持有人在获得政府同意的前提下，应当协商指定一个联合经营人。双方当事

---

① Supplementary Agreement to the Treaty Concerning Arrangements for Co-operation in the Ems Estuary（Ems-Dollard Treaty），Signed between the Kingdom of the Netherlands and the Federal Republic of Germany on 8 April 1960. Signed at Bennekom, on 14 May 1962, article 4 and article 6, available at https：// treaties. un. org/doc/Publication/UNTS/Volume% 20509/v509. pdf, p. 140, accessed on 3 July 2015.

② Supplementary Agreement to the Treaty Concerning Arrangements for Co-operation in the Ems Estuary（Ems-Dollard Treaty），Signed between the Kingdom of the Netherlands and the Federal Republic of Germany on 8 April 1960. Signed at Bennekom, on 14 May 1962, article 5, available at https：//treaties. un. org/doc/ Publication/UNTS/Volume%20509/v509. pdf, p. 140, accessed on 3 July 2015.

③ Agreement Between Japan and the Republic of Korea Concerning Joint Development of the Southern Part of the Continent Shelf Adjacent to the Two Countries, article 4, 5, 6, 9, available at https：//treaties. un. org/doc/ Publication/UNTS/Volume% 201225/volume-1225-I-19778-English. pdf, accessed on 2 July 2015.

国的管道所有人之间也应当经政府同意，任命一个管道经营人"。①
在 1992 年《马来西亚和越南关于两国大陆架划定区域内石油勘探
和开采的谅解备忘录》中，双方当事国分别授权马来西亚国家石
油公司（Petronas）和越南国家石油公司（Petrovietnam）作为两国
的代理机构，代表各自利益在"划定区域"内进行石油勘探和开
采工作。马越两国应责成两个石油公司之间达成商业安排，管理
"划定区域"内自然资源的勘探和开采活动。② 但实际上，马越两
国在"划定区域"内石油勘探和开采活动由马来西亚国家石油公
司承担。在 2012 年美国和墨西哥共同开发案中，协议规定许可证
持有人之间应签订联合经营协议并指定联合经营人，签订联合区作
业协议。③

　　在实践中，联合经营模式存在更为多元的合作方式。这种管理
模式下灵活多样的合作方式是国家探索的结果，同时也可为后续的
国家实践提供指导。也正是由于其兼顾灵活性和国家主导的双重优
势，此种管理模式在实践中最常被采用。

---

①　United Kingdom of Great Britain and Northern Ireland and Norway
Agreement Relating to the Exploration of the Frigg Field Reservoir and the
Transmission of Gas Therefrom to the United Kingdom, signed at London on 10 May
1976, article 1, 5, 15, available at https://treaties. un. org/doc/Publication/
UNTS/Volume% 201098/volume-1098-I-16878-English. pdf, accessed on 3 July
2015.

②　1992 Memorandum of Understanding between Malaysia and the Socialist
Republic of Vietnam for the Exploration and Exploitation of Petroleum in a Defined
Area of the Continental Shelf Involving the Two Countries, article 3, available at
http://cil. nus. edu. sg/1992/1992-memorandum-of-understanding-between-malaysia-
and-the-socialist-republic-of-vietnam-for-the-exploration-and-exploitation-of-petroleum-
in-a-defined-area-of-the-continental-shelf-involving-the-two-c/, accessed on 3 July
2015.

③　Agreement between the United States of America and the United Mexican
States concerning Transboundary Hydrocarbon Reservoirs in the Gulf of Mexico,
article 6, article 10 and article 11, done at Los Cabos on 20 February 2012,
available at http://www. state. gov/p/wha/rls/2012/185259. htm, accessed on 3
July 2015.

三、21世纪后管理机构主导模式的国家实践短期内迅速增多

管理机构主导模式可以极大地减少行政开支，提高工作效率，促进区域开发活动的迅速开展，当事国在收益预见性上也更确定。① 但是，在近30个共同开发案例中采用这种模式的只有7个，这是由建立该模式的困难程度决定的。管理机构主导模式需要当事国间极大的政治互信和强烈的政治意愿，也需就法律制度协调耗费时间和人力成本。若当事国之间法律制度存在较大差异时，如何协调国内法律的规定，在开发区内适用哪国的石油开发制度和税收制度，都会成为拖延共同开发活动进展的消极因素。② 若当事国建立一套新的适用于海上共同开发区的法律制度，联合管理机构的活动不适用任何一国的法律，其复杂程度决定了这种方法将十分耗时。③

在马来西亚和泰国《1979年谅解备忘录》中，双方希望建立一个超国家的管理机构。④ 其后，两国就联合管理局的有关规章、

---

① 参见萧建国：《国际海洋边界石油的共同开发》，海洋出版社2006年版，第125页

② 参见 David M Ong, Implications of Recent Southeast Asian State Practice for the International Law on Offshore Joint Development, in Robert Beckman et al., Beyond Territorial Dispute in the South China Sea: Legal Framework for the Joint Development of Hydrocarbon Resources, Edward Elgar Publishing Limited, 2013, p. 216。

③ 参见 Hazel Fox et al., Joint Development of Offshore Oil and Gas, London: the British Institute of International and Comparative Law, Vol. I, 1989, p. 236。

④ Memorandum of Understanding between the Kingdom of Thailand and Malaysia in the Establishment of a Joint Authority for the Exploitation of the Resources of the Sea-bed in a defined Area of the Continental Shelf of the Two Countries in the Gulf of Thailand, article 3, available at http://cil. nus. edu. sg/1979/1979-memorandum-of-understanding-between-malaysia-and-the-kingdom-of-thailand-on-the-establishment-of-the-joint-authority-for-the-exploitation-of-the-resources-of-the-sea-bed-in-a-defined-area-of-the/, done at Chiang Mai on 21 February 1979, accessed on 3 July 2015.

适用法律、合同制度、管理局的人选等问题进行了旷日持久的谈判。直到签订《1990 年协定》，双方才基本上解决了上述问题并制定了共同开发作业方案。其中，联合管理局的权限问题是迟延的一个重要原因。《1979 年谅解备忘录》第 3 条设计了一个拥有广泛权利、管理非生物资源开发活动的联合管理局。① 泰国对授权联合管理局许可权有很多担忧，马来西亚也不热衷在共同开发区内建立一个全新的法律机制，使得联合管理局成为某种意义上的"政府中的政府"（government within government）。② 最终，《1990 年协定》第 2 条和第 7 条作出了让步，双方并没有赋予联合管理局很大的自治权，管理局仍然处于从属性地位。③ 若相关国家国内法对石油开发采用不

---

① Memorandum of Understanding between the Kingdom of Thailand and Malaysia in the Establishment of a Joint Authority for the Exploitation of the Resources of the Sea-bed in a defined Area of the Continental Shelf of the Two Countries in the Gulf of Thailand, done at Chiang Mai on 21 February 1979, article 3, available at http：// cil. nus. edu. sg/1979/1979-memorandum-of-understanding-between-malaysia-and-the-kingdom-of-thailand-on-the-establishment-of-the-joint-authority-for-the-exploitation-of-the-resources-of-the-sea-bed-in-a-defined-area-of-the/, accessed on 3 July 2015.

② 参见 Hazel Fox et al. , Joint Development of Offshore Oil and Gas, London：the British Institute of International and Comparative Law, Vol. I, 1989, p. 136 and p. 236。

③ 《1990 年协定》第 2 条第 1 款修订了《1979 年谅解备忘录》第三条第 2 款。联合管理局有执行的权利，但是两国政府确保了有整体决策制定权。虽然根据《1990 年协定》第 1 条和第 7 条，联合管理局具有法律人格，有制定政策和管理权，也有在共同开发区内签订非生物资源勘探开发合同的权利，但是其相关行为都需要得到两国政府的许可。联合管理局的行为能力不允许其与其他实体建立除商业性质之外的其他独立关系。在《1990 年协定》第 7 条第 2 款 e 项规定，联合管理局交易和合同的签订也需要得到政府许可。参见 Agreement between the Government of Malaysia and the Government of the Kingdom of Thailand on the constitution and Other Matters relating to the Establishment of the Malaysia- Thailand Joint Authority, done at Kuala Lumpur on 30 May 1990, article 1, 2, 7, available at http：//cil. nus. edu. sg/1990/1990-agreement-between-the-government-of-malaysia-and-the-government-of-the-kingdom-of-thailand-on-the-constitution-and-other-matters-relating-to-the-establishment-of-the-malaysia-thailand-joint-autho/, accessed on 3 July 2015。

同合同类型,则双方需要协商达成一致。马泰共同开发案中,合同制度的差异也是双方遇到的一个实际问题。在合同制度上,马来西亚采用产品分享合同,但泰国一直采用特许制。① 最终,马泰两国在合同制度上均作出了让步,采用了修正后的产品分成合同。除此之外,两国之间需要对采矿法规、海关和税收法律、天然气利用政策等问题进行协调,这些都大大延缓了共同开发的进程,使得马泰两国共同开发从签订谅解备忘录到最终实施历时15年之久。从马泰共同开发案中,我们不难看出要建立一个权利完整而且权限强大的联合管理机构,并非易事。

但是通过纵向比较,我们又可以发现1970年到2000年的30年内,13个海上共同开发案中采用管理机构主导模式的只有4个,而在2000年后10年内,产生的11个海上共同开发实践案例中,采用管理机构主导模式的就有3个,近一半的管理机构主导模式国家实践都产于21世纪之后。② 进入21世纪后,短短十几年间海上共同开发国家实践增多,采用管理机构主导模式的数量也在短期内快速增加。这说明管理机构主导模式虽不易建立,但并没有阻碍国家采用这种复杂全面的管理模式。直到2012年,仍有国家在共同开发区内建立起了管理机构主导的模式。这种变化既与国际组织的发展相关,也受国际投资相关法律完善的影响,体现出国家间在合作方式上的变化。进入21世纪,国家间更希望在合作之初就建立较为完整和具体的合作模式,以更为全面的安排处理共同开发区内的各类事项。应该说,只要国家间能够建立管理机构主导模式,对共同开发区内油气等资源开采活动的展开和区域管理都具有积极的促进和保障作用。

---

① Mark J. Valencia, Taming Troubled Water: Joint Development of Oil and Mineral Resources in Overlapping Claim Areas, San Diego Law Review, Vol. 23, 1986, p. 671.

② 2001年尼日利亚和圣多美普林西比几内亚湾共同开发协定,2001年东帝汶和澳大利亚的帝汶海协定,2012年塞舌尔群岛和毛里求斯共同管理马斯克林高原地区大陆架条约,均建立了管理机构主导的模式。

第二节　联合管理机构的发展趋势

在不同管理模式下，相应的联合管理机构也呈现出不同特点。随着国家实践的发展，同一类型的联合管理机构虽存在差异，但总体上呈现统一的发展趋势。通过对国家实践的比较研究，建立一个常设性的联合管理机构对保证区域内活动更高效的进行，具有十分重要的作用。

一、联合管理机构从无到有，从简单到复杂发展

在共同开发的产生阶段，即 1970 年以前，共同开发的案例中均没有建立职权复杂的常设性开发机构，主要采用两种方式：第一，一国完全代理，没有建立联合管理机构，如巴林和沙特共同开发案；第二，设立职能简单的特别机构，如科威特和沙特阿拉伯共同开发案。在 1965 年沙特阿拉伯和科威特中立区共同开发案中，委员会虽然有权直接缔结合同，可直接向缔约国双方的自然资源部部长提出报告和建议，但是其仍主要是协商咨询机构。自然资源特许权的授予或修订，仍由双方自然资源部长协商进行。关于税收政策，也由两国各自采取立法保障措施，以避免双重征税。[①]

随着共同开发的发展，管理机构的常设性增强，复杂性增加。这也反映了随着共同开发的逐渐发展，国家间从单一的集中于跨界矿床或重叠海域内资源的勘探和开发的合作模式，向更机构化的管理模式发展，区域内争端的解决、环境保护等也逐渐成为了管理机

---

① Kuwait-Saudi Arabia Agreement to Partition the Neutral Zone, signed at Al-Hadda on 7 July 1965, article 19, (American Society of International Law), Legal Materials Vol. 4 No. 6, 1965, p. 1136, article13, 19, 20, available at http：//www. jstor. org/stable/20689992? seq = 1 # page _ scan _ tab _ contents, accessed on 3 July 2015.

构的职能。①

二、联合经营模式下多建立咨询式管理机构且职权更加健全

联合经营模式下多建立咨询式联合管理机构，这种联合管理机构除了具备一般性职能之外，也逐渐发展出新的职能。在 1965 年科威特和沙特阿拉伯共同开发案中，常设委员会的主要职能是：方便相关人员在分隔区的出入，向当事国作出报告与建议，研究开发项目和出现的问题。② 在 1974 年日韩联合委员会的职能中，增加了每年至少召开一次会议和设置永久秘书处的规定。日韩联合委员会有权接受特许权持有人的技术和财务年度报告，提出特许权持有人之间的争端解决方案，提出对协定实施中相关问题的合理措施建议等。③ 在 1976 年英国和挪威弗里格气田开发案中，虽然弗里格气田咨询委员会的职权十分有限，但其开始有了争端解决职能，这是前两个管理机构不享有的。④ 在 1995 年英国和阿根廷关于马尔

---

① 参见 David M Ong, Implications of Recent Southeast Asian State Practice for the International Law on Offshore Joint Development, in Robert Beckman et al., Beyond Territorial Dispute in the South China Sea: Legal Framework for the Joint Development of Hydrocarbon Resources, Edward Elgar Publishing Limited, 2013, p. 193。

② Kuwait-Saudi Arabia Agreement to Partition the Neutral Zone, signed at Al-Hadda on 7 July 1965, article 19, (American society of International law), Legal Materials Vol. 4 No. 6, 1965, p. 1136 available at http://www.jstor.org/stable/20689992? seq=1#page_scan_tab_contents, accessed on 3 July 2015.

③ Agreement Between Japan and the Republic of Korea Concerning Joint Development of the Southern Part of the Continent Shelf Adjacent to the Two Countries, article24, 25, available at https://treaties.un.org/doc/Publication/UNTS/Volume% 201225/volume-1225-I-19778-English.pdf, accessed on 2 July 2015.

④ United Kingdom of Great Britain and Northern Ireland and Norway Agreement Relating to the Exploration of the Frigg Field Reservoir and the Transmission of Gas Therefrom to the United Kingdom, signed at London on 10 May 1976, article 27 and article 28, available at https://treaties.un.org/doc/Publication/UNTS/Volume% 201098/volume-1098-I-16878-English.pdf, accessed on 3 July 2015.

维纳斯群岛的共同开发案中，双方在联合委员会之下建立了分委员会，以促进不同区域油气资源的开采。① 这种类似双层管理机构的模式也是在联合经营模式中第一次出现。在 2010 年俄罗斯和挪威共同开发案中，双方将渔业资源和碳氢化合物分开，渔业资源在俄挪混合渔业委员会框架内进行商定，而联合委员会负责管理跨界碳氢化合物。联合委员会的职能是通过建立经常性协商和信息交换机制，解决实施过程中的问题。② 在 2012 年美国和墨西哥共同开发案中，建立了执行机构和联合委员会双层管理机构，联合委员会之下也可建立工作小组和专家小组，也可就专家裁决的形式、效力及人员构成作出安排。③ 联合委员会和专家裁决都是可选择的争端解决方式。④ 随着国家实践的逐渐深入，联合管理机构也逐渐出现新的职能，其职权复杂程度也逐渐提升。

从上述协定中的具体规定和管理机构职能的发展来看，较之于管理机构主导模式下，联合经营模式下的机构职权十分受限。但是，管理机构也作为一个常设性的机构存在于大部分共同开发案中，其职权也在缓慢扩大，并更加健全。

---

① 参见 "Argentina—United Kingdom Joint Declaration of 27 September 1995", Article 4, available at http://www.falklands.info/history/95agree.html, accessed on 2 July 2015。

② 《俄罗斯联邦与挪威王国关于在巴伦支海和北冰洋的海域划界与合作条约》附件一第 1 条、附件二第 1 条，条约原文见 http://www.kremlin.ru/supplement/707，最后访问日期 2015 年 7 月 1 日。

③ Agreement between the United States of America and the United Mexican States concerning Transboundary Hydrocarbon Reservoirs in the Gulf of Mexico, done at Los Cabos on 20 February 2012, article 14 and 16, available at http://www.state.gov/p/wha/rls/2012/185259.htm, accessed on 3 July 2015.

④ Agreement between the United States of America and the United Mexican States concerning Transboundary Hydrocarbon Reservoirs in the Gulf of Mexico, done at Los Cabos on 20 February 2012, article 15 and 16, available at http://www.state.gov/p/wha/rls/2012/185259.htm, accessed on 3 July 2015.

三、管理机构主导模式下机构由单层向多层发展

在海上共同开发的发展阶段，即 1970 年至 2000 年，在管理机构主导模式下出现了准政府性质的联合管理机构，即法人型联合管理机构。最早，沙特阿拉伯和苏丹建立的联合委员会采用单层管理机构。① 其后，马泰联合管理局下分设了三个分支机构，分别负责不同事项的管理，成员均由两国委派的官员构成。② 在 1989 年澳大利亚和印度尼西亚共同开发案中，在 A 区建立了部长理事会、联合当局、分理事会的多层管理机构。③ 2001 年澳大利亚和东帝汶大致沿用了这一模式，建立了一个由指定当局、联合委员会和部长理事会组成的三层联合管理机构。④ 在 1993 年塞内加尔和几内亚比绍共同开发案中，双方建立了由高级委员会和企业组成的双层管理机构。⑤ 在尼日利亚和圣多美普林西比共同开发案中，双方建

---

①　Masahiro Miyoshi, The Joint Development of Offshore Oil and Gas in Relation to Maritime Boundary Delimitation, International Boundaries Research Unit, Maritime Briefing, Vol. 2, No. 5, 1999, p. 31.

②　参见 "Present MTJA Management and Staff", available at http://www.mtja.org/organisation.php, accessed on 2 July 2015。

③　Timor Sea Treaty between the Government of East Timor and the Government of Australia, done at Dili on 20 may 2002, article 3, article 5 and article 9, available at http://timor-leste.gov.tl/wp-content/uploads/2010/03/R_2003_2-Timor-Treaty.pdf, accessed on 7 July 2015.

④　1989 Treaty between Australia and the Republic of Indonesia on the Zone of Cooperation in an Area between the Indonesian Province of East Timor and Northern Australia, article 6, available at http://cil.nus.edu.sg/1989/1989-treaty-between-australia-and-the-republic-of-indonesia-on-the-zone-of-cooperation-in-an-area-between-the-indonesian-province-of-east-timor-and-northern-australia/, accessed on 3 July 2015.

⑤　Protocol to the Agreement Between the Republic of Guinea—Bissau and the Republic of Senegal Concerning the Organization and Operation of the Management and Cooperation Agency Established by the Agreement of 14 October 1993, Summary, available at https://treaties.un.org/doc/publication/UNTS/Volume%201903/v1903.pdf, p. 66, accessed on 3 July 2015.

立了由联合部长委员会和联合管理局组成的双层管理机构。① 在 2012 年塞舌尔和毛里求斯共同开发案中，建立了由部长理事会、共同委员会和指定当局组成的三层联合管理机构。②

从以上共同开发的国家实践来看，20 世纪 90 年代之后管理机构主导模式下管理主体已经脱离了最初的单层管理机构模式，开始建立双层和多层的管理机构。在多层管理机构下，一般包括一个由当事国委派的成员所组成的决策性机构或全面管理的上位机构；一个或多个负责具体执行的机构，整体负责开发区内资源的有效管理和开采，这两个层次的实体之间形成一种相互制衡（checks-and-balance）的体系，并享有更全面的自主权。③ 多层管理模式较之于单层管理模式，其职权设置更为复杂，并且实现了上级机构对重要事项掌控，下级机构在执行上对上级机构负责的分级管理方式。

单层向多层管理机构的发展趋势不仅是国家在合作方式和管理方式上更为细化和具体的尝试，同样也体现出国家对共同开发区管理事项分类，分化权利以相互制衡的合作思路。

---

① Treaty between the Federal Republic of Nigeria and the Democratic Republic of Sao Tome and Principe on the Joint Development of Petroleum and Other Resources, in Respect of Areas of the Exclusive Economic Zone of the Two States, done at Abuja on 21 February 2001, article 6 and article 9, available at http://www.un.org/Depts/los/LEGISLATIONANDTREATIES/PDFFILES/TREATIES/STP-NGA2001.PDF, accessed on 3 July 2015.

② Treaty concerning the joint exercise of sovereign rights over the continental shelf in the Mascarene Plateau region between the Government of the Republic of Seychelles and the Government of the Republic of Mauritius, done at Vacoas, 13 March 2012, article 4, available at https://treaties.un.org/doc/Publication/UNTS/No%20Volume/49782/Part/I-49782-0800000280331cac.pdf, accessed on 3 July 2015.

③ Vasco Becker-Weinberg, Joint Development of Hydrocarbon Deposits in the Law of the Sea, Springer-Verlag Berlin Heidelberg 2014, p.124.

第三节　海上共同开发管理模式选择的建议

随着现代国际法和海洋法的发展，国家海洋意识、现代公司制度、海洋环境和安全保护、工作人员社会福利和权益保障等问题，决定了海上共同开发的管理制度不能再和过去一样建立过于简单和单一的管理模式，必要的职能已成为管理模式设计中不可或缺的一环。前文已经对每种管理模式的优缺点以及发展趋势做了充分论证，建立何种海上共同开发管理模式应当视相关国家经济发展状况、法律制度差异、政治互信程度等因素而定，但是不同管理模式在具体制度设计上可以相互借鉴，互为补充。

一、海上共同开发管理模式选择的因素

对海上共同开发管理模式的选择可从以下几个方面进行综合考量：

第一，应考量进行海上共同开发的首要驱动力。若双方对油气等资源的需求更为急迫，则迅速、高效地建立共同开发区，采用简单易行的开发管理模式则是首选。双方可先对核心法律问题作出大致规定，通过后续协定或在实践中继续完善。若双方建立海上共同开发区，主要是为了加强合作、稳定周边环境的政治目的，则双方可以对管理模式进行充分协商，在资源分配比例等具体法律问题上作出让步或倾斜。

第二，应对相关国家法律制度、政治立场、经济发展程度进行比较。若相关国家经济实力和法律制度相近，政治氛围良好，则管理机构主导模式不乏为一种高效的合作方式。这种模式对国家和石油公司来说，可通过清晰的法律关系对海上共同开发区进行全面和综合的管理，勘探和开发活动也会更加高效。若相关法律制度差异较大，则合作方式多元的联合经营模式更加值得推荐。若建立管理机构主导模式，无论是采用新的法律制度还是协调各自的法律制度，都可能需要修改现行的国内法，政府批准制定新的法律规章，这都需要时间和人力成本。若相关国家存在长期争端历史，且政治互信缺乏，那么建立国家角色为主导的联合经营模式是最佳的选择。

第三，联合管理模式的选择不仅仅是三种模式择一的问题，法律要素的灵活安排也是重要方面。若相关国家合作意愿强烈，对共同开发区法律制度的谈判较为顺利，则共同开发协议签署之初，对必备法律要素作出详细规定，可减少后期勘探和开发活动中的争端；反之，可以签订框架性的合作协议先达成政治层面的一致，通过后续谈判或协议不断完善开发区内的法律制度。

二、联合管理机构设置上的建议

联合管理机构作为海上共同开发的管理模式核心问题，也应当对以下因素进行考量：

第一，无论采用何种管理模式，建立一个常设性的联合管理机构是最佳的选择。一方面，建立常设的联合管理机构已经成为了海上共同开发管理机制中的常态，有助于共同及时处理共同开发区内出现的问题和争端。海上共同开发的国家实践也说明，建立一个具备管理共同开发区内勘探和开采活动必要职能的机构，较之于将该种权利保留给一个国家或国家机构更可取，更有利于共同开发的顺利进行。① 即使在职能上范围受限，联合管理机构至少应该成为国家间进行讨论的主要场所，作为一个常设的协调和管理机构存在。② 另一方面，实践中咨询式联合管理机构职权的逐渐增多、更多法人型联合管理机构的产生，这都说明建立职能多样的联合管理机构，对海上共同开发活动进行全面管理，已经成为国家实践的有效尝试。

---

① 参见 Mochtar Kusuma-Atmadja, Joint development of oil and as by neighboring countries, in Mochtar Kusuma-Atmadja, Thomas A. Mensah and Bernard Oxman, Sustainable Development and Preservation of the Oceans: The Challenges of UNCLOS and Agenda 21, The Law of the Sea Institute, University of Hawaii, 1983, p. 592。

② Hazel Fox et al., Joint Development of Offshore Oil and Gas, London: the British Institute of International and Comparative Law, Vol. I, 1989, p. 348.

第二，在建立联合管理机构时，可以吸收不同国家实践中的成功机制。这种机制不仅包括不同模式之间可供借鉴的制度安排，也包括国家实践中成功的制度设计。如在联合经营模式中采用多层联合管理机构或者设立分支机构；在联合管理机构中建立专家小组、技术小组对具体法律问题提出专业建议；不同模式中均可以设立监督和检查机制，对共同开发区内活动和设施设备的安全进行监控，若出现了紧急情况，可以先停止区域内的开发活动并采用应急处理机制等。

因此，相关国家应在整体考量的基础上，兼顾目的性、效率性与灵活性，并从政治、经济、法律三个因素出发，选择合适的海上共同开发的管理模式。同时，在管理模式之下建立常设性的联合管理机构，充分发挥其协调性的角色，保证区域内活动的顺利进行。

本 章 小 结

在实践中，海上共同开发的管理模式呈现出了三种基本发展趋势：传统代理制模式已经不能适应油气开发的现状。随着海洋法的发展，代理制模式自身的缺陷显现，在 20 世纪 70 年代以后鲜有国家实践产生。轮流许可制作为代理制的替代方案被国家实践采用，一定程度上可弥补传统代理制的缺陷。联合经营模式最常采用且合作方式最为多元。这种模式保留了国家的主导性角色，同时具有一定程度的灵活性，可以促进同一模式下不同合作方式的共存，因而在实践中也最常被采用。管理机构主导模式虽复杂程度最高且不易建立，但是这并没有阻碍国家的积极尝试。进入 21 世纪后，管理机构主导模式更为密集地被国家实践采用。

在不同管理模式下，联合管理机构也相应呈现不同特点。虽然在 20 世纪 70 年代以前，海上共同开发或没有建立联合管理机构，或者在协定中一两个条款简单带过。但从总体脉络来看，联合管理机构经历了从无到有，从简单到复杂的发展过程。具体到不同的管理模式中，在联合经营模式下，多建立咨询式的联合管理机构，且职权更加健全；在管理机构主导模式下，联合管理机构由最初的单层发展出了双层或多层结构，形成了相互制衡的管理体系。

在对海上共同开发管理模式和管理机构发展趋势分析的基础上，我们建议对管理模式的选择，应当由国家对经济发展状况、法律制度差异和政治互信程度三者综合分析之后作出选择。其中对管理模式的选择，应当首先考量国家海上共同首要驱动力，其次应当对相关国家法律制度、政治立场进行比较，最后应当注重不同管理模式下对法律要素的灵活安排，可不拘泥于某一种特定安排。同时，在管理机构的选择上，我们同样建议建立常设性的联合管理机构是最佳选择，同时在联合管理机构的具体构成上，可以吸收不同国家实践的成功机制，以及注重不同模式下管理机制的相互借鉴。

总之，联合管理模式的选择应当综合考量政治、经济、法律三种因素，兼顾目的性、效率性与灵活性。

第五章 中国在南海共同开发
管理模式上的选择

20 世纪 70 年代, 中国就提出了与南海声索国① "搁置争议、共同开发", 但一直没有取得实质性进展。南海作为权利主张重叠复杂、划界进程缓慢、政治环境紧张的海域, 尚未达成任何海上共同开发协议。而具有相似情况的泰国湾, 已经达成了数个共同开发协定, 共同开发的进程更为顺利。究其原因, 除了政治意愿的积极作用外, 也得益于有效的共同开发制度推动。② 中国与南海声索国能否实现共同开发, 一方面取决于中国与邻国政治环境的改善和国家政治的考量, 另一方面取决于中国与邻国的现实需求和制度设计可否战胜复杂的现状和困境。在这两方面的因素中, 前者取决于国家政治意愿和国际政治环境的影响; 后者取决于现实情况和制度设计, 而且后者可以推动前者向积极的方向发展。

在南海争端不断升级、南海声索国竞相单边开发的背景下, 要实现中国与南海声索国的共同开发并非易事。要想提出一个具有可行性的南海共同开发的管理模式, 首先要了解中国与南海声索国争

---

① 南海争端是岛屿主权争端和海洋划界争端两个方面, 涉及中国、越南、菲律宾、马来西亚、文莱、印度尼西亚以及中国台湾地区六国七方, 其中印度尼西亚与中国并不存在岛屿主权争端。本书所指的 "南海声索国" 是指在南海与中国存在海域主张重叠区, 并有可能进行共同开发的国家, 包括越南、菲律宾、马来西亚、文莱、印度尼西亚。海上共同开发是主权国家之间的合作形式, 台湾地区作为中国的一部分, 不属于其他南海声索国。

② 参见罗国强、郭薇: 《南海共同开发案例研究》, 载《南洋问题研究》2012 年第 2 期, 第 45~46 页。

端的现状和困境，其次要对影响南海共同开发的重要因素作出分析，以预测共同开发的前景。在具体共同开发管理模式的设计上，要结合海上共同开发中的共性和差异性问题。共性的问题包括采用何种共同开发管理模式更具有效率，联合管理机构的地位和职能问题，以及利益分配的准则问题。差异性问题包括南海不同区块的开发潜力和战略价值，不同国家间合作的可能性分析。若南海共同开发难以实现，中国可以和南海声索国就低敏感的其他事项进行合作，为共同开发合作奠定合作环境。

第一节　中国与南海声索国共同开发的现状及其困境

中国与南海声索国在岛屿和海域划界上的争端是讨论南海共同开发的背景，而南海声索国在争议海域单边勘探和开发的现状是探讨南海共同开发不可回避的现实障碍。这些复杂现状的存在，以及南海重要的地缘政治地位、地质环境的复杂、共同开发制度自身的限制，构成了中国与南海声索国共同开发所面临的困境。

一、中国与南海声索国争端的现状

中国与南海声索国争端的现状包括两个大的方面：一是南海岛屿主权争端和海域划界争端难以解决，二是南海声索国在争议海域竞相单边开发，而中国尚未取得实质性突破。

（一）南海岛屿和海域划界争端的现状

南海争端包括岛屿主权争端和海域划界争端两个方面。岛屿争端是涉及中国、越南、菲律宾、马来西亚、文莱以及中国台湾地区五国六方在南沙群岛及部分岛屿的主权争端。中国主张南沙群岛是我国固有的领土，中国是最早发现、管理和开发南沙群岛的原始权利国。随着 20 世纪 50 年代南海石油资源的发现，其他南海声索国于 20 世纪七八十年代才开始提出对于南沙群岛或者部分岛礁的权利主张。其中，越南是唯一提出对南沙群岛拥有全部主权的国家，也是唯一提出其拥有"历史依据"的国家。① 菲律宾从 1970 年军事占领岛礁开始，到现在为止共占领我国南沙群岛的 9 个岛礁（马欢岛、南钥岛、中业岛、西月岛、北子岛、费信岛、双黄沙洲、司令礁、仁爱礁）。1978 年，菲律宾发布第 1596 号总统令，将南沙群岛的主体部分宣布为菲律宾的"卡拉延群岛"。② 马来西亚对南沙岛礁主权提出要求是在 20 世纪 70 年代末。马来西亚从 1983 年起开始占领南沙群岛的岛礁，到现在为止共占领 5 个岛礁（弹丸礁、簸箕礁、榆亚暗礁、光星仔礁和南海礁），并且将弹丸礁建成了一个国际旅游岛，对其实现了经济开发。中国与文莱的争端岛屿只存在一个南通礁，但其长期淹没于水下，所以文莱是这些国家之中并没有实际占领岛礁的国家。

　　较之于岛屿主权来说，海域划界争端开始得要晚，海洋权利内容更加多样化。这一方面是由于岛礁主权归属没有确定，使得各方在领土主权基础上所主张的海洋权利具有很大的不确定性。另一方面，是由于《公约》赋予了沿海各国广泛的权利，但是对于冲突的权利并没有明确具体的协调规则。各国都充分利用《公约》条款最大限度地主张自己的海洋权利。如 1977 年 5 月 12 日，越南发布了《越南社会主义共和国关于领海、毗连区、专属经济区和大陆架的声明》，不仅对南海海域提出了要求，也声明西沙群岛和南沙群岛是越南领土。③ 1980 年，马来西亚政府单方面宣布对从基

① 1975 年 2 月 14 日，越南西贡外交部发表《越南对于黄沙（帕拉塞尔）和长沙（斯普拉特利）群岛的主权》白皮书，引证越南的"古籍资料"和 1933 年以后法国殖民当局和南越西贡当局侵占中国南沙和西沙群岛的一些材料，妄图从这两个方面提出对于南沙主权的历史依据。1979 年 9 月 28 日越南外交部再次发表《越南对于黄沙群岛和长沙群岛的主权》，参见吴士存：《南沙群岛的主权纷争与发展》，中国经济出版社 2010 年版，第 11~14 页。

② 参见李金明：《南海波涛：东南亚国家与南海问题》，江西高校出版社 2005 年版，附录四第 226 页。

③ 参见越南 1977 年 5 月 12 日《关于领海、毗连区、专属经济区及大陆架的声明》，第 1~5 条，转引自张海文、李红云主编：《世界各国海洋立法汇编——亚洲和大洋洲国家卷》，法律出版社 2012 年版，第 634~635 页。

线算起的 200 海里专属经济区拥有主权和管辖权，将整个曾母盆地地区以及南沙群岛中的 11 个岛礁纳入其版图。南海面积的有限性，以及南海声索国之间相对地理位置决定了在有限的海域范围内，我国与南海声索国以及南海声索国之间海洋权利的冲突不可避免。有限的海洋范围内权利主张的冲突和重叠愈加复杂，而各国对海洋主张的立场也鲜有后退。

南海丰富的渔业和生物资源、潜在的油气资源潜力、海上通道的战略地理位置，决定了南海海域对周边国家非常重要，以及域外大国（美国、日本，包括印度）对南海和平和安全的关切。最近几年，南海争端已经从相关国家间较小的事件升级至亚太地区国际政治的热点问题之一。

（二）南海争议海域内油气资源开发的现状（附图 16）

20 世纪 60 年代末 70 年代初，国际组织发现南海地区蕴含着丰富的石油资源，这激起了南海周边某些国家侵占南海岛礁、勘探海域的贪欲。20 世纪 70 年代，菲律宾就依靠美国和瑞典的石油公司在中国"九段线"内的礼乐滩地区，进行了油气的勘探和开发。① "马来西亚的石油勘探活动主要集中在大陆架上三个较大的沉积盆地——马来盆地、沙捞越盆地和沙巴盆地。其中沙捞越盆地部分海区以及上述深水区位于中国九段线内。"② "马来西亚在南沙南部海域非法勘探石油，主要集中在曾母盆地。"③ 马来西亚早在 20 世纪 60 年代就采用租让制授予了欧美石油公司进行油气勘探和开发的权利。印尼同样在 20 世纪 60 年代就开始了对南海石油的勘探和开发。石油和天然气工业在文莱国民经济中占有决定性的地位。1966 年，文莱宣布建立了 500 千米长，100 千米宽的海上招标

---

① 参见郭渊：《东南亚国家对南海石油资源的开发及影响——以菲、马、印尼、文莱为考察中心》，载《近现代国际关系史》2013 年第 1 期，第 119~120 页。

② 郭渊：《东南亚国家对南海石油资源的开发及影响——以菲、马、印尼、文莱为考察中心》，载《近现代国际关系史》2013 年第 1 期，第 128 页。

③ 郭渊：《东南亚国家对南海石油资源的开发及影响——以菲、马、印尼、文莱为考察中心》，载《近现代国际关系史》2013 年第 1 期，第 135 页。

区，吸引外国石油公司参与勘探和开发，侵入中国南沙海域。[1] 早在 20 世纪 70 年代，南海周边国家油气资源的勘探和开采就已经开始，但是直到 20 世纪 90 年代左右，伴随着全球能源需求的上升，相关国家进行油气勘探和开发技术的提升、渔业等生物资源捕获技术的进步，造成了南海争端进一步复杂化。[2] 2012 年 6 月 23 日。中国海洋石油总公司（以下简称"中海油"）发布了"2012 年中国海域部分对外开放区块公告"，中海油对外招标的 9 个海上区块中，7 个位于中建南盆地，2 个位于万安盆地和南薇西盆地部分区域，但是这些招标区块并没有进行实质性的开发活动。[3] 我国作为重要的南海周边国家，并未在南海海域开采出一滴石油。

二、中国与南海声索国共同开发的困境

应该说"搁置争议、共同开发"原则是受到中国周边国家的广泛关注的。[4] 目前，部分南海声索国已经与邻国签订了部分共同开发协议。其中包括 1979 年马来西亚和泰国在泰国湾的共同开发协议、1992 年马来西亚和越南共同开发协议、1982 年柬埔寨和越南共同开发协议、2001 年柬埔寨和泰国的共同开发谅解备忘录、2009 年马来西亚和文莱外交换文、2000 年中国和越南北部湾划界条约等。[5] 但是，除了泰国湾附近的马泰和马越共同开发案，以及澳大利亚和东帝汶共同开发案进入了实质性的共同开发阶段之外，

---

[1]　文莱于 1984 年 1 月 1 日正式独立。在 20 世纪 60 年代，文莱与英国达成了协议，英国给予了文莱自治权，文莱国内的一切权利都属于苏丹陛下，但国防、治安、外交仍由英国管理。

[2]　参见 Leszek Buszybski, The South China Sea: Oil, Maritime Claims, and U. S. -China Strategic Rivalry, The Washington Quarterly, Spring 2012, p. 139。

[3]　参见《2012 年中国海域部分对外开放区块公告》，http://www. cnooc. com. cn/art/2012/6/23/art_91_67771. html，访问日期 2016-12-1。

[4]　参见杨泽伟：《"搁置争议、共同开发"原则的困境与出路》，载《江苏大学学报（社会科学版）》2011 年第 3 期，第 73 页。

[5]　参见 Robert Beckman et al., Beyond Territorial Dispute in the South China Sea: Legal Framework for the Joint Development of Hydrocarbon Resources, Edward Elgar Publishing Limited, 2013, p. xix。

其他几个协议仅限于达成原则共识或者已经取消。正如有的学者所说，"我国虽然积极倡议'搁置争议、共同开发'，但十多年来收效甚微，实际的状况是，争议没有搁置，开发没有共同，资源都给别人开发了，而中国却没有得到任何利益"。① 南海资源开发的形势表现为各国依据《公约》主张最大限度的专属经济区和大陆架，并在主张区内联合国际石油公司进行单边开发。南海共同开发难以有实质性的进展，主要是由以下因素决定的：

第一，南海重要的地缘政治地位。冷战结束后，东南亚一直处于地缘政治不稳定的状态之中。南海的南沙群岛争端是区域和平与稳定的主要障碍。岛屿和岩礁附近的海域被预测蕴藏丰富的石油和天然气，这些争议岛屿既对东南亚国家海上交通线防御具有战略重要性，也对区域国家的政治安全具有重要价值。② 但从现实来看，南沙群岛的岛屿主权争端短期内难以达成最终的解决方案，而各国均不断加强其在南海的存在。这种现实困境对南海共同开发的推进又增加了难度。同时，南海作为重要的海上能源运输和贸易通道，美国、日本、印度等域外大国积极参与使得南海争端国际化程度进一步升级。特别是2010年美国"重返亚太"的政策实施以来，南海争端不仅仅是领土主张和资源开采的争端，也是海上权益斗争的重要一环。③

第二，海上共同开发制度在多边合作上的限制。其一，虽然理论上海上共同开发并不限于两个国家的双边合作，并不排除多边合作的可能，但实际上已签订的共同开发协议鲜有多边协议。南海，涉及争端方较多，在南海达成多边的共同开发协议难度较大，但若要推进双边共同开发则区块的选择要尽量避免第三方主张，这同样并非易事。其二，海上共同开发自身也有局限性。在争议海域，海

---

① 李金明：《南海问题的最新动态与发展趋势》，载《东南亚研究》2010年第1期，第40页。

② 参见 Mark J. Valencia, Jon M. Van Dyke & Noel A. Ludwig, Sharing the Resources of the South China Sea, Martinus Nijhoff Publishers, 1997, pp. 7-8。

③ 参见 Leszek Buszybski, The South China Sea: Oil, Maritime Claims, and U. S. -China Strategic Rivalry, The Washington Quarterly, Spring 2012, p. 139。

上共同开发区一般建立在主张重叠区，该区域应当为国家依据国际法享有权利的合法主张重叠区（overlapping entitlement）。① 中国与南海声索国之间需要就法律立场进行协调：不仅包括"九段线"的法律性质问题，也包括岛礁主权归属及海洋权益归属问题。相关国家只有就争议存在的海域达成一致，才可推进共同开发的实际进行。其三，从现实角度来说，自20世纪70年代开始，南海声索国就已经开始单边开发，在单边开发不受阻碍的情形下，国家暂停单边开发转而进行共同开发的动力较小。也有学者指出，与中国存在海洋争端的周边国家普遍认为，若暂时"搁置争议，共同开发"，就等于中了中国的缓兵之计，这对于今后的海洋划界并不会对它们产生积极的效果，反而增加了压力。② 其四，从已有国家实践来说，海上共同开发的效果也并不十分乐观。全世界签订的共同开发协议大约只有一半正常实施，许多共同开发的安排或者取消，或被终止。

　　第三，南海的地理和地质情况不利于南海腹地的资源开发。目前并没有南海声索国在南海腹地架起钻井平台。各国对南海油气的开发呈四周包围中央之势，已经出油的区域主要分布在越南东侧、马来西亚东侧、印尼和文莱北侧、菲律宾西侧，以及南海北部。③ 南海腹地油气开采具有高风险性，这主要是地质情况和地理环境决定的，地质的突然降沉使得对深海作业的技术能力的高要求成为必

---

① 参见 Tara Davenport, The Exploration and Exploitation of Hydrocarbon Resources in Areas of Overlapping Claims, in Robert Beckman et al., Beyond Territorial Dispute in the South China Sea: Legal Framework for the Joint Development of Hydrocarbon Resources, Edward Elgar Publishing Limited, 2013, p. 106。我国学者高健军在相关论文中对海上共同开发区区分了主张重叠区和权利重叠区，认为两种均可构成共同开发区的划分方法。参见 Gao Jianjun, Joint Development in the East China Sea: Not an Easier Challenge than Delimitation, The International Journal of Marine and Coastal Law, Vol. 23, 2008, pp. 44-57。
② 罗国强：《"共同开发"政策在海洋争端解决中的实际效果：分析与展望》，载《法学杂志》2011年第4期，第17页。
③ 王小聪、孙慧霞：《南海石油开发两难》，载《国土资源导刊》2011年第8期，第52页。

要，南海腹地远离大陆使得钻井平台工作人员的换班、人员和物资的补给都成为一个问题。虽然南海的油气储量并没有准确的数据，但是南海腹地作为一个很大的沉积盆地，资源丰富是必然的。总体而言，要进入南海腹地进行油气资源的开发具有很大的风险。

政治立场上的差异以及南海地理位置和资源价值，决定了我国与南海声索国之间共同开发并非一朝一夕可以实现的。同时，南海地质情况的特殊性也加大了部分海域共同开发技术上的难度，这种技术上的高要求对我国来说既是机遇也是挑战。

第二节 中国与南海声索国共同开发的
可能性与必要性分析

中国与南海声索国之间存在复杂的南海岛屿主权争端与海域划界争端是进行共同开发的最大现实难题，而争议海域内南海声索国竞相单边开发的现实不受阻碍，同样压制了南海声索国与中国进行共同开发的意愿，而共同开发制度本身的限制性与南海复杂的地理情况为南海腹地开发带来了一定程度的挑战。在这严峻的形势以及复杂情形下，我们探讨采用何种管理模式之前，应当对中国与南海声索国进行共同开发的可能性进行分析，后续对管理模式的探讨才具有现实意义。

一、中国与南海声索国进行共同开发的政治意愿

政治意愿是达成共同开发的关键因素。[①] 共同开发作为一种政治色彩浓厚的国际合作形式，无论是共同开发之前的谈判，还是共同开发协议的实施及其后续行动等各个环节，都受到双方政治意愿强弱的影响。[②] 从共同开发的国家实践来看，若国家之间合作的政

① 贾宇：《中日东海共同开发的问题与前瞻》，载《世界经济与政治论坛》2007年第4期，第51页。

② 杨泽伟：《"搁置争议、共同开发"原则的困境与出路》，载《江苏大学学报（社会科学版）》2011年第3期，第72页。

治意愿非常强烈，双方均会在开发安排以及制度上的分歧等问题上作出一定程度的让步。在东海和南海海域，相关国家政治意愿的缺乏是共同开发难以推进的重要因素。海上共同开发管理模式解决的是法律层面的问题，但是政治意愿对海上共同开发能否实现具有决定性的影响。目前，中国与其他南海声索国在油气资源合作上已经取得了一些进展，为南海共同开发营造积极的政治氛围，具体而言包括以下两点。

第一，早在20世纪70年代，中国国家领导人就提出了"主权属我、搁置争议、共同开发"原则。近几年来，中国领导人积极推动海上资源的开发与海域划界。2013年10月11日，中国和文莱发表《中华人民共和国和文莱达鲁萨兰国联合声明》，双方同意加强海上合作，推进共同开发。① 2013年10月15日，中越发表《新时期深化中越全面战略合作的联合声明》，提议探讨海上问题过渡性解决办法，双方同意加强对现有谈判磋商机制的指导，加大中越北部湾湾口外海域工作组和海上低敏感领域合作专家工作组工作力度。本着先易后难、循序渐进的原则，稳步推进湾口外海域划界谈判并积极推进该海域的共同开发。② 2014年11月10日，习近平主席会见参加APEC会议5国经济体领导人时，同文莱、马来西亚领导人都提出了推进南海海上合作和共同开发。③ 由此可见，虽然南海共同开发进程缓慢，但是政府层面间已经达成了部分原则共识和一致。

① 《中华人民共和国和文莱达鲁萨兰国联合声明》，资料来源于新华网，http：//www. chinanews. com/gn/2013/10-11/5365261. shtml，2015年7月7日访问。

② 《新时期深化中越全面战略合作的联合声明》，资料来源于新华网，http：//www. chinanews. com/gn/2013/10-15/5383747. shtml，2015年7月7日访问。

③ 2014年11月10日，习近平主席参加APEC会议时，同文莱、马来西亚领导人都提出了推进南海海上合作和共同开发，资料来源于《人民日版》（海外版），http：//news. 163. com/14/1111/04/AAOCDM6500014AED. html，2015年7月7日访问。

　　第二，随着中国与东盟自贸区的建立和海上丝绸之路的建设，中国和南海争端国的合作会加强，也会出现新的合作领域。2013年10月，习近平主席在访问东盟国家时提出共同建设"21世纪海上丝绸之路"的战略构想；2014年3月，李克强总理在政府报告中也提出要抓紧规划建设"丝绸之路经济带"和"21世纪海上丝绸之路"。"21世纪海上丝绸之路"的战略构想也在不断推进中，2015年国务院的政府工作报告中明确提出，要加强新亚欧大陆桥、陆海口岸支点建设。"21世纪海上丝绸之路"的建设，有利于促进中国与东盟国家间的相互信任、促进地区稳定，从而为南海争端的解决提供和平的外部环境，有便于实现中国与东盟国家间在南海油气资源共同开发方面的新突破。一方面，东盟国家通过开发油气资源来推动本国经济增长的内在动力与中国保障能源安全的多元化战略相一致。特别是中国与东盟自贸区的建立，无疑有助于双方的油气合作。另一方面，"21世纪海上丝绸之路"建设与东盟国家的海洋发展战略不谋而合，从而有助于达成南海共同开发的公式，从而实现在南海油气资源共同开发方面的新突破。① 在"一带一路"倡议的迅速推进下，中国与东盟间签订了一系列合作声明，国家之间合作意愿加强，而且"中菲仲裁案"之后南海局势相对降温，中国与东盟之间政治环境得到改善和提升。

　　这些政治层面积极的信号和较为温和的政治环境，经济层面相互联系和相互依赖程度的加深，对于推动我国与南海声索国迈出资源开发的第一步具有积极的促进作用。

二、边界争端对国际石油投资有限的消极影响

　　全球范围内海上油气资源的勘探和开采均离不开国际石油公司的参与，但是国家海洋边界的不确定性对国际石油公司的参与意愿会产生一定的消极影响。从国际石油投资的角度来说，国家间的边界争端无法保证资本安全等。财产权利得不到保障，会阻碍国际投

---

　　① 参见杨泽伟：《论21世纪海上丝绸之路建设对南海争端解决的影响》，载《边界与海洋研究》2016年第1期，第106~108页。

资的进入。① 从争端角度而言，一国争议海域单方面授予石油许可，本身就是对他国海洋管辖权挑衅的行为。② 油气资源的勘探和开发是高投资、高风险、高收益的商业行为，在争端海域进行石油投资，政治风险不言而喻。在南海不乏因政治因素导致投资中止的事件。如 2007 年，在中国外交部的抗议下，英国 BP 石油公司暂停了在越南招标的 5.2 区的地震勘探；2008 年，在中国抗议下，美国的埃森克美孚石油公司终止了在中越争议海域的勘探工作。

但从国际现实来看，边界争端的存在虽然具有一定消极影响，但并不一定会完全阻断国际石油资本进入争端海域。比如在 20 世纪 90 年代的非洲，边界争端的存在是对外国投资公司最大的威胁，但是在石油资源潜力最大的几内亚湾，仍有许多国际石油公司愿意在争议地区进行投资。③ 同样的情形存在于南海海域。早期南海声索国油气工业的建立和发展都依赖于外国。以美国的跨国石油公司为例，美国跨国石油公司是最早开发南海油气资源的企业之一。美国的康菲石油公司、埃克森美孚公司、雪弗龙石油公司、赫斯石油公司、新田石油勘探公司，分别或共同地与越南、菲律宾、马来西

---

① 参见 Jedrzej George Frynas, Foreign Investment and International Boundary Disputes in Africa: Evidence from the Oil Industry, African Studies Centre Occasional Papers Series, No. 9, 2000, p. 3, available at http://citeseerx. ist. psu. edu/viewdoc/download? doi = 10. 1. 1. 201. 7618&rep = rep1&type = pdf, accessed on 22 November, 2015。

② 参见 Mark J. Valencia, Jon M. Van Dyke & Noel A. Ludwig, Sharing the Resources of the South China Sea, Martinus Nijhoff Publishers, 1997, p. 10。

③ 有学者分析，这是因为非洲国家边界问题上 "保持占有" 原则 (principle uti possideis) 的确立、海洋法的发展及第三方争端解决机制三种因素共同决定边界争端中外国投资财产权利无法保障成为了较小的影响因素。参见 Jedrzej George Frynas, Foreign Investment and International Boundary Disputes in Africa: Evidence from the Oil Industry, African Studies Centre Occasional Papers Series, No. 9, 2000, available at http://citeseerx. ist. psu. edu/viewdoc/download? doi=10. 1. 1. 201. 7618&rep=rep1&type=pdf, accessed on 22 November 2015。

亚、印度尼西亚和文莱在南海签署了开发合同。① 当下，随着美国"重返亚太"步伐的加快，美国作为南海海域最重要的域外大国积极在南海活动，必然趋使美国跨国石油公司敢于参与南海石油开发。反过来，跨国石油公司的参与也可给美国提供为保护其跨国石油公司，介入南海事务的借口。这些国际社会的现实说明，边界争端对国际石油投资确实会有一定的消极影响，但其不一定会阻碍国际石油开发公司进入争议海域。只要相关国家的政治立场、法律政策以及经济收益上的保障和吸引力大于争议海域投资的风险国际石油公司仍然会遵从资本的逐利性进行风险投资。随着全球能源需求的上升，以及深海勘探和开发技术的发展，南海丰富的资源储量也会吸引，国际石油公司积极投标，参与单方面勘探和开发活动。

国际法律规则的发展、国际政治法律秩序的影响、国家的投资法律保障机制等因素会对争议海域内石油投资风险带来一定的缓冲空间，这些因素包括：（1）在和平解决争端的国际法基本原则指导下，国际法有助于减少边界争端中的军事风险。（2）国际法规则和国际机构的发展对外国投资者提供了更多的法律保障。前者如双边或多边或区域性投资协定提供的争端解决框架，可在一定程度上保证投资争端的顺利解决。再如国内法对投资者的合法权益履行保护义务时，国家代位求偿等责任制度的发展。后者如多边投资担保机构对政治风险的保障，也可使海外投资的财产利益得到切实保护。（3）双边和多边条约体系的发展约束了相关国家的行为，如相关国家间签订的双边或多边投资协定可以降低政治风险对国际投资的影响。（4）争端国国内对油气资源的依赖和需求促使该国愿意采取军事行动，确保国际石油公司资源勘探和开采区域得到有效保护。（5）较高的投资回报率可提升对国际石油公司的吸引力。

---

① 美国石油公司的范围参与，是因为周边国家提供了具有诱惑性的制度性条款，一是美国跨国石油公司和南海争端国采用 PSC 合同，在马来西亚、菲律宾和文莱，美国石油公司依据出资比例得到的分成可达 70% 以上，而在越南甚至可达到 80% 以上；二是美国的跨国石油公司享有税收制度优惠。参见严双伍、李国选：《南海问题中的美国跨国石油公司》，载《太平洋学报》2015 年第 3 期，第 33~36 页。

随着国家能源勘探开发市场走向成熟，任何国际能源合同中都体现了"平衡原则"，即能源资源前景、财税条款和政治风险之间是平衡的。[①] 在政治风险较高但能源前景良好的地区，国家可对石油公司作出财税等制度上的让利，国际石油公司的逐利性目标必然会推动国际资本的进入。

综上所述，争议海域内边界争端的存在是国际石油公司投资之前需要考量的一个风险性因素，但是这种消极影响会随着争议海域内的相关情形、国家政策、经济吸引力等因素产生变化。边界争端的存在不一定会完全阻断国际石油投资进入争议海域进行相关的开发活动，南海海域各国竞相单边开发的现实就是具体体现。因此，我们必须积极参与到南海资源开发中来，以先行开发带动共同开发，或者积极推进我国在南海共同开发的步伐。

三、中国和南海声索国间合作加深的必要性

油气等资源在国家能源体系中占有重要地位，我国和南海声索国均需要在能源供应、能源运输等方面加强合作。通过能源合作开发的方式，不仅有助于维护南海的和平与稳定，对于保障能源供应和渠道的多样化同样十分必要。

第一，南海争端国间的合作可以保障南海运输"生命线"的安全和稳定。海洋通道的畅通和船舶的航行自由是现代海洋制度保障的重要目标。南海作为世界上最繁忙的航道之一，至少有超过37 条世界交通航线经过该海域。南海航道对于我国、东南亚和东北亚国家都具有重要的交通战略价值。世界上 63% 的石油通过海路运输，而马六甲海峡是世界上最重要的两个战略咽喉要道之一。[②] 对中国而言，中国进口原油的来源地主要是中东地区和非洲

---

① 隋平著：《海外能源投资的法律与实践》，法律出版社 2011 年版，第12~13 页。

② 参见 U. S Energy Information Administration Report, World Oil Transit Chokepoints, 10November 2014, available at https：//www. eia. gov/beta/international_includes/special_topics/World_Oil_Transit_Chokepoints/wotc. pdf, December 2, 2015。

的苏丹、安哥拉等国，从海上运输就要走"霍尔木兹海峡—十度海峡—马六甲海峡—南海"航线以及"几内亚湾—好望角—马六甲海峡—南海"航线。① 保障该航线的畅通对我国能源运输十分重要。对南海其他国家来说，保证南海海域安全和航行通畅对于原油运输和贸易通航的意义同样不可小觑。例如，马来西亚的原油出口主要是日本和新加坡，其次是美国和泰国；文莱石油出口比例中，日本、美国、东盟三方占据前三。② 海路运输仍是国家原油出口的首要运输方式，而安全和稳定的区域环境是能源运输和贸易的前提。南海作为半封闭海，处于东南亚的中心地带，国际海峡的地缘政治经济也十分重要。保障南海的稳定与安全是中国和邻国能源运输安全的重要保证。

更进一步而言，石油海上运输的咽喉要道对全球能源安全同样至关重要。马六甲海峡是连接中东石油供应国和亚洲石油市场的最短路线，油气供应市场包括中国、日本、韩国以及美国。若马六甲海峡通航受到影响，则世界上近一半的船舶都需要重新设定路线，绕行印度尼西亚和巴厘岛间的龙目海峡，或者爪哇岛和苏门答腊岛之间的巽他海峡，这样不仅对通航能力造成影响，也会带来航行费用的提高和油价的上涨。③

因此，南海周边国家都需要加强合作以减少争端，保障南海航行自由和航道安全。油气资源是南海海域最重要的经济利益之一，竞相开发资源的方式不仅会引发国家间的争端，未经科学规划的钻井平台等设施也会对航行安全造成一定影响。在南海海域资源开发问题上，需要相关国家采用尊重他国的海洋利益的合作方式，公平

---

① 张生玲等著：《能源资源开发利用与中国能源安全研究》，经济科学出版社 2011 年版，第 124 页。

② 参见戴永红、袁勇主编：《中印海外能源战略研究——地缘政治经济的视角》，时事出版社 2014 年版，前言第 142~143 页。

③ 参见 U. S Energy Information Administration Report, World Oil Transit Chokepoints, 10 November 2014, available at https：//www.eia.gov/beta/international_ includes/special _ topics/World _ Oil _ Transit _ Chokepoints/wotc. pdf, December 2, 2015.

合理地利用和获取资源。

　　第二，南海资源的共同开发可促进能源供应的稳定和多样化的实现。对中国而言，中国能源的对外依存度较高，中国在走向现代化的过程中出现了日益明显的"能源依赖"。① 这表现在中国经济增长严重依赖巨大的能源供应和能源消费的增长。为了弥补国内供需缺口，中国将着力扩大能源贸易和跨国投资合作，同时也需确保自身的能源储备安全，不断推进地区性和全球性的能源合作。② 中国能源安全面临的主要挑战之一就是，能源的供应链暴露在错综复杂的国家地缘政治格局中。海上运输85%以上要经过印度洋—马六甲海峡—南海一线，这条航线极易遭到封锁。③ 中国应当与周边国家发展紧密的经济关系，依托东盟的自然资源，积极发展双边和多边的经济关系，建设一个最近的、最直接的区域市场，使中国经济有一个发展的一体化的稳定区域圈。④

　　从南海周边国家能源供应的现实来说，加强油气资源开发的合作也是必要的。亚太地区油气资源的远景区域主要在南海、泰国湾和印尼海域。该区域的主要产油国很早就采取了开放政策，不断改善勘探开发等合同条款，吸引了许多跨国石油公司的投资。⑤ 以印

---

　　① 中国能源的对外依存度从 2013 年的 9% 上升到 2015 年的 11%，2020 年接近 26%。其中石油的对外依存度将从 2011 年的 55% 左右上升到 2015 年的 60%，2035 年可能提高到 68%；天然气将由目前的 19% 左右上升到 2015 年的 35%，2020 年接近 40%。参见中国社会科学院世界经济与政治研究所"世界能源中国展望"课题组著：《世界能源中国展望（2013—2014）》，社会科学文献出版社 2013 年版，第 7 页。

　　② 参见中国社会科学院世界经济与政治研究所"世界能源中国展望"课题组著：《世界能源中国展望（2013—2014）》，社会科学文献出版社 2013 年版，第 52~58 页。

　　③ 戴永红、袁勇主编：《中印海外能源战略研究——地缘政治经济的视角》，时事出版社 2014 年版，前言第 3 页。

　　④ 戴永红、袁勇主编：《中印海外能源战略研究——地缘政治经济的视角》，时事出版社 2014 年版，前言第 139 页。

　　⑤ 参见刘宏杰著：《中国能源（石油）对外直接投资研究》，人民出版社 2010 年版，第 109 页。

尼为例，印尼政府不断改善投资环境，完善引进外资的政策法律，以此创造更加丰厚的外汇收入来缓解世界经济危机造成的冲击，促进本国经济的恢复和发展。在石油方面，通过改善投资环境，调整财税政策，来吸引跨国投资公司的资本；通过修订石油政策法令，增加投资优惠来增强国际合作开发力度，打破国家石油垄断机制，进行私有化改革。[①] 南海产油国近几年的石油生产速度变缓，文莱、印尼、马来西亚的产量逐年降低，印尼、马来西亚消费量逐年上升，而越南的产油量较之于前几年有所上升，但与消费量基本持平。[②] 而在储量更丰富的深海油气区，由于国家主权主张的冲突，国际石油公司一直不愿意投资进行深水作业。[③] 中国中海油具有较为先进的深海技术，中国可以抓住沿海国产量降低，深海技术欠缺的机会，积极参与南海的油气资源勘探和开发。亚太国家间的能源与安全并不是"零和博弈"，只有当亚太地区实现了政治稳定和经济一体化程度的加深，并且秉持开放的国内政策和区域政策，外国资本才会更愿意进入，中国和邻国才能实现最大的能源安全。[④]

　　从南海海域资源开发现状来分析，我们不难发现单边开发的现状没有停止，共同开发也未有实质进展。边界和海洋争端在短期内无法解决的现实决定了，中国要维护海洋权益不受过分侵蚀，创造

---

　　① 参见戴永红、袁勇主编：《中印海外能源战略研究——地缘政治经济的视角》，时事出版社 2014 年版，前言第 144~145 页。

　　② 参见《BP Statistical Review of World Energy》June 2015，pp. 8-9，available at https：//www. bp. com/content/dam/bp/pdf/energy-economics/statistical-review-2015/bp-statistical-review-of-world-energy-2015-full-report. pdf，accessed on 6 January 2016。

　　③ John R. Weinberger, China Seeks to Dominate Off-Shore Energy Resources in the South and East China Seas, Second Quarter 2015, p. 18, available at https：//www. eia. gov/beta/international/analysis. cfm? iso = CHN, accessed on 6 January 2016.

　　④ John R. Weinberger, China Seeks to Dominate Off-Shore Energy Resources in the South and East China Seas, Second Quarter 2015, p. 19, available at https：//www. eia. gov/beta/international/analysis. cfm? iso = CHN, accessed on 6 January 2016.

和提升周边合作环境，促进海上丝绸之路建设中海洋能源的开发，我们有必要寻找合适的模式以实现油气资源的共同开发。

第三节　中国在南海共同开发中管理模式的选择

中国与南海声索国选择何种共同开发管理模式，要结合政治、经济、法律制度三方面进行面综合考量。中国与南海声索国能否实现共同开发，一方面取决于中国与邻国政治环境的改善，另一方面取决于中国与邻国的现实需求和制度设计能否战胜复杂的现状和困境。对于前者，本章第二节中已经作出相关分析，对于后者，构建何种管理模式取决于国家的现实需要和制度选择。中国在南海海域实现共同开发更主要的是以资源开发的方式加强在南海存在，维护中国在"九段线"内的海洋权益和主张，改善周边国家的政治合作环境。这种现实需要决定了中国推动南海共同开发的首要驱动力仍是政治目的，那么如何迅速和顺利推进共同开发则是首要考量。其次，中国与南海声索国现有的政治和法律现状，也决定了我们应当采用更为灵活且保留国家主导性角色的管理模式。综合各种因素的考量，联合经营模式可能是更为有效的合作模式。

一、联合经营模式更能满足中国在南海共同开发的现实需要

南海海域内，复杂的岛屿主权争端和海洋划界争端的存在是中国与南海声索国进行共同开发的最大障碍。中国在南海面临的现实和困境在前文已经进行了分析，如何加强我国在南海的现实存在，维护我国在"九段线"内的国家海洋权益是最为紧迫的现实需要。较之于其他南海声索国在"九段线"内单边竞相开发的现实，中国迄今为止没有在南海海域获得任何的油气产量。无论是从保护资源，还是从维护海洋权益的角度，我国都需要参与到南海资源开发的进程中。从能源安全、运输的角度来说，维护南海的和平与稳定，进行南海共同开发，是保障中国和其他南海声索国利益的有效方式。从现实角度来说，南海已经取得的合作成果也为中国与其他南海声索国进行合作创造了缓和的政治氛围。这些现实因素的存

在，决定了中国在南海共同开发的现实驱动力是以维护国家在争议海域存在创造良好周边环境的政治目的为主，获得资源收益的经济目的为辅。这种现实需要决定了如何尽快建立一种有效的共同开发合作方式是我国需要考量的制度设计问题。通过对代理制、联合经营模式、管理机构主导模式的比较分析，我们可以看出代理制和联合经营模式较之于管理机构主导模式建立起来更为容易，需要进行协调的制度和法律因素更为简化。若首先考虑效率因素，这两种模式应作为优先选择的合作方式。其次，鉴于国家实践对代理制模式的逐渐淘汰，以及轮流许可制度与联合经营模式的相似性，选择更为成熟且适用更为广泛联合经营模式也是优于代理制模式的选择。最后，联合经营模式在日韩共同开发案中已经得到了适用，虽然结果并不理想，但是其制度设计以及顺利展开也可以为我国提供一定借鉴。采用联合经营模式，不仅可以包容国家之间在制度上的差异性，也可以兼顾制度构建上的效率性，且这种模式保留了国家在重大事项上的决定权，是更符合我国在南海共同开发现实需要的优先选择。

二、联合经营模式更符合南海的政治和法律现状

结合中国与南海声索国的法律和政治现状，在共同开发管理模式上，联合经营模式更能兼顾灵活性与国家主导性两方面的因素。

第一，联合经营模式简单高效，方式多元，更容易建立起来。在联合经营模式下，国家保留了法律适用、管辖权、特许权授予、财政和税收制度等最核心的权利，国家需要让渡的管辖权可以减至最小。联合管理机构权限上也有一定的弹性空间。在咨询、协调、监管职能之外，国家可以授予管理机构渔业和生物资源的保护，海洋环境养护等其他方面的职能。在具体的生产作业模式上，中国与南海声索国可将共同开发区块划分，各自授权石油公司适用本国法律，也可以成立联合经营企业，平等分享收益，分担支出。从南海现实来看，通过划分小区块的方式，各自招标是比较可行的方式。这种多元的联合经营模式更能适应与不同的地区和国家之间的合

作，具有更大的优势。中国与多个南海声索国均有海域划界争端，采用联合经营模式能够保证采用最简易的方法、最低程度的法律制度协调，与南海声索国进行共同开发安排。采用这种管理模式，可以保证中国与不同的南海声索国进行共同开发时，既保留整体层面合作方式的一致性，又可实现与不同国家具体层面合作内容的差异性。

第二，联合经营模式更符合我国的石油勘探和开发政策。从我国国内法律制度来说，我国海上油气资源勘探和开采制度已经定型，石油产业为垄断产业，外国企业直接参与的空间较小。一是，中国石油资源矿产权制度的运行模式比较特殊。应先由国有企业向国土资源部申请勘探开发许可证，并根据申请的先后顺序获得许可证。然后，国有企业决定是自己勘探还是通过产品分成合同方式与外国石油公司合作。① 二是，中国采用的合同模式为"混合型合同"（中国海洋石油总公司签署的混合型合同须经商务部批准）。中国海洋石油公司全权负责海上石油开发，国际石油公司只能以与其组成合作企业的形式获得石油勘探开发权。外国石油公司通过提供资金、技术和管理经验，与中国海洋石油总公司合作进行海上勘探。② 在联合经营模式下，中国与邻国可以采取分区块的开发和管理方式，选定单一石油公司或者是联合经营人签订联合经营协议，公平分享资源。中国和邻国均可保留许可授予权，最大程度适用各国法律制度和合同模式，国家管理和控制权可最大程度地得到保留。

第三，南海国家政治和经济环境下，建立管理机构主导模式比较困难。在争议海域进行共同开发时，所有的当事国都不愿意另一国对共同开发区享有不成比例的控制力或者影响力，因而建立一种

---

① 王年平著：《国际石油合同模式比较研究——兼论对我国石油与能源法制的借鉴》，法律出版社 2009 年版，第 336 页。

② 王年平著：《国际石油合同模式比较研究——兼论对我国石油与能源法制的借鉴》，法律出版社 2009 年版，第 337 页。

更为全面和深入的管理机构主导模式就是一个十分合理的选择。[①]
在管理机构主导模式下，管理机构在资源管理等事项上完全脱离了
国家的直接干预和管理。[②] 管理机构享有高度自治权，这也是马泰
共同开发案中马来西亚对联合管理局会成为某种意义上政府中的政
府（government within government）担忧的原因。然而，中国与南
海声索国均属于发展中国家，现阶段各国间经济水平的差异，政治
互信程度不够深入，彼此间法律制度也各不相同，加之长期的殖民
历史的影响，决定了南海共同开发必然会注重管理模式不对各国的
管辖权进行过分的介入，各国仍保留较大的主导性和控制权。因
此，管理机构主导模式并不是优先的选择。

　　综上所述，若中国与南海声索国进行共同开发，联合经营模式
应是优先考虑的管理模式。这种模式合作方式多元，既克服了代理
制模式下国家权利过分让渡的弊端，也节省了管理机构主导模式的
时间成本，其管理模式中较低敏感度和较大灵活性的特点更适合政
治敏感度较高的南海。选择联合经营模式与不同南海声索国进行合
作，也可在具体制度设计上有所差异，保证统一性和差异性兼顾。

第四节　对中国在南海共同开发管理
模式中法律要素的建议

　　若要进行南海共同开发，除了要确定管理模式类型之外，也要
在具体层面构建其法律框架。联合经营模式是一种较为灵活的法律
安排类型，但具体构建就需要结合南海政治、地理、经济现状对管

----

　　① 参见 Robert Beckman & Leonardo Bernard, Framework of the Joint
Development of Hydrocarbon Resources, p. 22, available at http：//cil. nus. edu.
sg/wp/wp-content/uploads/2010/08/BECKMAN-AND-BERNARD-FRAMEWORK-
FOR-THE-JOINT-DEVELOPMENT-OF-HYDROCARBON-RESOURCES. pdf， accessed
on 3 July 2015。

　　② 参见 Vasco Becker-Weinberg, Theory and Practice of Joint Development
in International Law, in Zhiguo Gao et al, Cooperation and Development in the South
China Sea, China Democracy and Legal System Publishing House, 2013, p. 95。

理模式的核心法律要素作出安排。在区块选择、参与主体、管理机构、利益分配这四个核心法律要素上达成一致，中国与南海声索国共同开发就在实质层面达成了一致，其他制度协调和设计相较而言就简单得多。

一、南海共同开发区块的选择

区块开发的地质情况、油气资源前景、所涉争端国家的多寡、距离陆地的远近直接关乎南海共同开发的成功与否。海上共同开发制度本身在多边合作方式上的不足，以及南海争端中的复杂情形，决定了南海争议海域进行共同开发区块的选择至关重要。首先，区块所涉及的争议国家以两个为宜，不宜涉及第三方；其次，区块的地理位置至关重要，不可过分远离大陆，否则物资和人员供给较为困难；最后，区块面积既不宜过大，也不宜过小。过大可能会涉及第三方主张，过小也无法提升对国际石油投资的吸引力。因此，区块的选择十分重要。

1. 南海油气资源区块现状

南海蕴藏着丰富的石油资源，目前已知的含油气构造区块 200 多个，油气田 180 个，整个南海的油气地质储量据统计大致在 230 亿~300 亿吨油当量。在油气资源分布上，南海北部富气，南部富油。① 根据预测，南沙油气富集区主要集中在万安盆地、礼乐盆地和曾母盆地。② 万安盆地位于中国"九段线"主张与越南 200 海里大陆架主张的重合区域；礼乐盆地位于南沙群岛的东北部，位于中国"九段线"与菲律宾"卡拉延群岛"主张的重合区域内；曾母盆地位于中国的"九段线"内，但已经成为了马来西亚海上油气资源开发的主要基地。除此之外，"中国与印尼在南海南部存在 5 万平方公里的海域重叠区，该区域的纳土纳气田开采储量约为

① 刘锋：《南海油气开发现状与展望》，载《科技信息：石油与装备》2013 年第 52 期，第 61 页。

② 南海盆地的分布及"界限"见附图 15。

1.31 万亿立方米，是世界上最大的气田之一"。① 整体而言，南海油气资源虽然丰富，但是国家主张的重叠情况较为复杂，加之许多声索国已单边授予了石油公司勘探开采权并已进行实际作业，这就给区块的选择带来了一定困难。开发区块的选择应结合开发前景、难易度、可开采性和回报率等因素进行综合考量。

从油气储量、前景和难易度层面，国内地质专家对战略价值进行了统计分析。部分地质专家从油气资源的储量角度，认为南海海域曾母盆地和万安盆地具有良好的油气勘探前景。北康盆地、中建南盆地和南薇盆地具有良好的资源勘探远景。② 国内地理信息技术的研究人员从积极因子和消极因子两个方面，对南海中南部油气资源开发的战略价值进行了分析（附图 17）。积极因子影响价值包括油气盆地的资源现状和潜力控制，消极因子影响价值包括油气盆地的地理空间位置及其他国家的招标和开采情况控制。得出的分析结果是中建南盆地和北康盆地的战略价值最高，达到 0.95，具有良好的前景，且仅小部分被公开招标。万安盆地、南薇西盆地、曾母盆地和礼乐盆地的战略价值在 0.85 至 0.95 之间，万安和曾母盆地资源潜力较高，但招标和开采情况较为严重，南薇西盆地和礼乐盆地相反。西北巴拉望盆地与文莱-沙巴盆地战略价值在 0.60~0.70 之间，其地理位置邻近菲律宾、文莱和马来西亚，招标和开采情况较为严重。南沙海槽盆地与南薇东盆地战略价值低于 0.60，前者资源现状和潜力不理想，后者 45%区域已被公开招标。因而，中建南盆地、北康盆地和万安盆地应成为未来我国实施能源战略的重点目标。③

---

① 梁金哲：《关于南海争议区开发若干问题的思考》，载钟天祥等《南海问题研讨会论文集》，海南南海研究中心，2002 年，第 112~113 页，转引自杨泽伟：《论海上共同开发"区块"的选择问题》，载《时代法学》2014 年第 12 卷第 3 期，第 9 页。

② 参见李金蓉、方银霞、朱瑛：《南海南部 U 形线内油气资源分布特征及开发现状》，载《中国海洋法学评论》2013 年第 1 期，第 35 页。

③ 参见张荷霞、刘永学等：《南海中南部海域油气资源开发战略价值评价》，载《资源科学》2013 年第 11 期，第 2146~2148 页。

　　2. 南海海域共同开发区块选择的考量因素

　　从整体而言，南海海域政治环境紧张而敏感，区块的选择上结合以下几个方面加以综合考量：

　　第一，拟选择的区块应为双方主张重叠的区域。若选定的开发区块位于一国确定享有管辖权的区块，双方国家进行的就不是共同开发，而是合作开发。中日之间在东海的油气争议中，春晓油气田位于日本所主张的中间线以西靠中国一侧，日本若要与中国进行合作，双方所采用的是合作开发而非共同开发。若国家间未划定海洋边界，则需要根据双方的海洋主张确定争议区，即主张重叠区。随后，双方可指定主张重叠区的一部分或全部进行共同开发。在双方没有争议的海域或者一国享有明确权利的海域进行资源开发，都不构成争议海域的共同开发。

　　第二，拟选择的区块应提前做好科学评估，确有可开发的商业油气资源，否则共同开发协议签订后既没有发现商业价值的油气资源，又招致周边国家外交上的抗议得不偿失。在日韩共同开发案中，双方选择的共同开发区块侵犯了中国和朝鲜的海洋权益，引发了中朝两国的外交抗议，而日韩两国用了近十年的时间未开采出一滴石油，这种前车之鉴告诉我们对区块的科学评估是十分重要的。

　　第三，区块的选择宜小不宜大。选择的共同开发区块面积小，不但容易达成协议，而且便于管理。① 南海海域国家主张复杂，若选择大的区块可能会涉及多国重叠性主张区域，若采用多边开发的形式，需要协调的利益和法律制度的复杂性必然会提升，这会造成谈判进程变缓的后果，而且实践中多边共同开发鲜有成功案例。在南海复杂的政治和法律环境中，我国要实现海上共同开发的突破，还是应当采取较小的步伐，先选择较小的区块。南海共同开发的区块应避开岛屿争议区。因为岛屿争议区不但涉及岛屿主权的归属，还包括岛屿周围海域的划界问题。这无疑会加大划定共同开发区块

---

　　①　杨泽伟：《论海上共同开发"区块"的选择问题》，载《时代法学》2014 年第 3 期，第 8 页。

的难度。①

　　第四，区块的地理位置同样十分重要。海上油气资源的共同开发主要通过钻井平台实现，若选择的区块距离陆地较远，则人员的轮换、物资运输等都会耗费大量人力和时间。若选择的区块位于南海腹地，腹地开采难度大，对于国家深海开发的技术提出了较大的要求，且南海声索国并非都具备深海开发技术，腹地资源的开发对这些国家的吸引力必然减弱。若选择的共同开发区块距离南海声索国陆地较近，距离我国陆地较远，则开采出的油气资源如何处理也是一个问题。若通过海路运输的方式运回，则在成本和时间上可能得不偿失；若通过管道运输，则管道建设、管理等问题也需要国家间的后续协商；若将开采出的资源就近卖给邻国换取外汇，则需要与邻国就资源分配、价格、税收等问题达成一致。

　　总之，区块选择是相关国家间进行共同开发实质进程前，首先要考量和达成一致的核心法律要素。在南海海域这种复杂情形中，在区块选择上应结合多方因素加以综合考量。

　　3. 南海海域可供选择的共同开发区块

　　结合南海海域油气资源开发的现状，以及区块选择中应当着重加以考量的因素，可供选择的区块情形主要如下：

　　（1）中建南盆地和万安盆地。中建南盆地和万安盆地位于中国和越南的重叠主张区，不涉及第三国主张，而且距离两国陆地较近，海上物资的运输、人员的轮换较为方便。中建南盆地的战略价值最高，而且中海油于 2012 年开发招标的 9 个海上区块中，7 个位于中建南盆地。虽然，越南主张中海油招标区块位于越南的大陆架上，并与越南划分的海上区块重叠，中海油招标后也没有进一步的进展，但是，若中越双方可以在中建南盆地进行共同开发，此处应是个优先的选择。万安盆地已累计发现大熊、蓝龙和兰多等 26 个油气田和多个油气圈闭。除大熊油田跨越我国"九段线"，其他油气田及含油气圈闭均位于我国"九段线"内。① 据估算，我国"九段线"内油气资源量占整个盆地的 73% 以上。越南在万安盆地开发和招标情况比较严重，而中国在该区域与美国克里斯同能源公司的合作流产之后没有进一步的进展。若中越能够在这两个盆地划定区块进行共同开发，区块合作的潜力和双方参与的难度都是最佳的选择。

（2）北部湾。在《新时期深化中越全面战略合作的联合声明》中，中越双方愿意积极推进北部湾海域的共同开发。2000 年中国和越南已经完成了北部湾湾口的划界，并且划定了共同渔区。中越海上共同开发"区块"，既可以选在已划定界限的北部湾中部的共同渔区，也可以划在两国尚未定界的北部湾外口。② 也有国外研究的相关报告指明了该区域的合作可能性，指出中国和越南在北部湾附近海域进行共同开发，可以成为中国和越南两国其他合作协议的先导，减少两国其他近海地区的争议。③

（3）礼乐盆地。礼乐盆地位于中菲主张重叠区，油气资源潜力较大，且在中菲越三国 2005 年进行的联合地质作业中已掌握了基础的测量数据。中国与菲律宾从 2017 年开始启动了共同开发相关的谈判活动，该区块对中菲两国都是重点优先考虑的区块。

（4）曾母盆地。曾母盆地是以产气为主、产油为辅的新生代沉积盆地，分布上具有南油北气的特征。曾母盆地钻井和已发现的油气田主要分布在中南部，位于西北部的康西凹陷中北部，特别是水深大于 300 米区域的勘探程度较低。康西凹陷中北部是下步油气勘探的有利区域，具有广阔的勘探前景。④ 曾母盆地虽然位于中国

---

① 参见李金蓉、方银霞、朱瑛：《南海南部 U 形线内油气资源分布特征及开发现状》，载《中国海洋法学评论》2013 年第 1 期，第 36 页。

② 杨泽伟：《论海上共同开发"区块"的选择问题》，载《时代法学》2014 年第 3 期，第 9 页。

③ 参见 Stewart Taggart,：《南海共同开发区与亚洲海上丝绸之路》，载《能源》2014 年第 1 期，第 81 页。

④ 谢晓军、张功成等：《曾母盆地油气地质条件、分布特征及有利勘探方向》，载《中国海上油气》2015 年第 1 期，第 24~25 页。

的"九段线"以内，但已成为了马来西亚海上油气资源开发的主要基地；况且，马来西亚深水油气资源的开发在不断推进。该区域作为一个潜在区块，如何付诸实践也是一个难题。①

（5）北康盆地。广州海洋地质调查局对北康盆地已经进行了大量的地球物理调查，获得了近20000千米的地球物理综合调查资料，并进行了初步评价。② 北康盆地富油区大约在北纬6°至7°30′，东经110°30′至112°30′之间。③ 但是北康盆地位于多国主张重叠区，可能涉及的国家有马来西亚、越南、中国、文莱，若选择这一区块一方面易引起他国的抗议，另一方面该区块距离中国大陆较远，因此该区块进行共同开发的难度较大。

（6）纳土纳盆地。纳土纳海域是中国与印度尼西亚之间的海域重叠区，面积约5万平方公里，该海域内的纳土纳气田是世界上最大的气田之一，天然气可采储量约1.31万亿立方米。中海油在印度尼西亚进行了大量投资，参与了印尼的石油勘探和开发活动，建立了国际油气合作区，已经具备了一定的合作基础。因此，纳土纳气田同样也可作为中国与印尼进行海上共同开发的潜在区块。

二、南海共同开发参与主体的选择

中国要突破南海的共同开发的困局应秉承先易后难、循序渐进的原则。在初始阶段，中国可先与个别国家合作寻找突破，进行双边共同开发的尝试，从而达到产生"示范效应"的目的。④ 除了选择合适的区块之外，选择合适的共同开发参与主体也是十分重要

---

① 参见杨泽伟：《论海上共同开发"区块"的选择问题》，载《时代法学》2014年第3期，第9页。

② 王嘹亮等：《南海西南部北康盆地新生代沉积演化史》，载《中国地质》2002年第1期，第96页。

③ 参见刘振湖等：《南沙海域北康盆地油气地质条件与含油气系统》，载2000年《"九五"全国地质科技重要成果论文集》，第555~556页。

④ 参见杨泽伟：《"搁置争议、共同开发"原则的困境与出路》，载《江苏大学学报（社会科学版）》2011年第3期，第74页。

的，合作国家与合作区块选择密切相关，也与合作方式等一系列问题紧密相连。因此，参与主体的选择和参与方式对南海海域共同开发的进行也至关重要。

（一）中国在南海共同开发合作国家的选择

近 20 年来，越南、马来西亚、菲律宾、文莱和印尼对南海中南部的油气开采的步伐进一步加快。相较而言，我国对南海资源的开发一直限于南海北部陆坡，基本上集中在浅海的北部湾海域和珠江口海域，很少涉足深海。① 如何选择合适的国家在南海争议海域实现资源开发的突破是我国面临的难题。在国家的选择上，有以下三个方面的因素是应当着重考量的：（1）国家经济发展战略的相似性，尤其是对天然气和石油资源的需求。经济发展方式相似程度越高，能源需求越一致，则共同开发合作更容易开展起来。（2）国家间政治氛围。友好的政治环境能够促进政府更快达成共同开发的意愿，而政治意愿是共同开发顺利进行的首要因素。（3）岛屿主权争端或者海域划界争端的存在。若国家间在这方面分歧较小或者可调和程度较高，共同开发更容易在搁置争议的基础上达成，而不会对各方主张产生不利影响。我国要实现南海的共同开发，就需要结合这些因素对合作国家进行综合考量，选择合适的合作对象。就南海声索国而言，每个国家的情况均具有自身的特殊性。

（1）越南。越南在南海的开发最为激进。对越南而言，油气产业是最重要的支柱产业，原油长期是越南最大的出口创汇产品。但近几年来，越南原油出口量和创汇能力下降，2008 年石油贸易也由顺差转为逆差。② 越南的石油和天然气储量主要位于海上，主要在南海海域和泰国湾，其中深度小于 1000 米的浅水区域的油气储量已经在减少。越南最大的白虎油田（Bach Ho）经历了 20 年的高产后，油气产量也逐年递减，而新开发的油田产量低

① 李金蓉、万芳芳：《西太平洋生物资源勘探开发现状与发展趋势》，载《国土资源情报》，2015 年第 3 期，第 31 页。

② 参见刘才涌：《越南油气产业发展现状、问题与新动向》，载《南洋问题研究》，2015 年第 1 期，第 43~44 页。

于预期。① 因而，越南政府也制定了向深海进军的战略，希望改善油气资源产量不足的困境。但越南在油气资源开采上受限于几个因素，包括油气产业发展较晚、下游产业的不发达、对外国石油的依赖、深海技术的缺乏等。越南若想进行深海油气开发，增强油气产业对国民经济的助力，短时间内仍需要借助其他国家的技术和经济支持，这无疑给中越合作提供了机会。

（2）文莱。文莱石油资源丰富，与中国之间存在领土和海洋争端的面积不大，且中文关系稳定。近几年来中国和文莱领导人有共同开发的合作意愿，双方政治和外交关系良好且稳定。2013 年10 月，中海油和文莱国家石油公司签署了建立合营公司的协议，双方将共同进行海上油气资源的勘探、开发和开采。2015 年 5 月 5日，中国的"蓝疆"号船在文莱进行了首次导管架安装。两国在各方面的合作将更加深入。② 中国和文莱之间在政治、经济等良好的合作背景，可作为优先选择的对象。但是，中国和文莱若进行共同开发，最大的问题是可采取的区块远离中国陆地，共同开发则需要双方就油气资源的开发方式、中国油气公司的参与方式以及人员和物资供给问题达成更大程度的一致。

（3）马来西亚。马来西亚是在南海海域资源开采获利最大的国家。虽然中马政治关系良好，但若要进行共同开发，首先要解决的问题是如何改变马来西亚单边开发的现实，选取特定争议区块进行共同开发。马来西亚在沙捞越和沙巴海域划出了多个深水区块，区块绝大部分在"九段线"内。③ 随着马来西亚传统能源逐渐枯竭和国内需求的增加，马来西亚将成为石油与天然气的净进口国。马来西亚也成为了继美国、巴西、欧洲之后的第四大深海油气中

---

① 参见刘才涌：《越南油气产业发展现状、问题与新动向》，载《南洋问题研究》，2015 年第 1 期，第 45 页。

② 中国—文莱海洋合作，参见国家海洋局中国-东盟合作成果展，资料来源于：http://www.soa.gov.cn/xw/ztbd/ztbd _ 2015/zdblh/sbhz/201509/t20150917_43080.html，最后访问日期 2016 年 1 月 24 日。

③ 李金蓉、方银霞、朱瑛：《南海南部 U 形线内油气资源分布特征及开发现状》，载《中国海洋法学评论》2013 年第 1 期，第 40 页。

心。其中，在马来西亚已经进行的深水项目中，其中最深的 Kikeh
油田位于沙巴州海底 4400 英尺，已经进入生产阶段。马来西亚在
油气资源开采上具有较为丰富的经验，中国和马来西亚可以尝试在
深海开发上进行合作，比如在曾母盆地西北部加强深水合作开发。

（4）印度尼西亚。印度尼西亚近年来为改变本国的油气资源
生产发展状况，不断改善投资环境。同时，印尼有 45%以上的油
气盆地尚未投入二维地震及深度的地质勘探。受制于资金、技术困
境的印尼，必然会积极寻求与综合国力雄厚的国家进行能源合
作。① 因此，中国应当抓住机会，加强双方油气资源的合作。充分
发挥中国的技术优势和 20 年来在印尼油气开采合作的经验，促进
印尼与中国在南海南部的油气资源的共同开发。

（5）菲律宾。菲律宾与中国早期有过油气开发的尝试，但未
取得成功。两国政治环境以及海洋主张冲突对两国能否顺利推进共
同开发有决定性影响。中国和菲律宾两国在岛屿主权以及海洋划界
上都存在较大争端，这些争端严重影响了两国间的政治环境和合作
意愿。2013 年，菲律宾强制向国际海洋法法庭提交中菲"南海仲
裁案"，导致了两国关系紧张。随着菲律宾总统杜特尔特的上台，
中菲两国政治环境得以改善，但是两国政治立场较大的差异也使得
两国的共同开发合作仍具有较大难度。早前，中菲两国就礼乐滩的
油气资源开发已经进行过接触，但是双方就因礼乐滩的相关立场问
题将计划搁置。菲律宾于 2011 年、2014 年开放招标的区块均与中
菲争议海域存在重叠，2012 年中菲石油公司之间就礼乐滩的共同
开发进行过谈判，但在就"72 号合同区"联合进行开发时，菲律
宾提出中方应当承认菲律宾对礼乐滩"拥有主权"，该合作最终流
产。② 但也有国外研究指出，若双方能就该区域进行合作，各方都
能从中获益。中海油具有深海能源开发的专门技术，而菲律宾拥有

---

① 戴永红、袁勇主编：《中印海外能源战略研究——地缘政治经济的视
角》，时事出版社 2014 年版，前言第 145 页。

② 参见李金明：《中菲礼乐滩油气资源"共同开发"的前景分析》，载
《太平洋学报》2015 年第 5 期，第 82~84 页。

直通到已经开采多年的 Malimpaya 油气田的管道设施。① 虽然"南海仲裁案"后中菲之间政治环境得到一定程度的改善，但是两国在海洋主张上存在较大分歧，若双方无法就领土和海洋立场达成一致或者有所让步，短期内中国和菲律宾在礼乐滩的共同开发仍存在难以调和的障碍。

但值得注意的是中菲两国于 2017 年签订了《中华人民共和国政府和菲律宾共和国政府联合声明》（以下简称《中菲联合声明》），该声明中提出"双方愿探讨在包括海洋油气勘探和开发等其他可能的海上合作领域开展合作的方式"。② 2018 年，双方还签署了《中华人民共和国政府和菲律宾共和国政府关于油气资源开发合作的谅解备忘录》（以下简称《中菲谅解备忘录》）。③ 中菲两国建立了南海问题双边磋商机制，到现在为止已经顺利展开了四轮谈判。2019 年 4 月举行的第四轮谈判中，中菲双方再次就加强各海域海上合作进行了富有成效的交流，在不影响各国主权、主权权利和管辖权立场的前提下，双方也探讨了海上油气开发合作。④ 中菲两国政府在政治层面上对推动海上共同开发的政治认同，通过这些文件的签署以及两国政府间频繁的交流互信不断得到加强。中菲两国之间政治意向的达成也将积极推动双方在争议海域共同开发合作的展开。

综上所述，对于我国在南海共同开发的合作国家，我们可得出如下结论：第一，中国和越南、马来西亚均存在共同开发的可能

① 参见 Stewart Taggart：《南海共同开发区与亚洲海上丝绸之路》，载《能源》2014 年第 1 期，第 81 页。

② 《中华人民共和国政府和菲律宾共和国政府联合声明》，资料来源于：http：//www.gov.cn/xinwen/2017-11/16/content_5240177.htm，2019-4-10。

③ 《中华人民共和国政府和菲律宾共和国政府关于油气资源开发合作的谅解备忘录》，资料来源于：https：//www.fmprc.gov.cn/web/wjb_673085/zzjg_673183/bjhysws_674671/bhfg_674677/t1616639.shtml，2019-4-10。

④ 参见外交部就中国和菲律宾举行南海问题双边磋商机制的第四次会议等答问，资料来源于：http：//www.gov.cn/xinwen/2019-04/04/content_5379796.htm，2019-4-10。

性。一方面马泰、马越共同开发已有的成功经验可以促进两国迈出共同开发的步伐，同时中国与两国存在较大合作潜力的争议区块。尤其中越之间可对北部湾湾口附近推进油气资源的共同开发。第二，菲律宾。中菲两国通过 2005 年中菲越《南海协议区三方联合海洋地震工作协议》展开了前期的地质勘探数据的搜集，加之礼乐滩无论是从油气储量还是地理位置而言，都是一个非常合适的区块。如果中菲两国可以合理处理两国的政治和法律分歧，也不失为一个优先选择。第三，印尼资金和技术的缺乏，以及中国在印尼 20 年的油气勘探和开发历史，使得中国和印尼的共同开发的阻力同样较小。中国对印尼资源开发相关的法律了解，在环境保护、雇佣人员的本地化政策等事项上的实践，可以促进中国和印尼更快地开展合作。第四，中国和马来西亚在曾母盆地西北部深海区域的合作同样潜力较大。

（二）国有石油公司的参与

国有石油公司并不是海上共同开发的主体，其主要是共同开发管理模式下的参与主体，是海上共同开发区内勘探和开发活动的实际执行者。在南海进行共同开发时，保证国有石油公司的参与十分重要。国有石油公司具有以下几个方面的优势：

第一，从石油公司与国家关系来说，国有石油公司的参与更能体现母国利益。国际石油公司与政府的合作是一种基于不同利益导向的合作，而国有石油公司与政府的合作是一种出于共同利益导向的合作。[①] 国有石油公司的经营目标具有明显的多元性。除了确保公司和股东收益，国有石油公司还肩负着帮着母国政府提高国家财政收入、重新分配社会资源、实现工业发展、促进经济发展、确保能源安全、配合外交工作等多种政策目标。[②] 也可以最大程度上达

[①]　孙溯源著：《国际石油公司研究》，上海人民出版社 2010 年版，第 74 页。

[②]　Amy Myers Jaffe, The Changing Role of National Oil Companies in International Energy Markets, Policy Report, No. 35, Houston, TX：The James A. Baker III Institute Public Policy, April 2007，转引自孙溯源著：《国际石油公司研究》，上海人民出版社 2010 年版，第 75 页。

成双方政府利益和倾向在商业合作中的表达，并保持合作模式的稳定。①

第二，从现实角度来说，国有石油公司一直是南海各国勘探和开发活动中的重要参与主体。《中华人民共和国对外合作开采海洋石油资源条例》已经明确规定，中国海洋石油公司是唯一负责对外合作开采石油的主体，并享有专营权。② 而在马来西亚、越南已签订的合同中，均保证了国有石油公司的参与。以越南为例，越南成立了国家石油和天然气集团——Pretrovietnam，享有越南石油和天然气的垄断权。越南的油气开发合同通常为产品分享合同（Production Sharing Contract，简称 PSC），越南于 2013 年 4 月 22 日颁布了 PSC 的合同范本，从 2013 年 6 月 8 日后开始生效。③ 根据该法令，越南国家石油公司只能依据该合同范本签订 PSC 合同，除非在招标中包含了其他附加安排。只有在特别特殊的情形下，越南总理可以批准采用其他的形式，但同样应包含 PSC 中的主要条款。④ 马来西亚约有 50% 的油田和天然气田由国家石油公司（Petronas）下的子公司 Carigali 独立经营。⑤ 外国公司通过与国家石油公司的 PSC 合同经营天然气生产。

因此，中国若与邻国进行共同开发，保证国有石油公司充分参

---

① 参见 Leszek Buszynski & Iskandar Sazilan, Maritime Claims and Energy Cooperation in the South China Sea, Contemporary Southeast Asia, Vol. 29, No. 1, 2007, p. 157。

② 参见 1982 年《中华人民共和国对外合作开采海洋石油资源条例》第 5 条，http：//www. mofcom. gov. cn/article/b/bf/200207/20020700031407. shtml，最后访问日期 2015 年 7 月 7 日。

③ 参见越南政府法令-Decree 33-2013 ND-CP, http：//vbqppl. mpi. gov. vn/en-us/Pages/default. aspx? itemId = e4c0cada-bf6e-4f9a-8c61-d9f1c8664ab9&list = documentDetail，最后访问日期 2016 年 1 月 21 日。

④ 参见 Oil and Gas Law in Vietnam, July 2013, available at http：//www. nortonrosefulbright. com/knowledge/publications/101076/oil-and-gas-law-in-vietnam, accessed on 21 January 2016。

⑤ 参见王海华：《马来西亚油气工业现状及未来发展趋势》，载《国土资源情报》2013 年第 1 版，第 14 页。

与共同开发区油气勘探、开采活动对于国家政策和利益的实现，以及作业的顺利进行都具有重要作用。在石油合同的选择上，相关国家可以结合自身的石油开发法律制度，选择合适的合同模式并加以适当修正，必要时也可在后续协定中制定石油合同范本进行指导，保证其符合共同开发国家的政策和利益需求。

三、南海共同开发中联合管理机构的选择

联合经营模式在共同开发的推进中具有更加灵活的优势，应加以优先考量。但无论最终是否采取联合经营模式，都应建立机构化、常设性的联合管理机构，这不仅符合共同开发国家实践的发展趋势，也能保障共同开发活动的顺利进行。海上共同开发中，联合管理模式的设计并没有统一的规则和形式，在联合管理机构具体构建上我们可从已有的国家实践中学习成功的经验，也可以结合国家自身的需求建立新的工作模式或者机制。若在南海海域构建共同开发的联合管理机构，可围绕以下几个方面进行：

第一，联合管理机构的构成上，可尝试构建各方代表共同组成的双层管理机构。双层联合管理机构在马来西亚和泰国共同开发案中已经有了成功实践，双方政府部门成员在联合管理机构中分别担任不同的角色，既可以保证双方在共同开发中参与角色的均衡，也有利于及时解决和协调共同开发作业中的问题，及时制定相应的政策或者法律文件。职能过于宽泛和一般化的联合管理机构在日韩共同开发案中已经有相应实践，从结果来看这种管理机构的作用十分受限。

结合邻国的这两种实践，我们建议联合委员会成员可由双方政府高层、石油产业的代表、渔业环保等部门成员共同组成，并可包含具有一定影响力的民间组织的成员代表列席。在机构设置上可以设立双层的管理机构，上层机构由双方政府委派同样层级、相同数量的政府官员组成，由双方按照一定的时间轮流担任主席和副主席，对共同开发区内重要问题进行协商。下层机构可以也由双方指派相同成员组成，具体可包括环保、渔业、海上执法等部门成员，具体制定勘探和开发活动的政策和指导规范供国家和上层机构参考，负责区域内活动的监管。石油公司代表可以

列席，就勘探和开发活动中出现的问题及时反馈，交换信息。必要时也可成立专家小组和技术小组。这种模式下，共同开发区内产生的技术、法律层面的问题，以及作业过程中产生的新问题，都可以通过联合管理机构进行协商，并保证信息的及时反馈和争端的妥善解决。这种双层的管理机构的设计也可以保证上下层机构间的均衡和协调。

第二，从联合管理机构的职权角度，国家应授予其必要的职能。赋予联合管理机构基本职权之外必要的职权，是建立较为复杂的联合管理机构所必须的。联合管理机构除了监管、咨询、建议、举行会议，以及其他行政管理权的基本职权外，联合委员会也有权就勘探和开发政策进行协商和协调，对共同开发的安排进行修改，协调解决开发活动中的争端。

换言之，首先，国家可以授予联合管理局日常事务的管理权、开发区内作业活动的监管权、完善国家政策和协议修改的建议权等。这不仅有助于共同开发区内日常活动的有效运行和监管，也可增强国家间的紧密合作和及时信息交换，保证共同开发区内油气勘探和开采活动的顺利进行。其次，国家也可授予联合管理局附加性的职权，如争端解决、海洋环境保护和安全维护、科学研究和数据交换等一项或多项职能。再次，可以借鉴马泰共同开发案中建立法律委员会和技术委员会的做法，由专家来讨论和设计具体的法律规则，送交两国政府审批。此种方法制定的开发区规定，能与各自国内法律规定冲突达到最小化，并且更具有时效性。

四、南海共同开发利益分配的方式

利益分配方案同样是我国推进与南海声索国共同开发进程中应当认真考量的问题。前文已经分析到，现有的国家实践在利益分配上以平均分配为主，其他比例分配方式为辅，也有国家实践基于不同类型资源采用差异性分配方式。在推进我国与南海声索国的共同开发中，我们需要结合国家利益、投入差异、参与角色、政治和经济回报、共同开发作业进度等方面，设计更为灵活和全面的利益分配方案。

　　首先，共同开发的利益分配不仅仅是对海域内油气资源一个简单分配比例问题，我们需要从更深的层面对利益加以认识。从南海共同开发利益分配方案整体层面来说，我们应该注重利益分配与义务的协调，将不同层次的利益进行区分。海上资源共同开发不仅包括油气资源带来的经济利益，也包括潜在的利益，如海上基础设施的建设、雇佣机会的增减、能源安全的保障等。① 在石油开发活动中，共同开发国家间可分享的利益包括直接和间接利益两个方面，前者包括授予石油合同、税收、矿区租赁的收益，后者包括国家通过上游和下游产业的经济链条产生的经济效益。往往一个国家的石油产业越发达、市场越开放、地理位置越优越，这种间接收益就会更多。② 随着共同开发合作国家市场水平的差异，这种差异性也会显现，比如较之于油气开采更为成熟的马来西亚、文莱而言，越南的下游产业不太发达。若我们忽略国别之间的差异性，共同开发的方案则会对相应国家缺乏吸引力。

　　因此，我国在推进与南海共同开发进程中，从国家政策层面确定利益分配方案时，我们可规定一个较为灵活的利益分享机制，以根据我国与合作国家间经济、技术等方面的差异来作出调整。从具体分配比例的角度来说，相关国家平等分享收益、分担支出是最常见的利益分配方式，但并不是唯一的方式。我国与邻国在南海进行共同开发时，应当以平等分享收益、分担支出为主要利益分配方式，但也应考虑不同区块的油气资源潜力、渔业资源利益、政治目的等因素，在平等基础上作出部分倾斜。从资源处理方式上，若共同开发区块距离我国陆地较远，则可以将开采出的油气资源就近出

---

　　① 参见 Gavin Maclaren & Rebecca James, Negotiating Joint Development Agreements, in Robert Beckman et al. , Beyond Territorial Dispute in the South China Sea: Legal Framework for the Joint Development of Hydrocarbon Resources, 148 (Edward Elgar Publishing Limited, 2013)。

　　② 参见 Thomas H. Walde, Financial and Contractual Perspectives in Negotiating Joint Petroleum Development Agreement, in Hazel Fox et al. , Joint Development of Offshore Oil and Gas, II The British Institute of International and Comparative Law, 158-159 (1990)。

售给需要的国家换取外汇，但是应赋予共同开发的合作国家予以相应的优先购买权，且应当就开发区内开采出的油气资源相关进口和出口的税收法律和政策加以明确规定。

第五节　南海共同开发的其他事项的建议

前文对我国与南海声索国之间共同开发管理模式进行了制度设计，但是南海复杂的政治环境和争端的存在决定了短期内实现在南海海域的顺利推进具有一定的难度。合理的制度设计可以助力于共同开发的顺利实现，但其最终实现还是要取决于相关国家的政治意愿。为推动我国与南海声索国良好政治环境的建设，我们可以充分利用已经取得的合作基础，加强低敏感度层面的合作，加强国家间经济的合作和依赖程度，促进区域间合作和联系的逐步深化。

一、充分利用已经取得的合作基础

在部分领域，中国与南海声索国之间已经具备了一定的能源合作基础。有学者认为亚太地区国家虽一直在寻求更高层面的能源安全合作，但如何加强区域合作仍是巨大挑战。其中负面因素的存在造成了一定的阻碍，这包括亚太地区的政治环境较为严峻，区域内邻国间信任缺乏，国家间长期的政策对立，能源合作和协商机制相对不发达，能源工业发展的路径和政策也不明确。[1] 中国与其他南海声索国在政治层面上的积极一致认识、技术等实体层面的合作，可以缓解南海争端的紧张局势，提高南海共同开发的可能性。中国与部分南海声索国之间在能源合作上已经进行了初步合作，这其中以印尼为代表。中国在近 20 年的能源国际合作中，建成了五大国

---

[1]　参见 Clara Gillispie, Engaging the Opportunity of a New Energy Era, the National Bureau of Asian Research, 2015 Tokyo Workshop Report, available at http：//www. nbr. org/downloads/pdfs/eta/ANEE ＿ 2015 ＿ Tokyo ＿ Report ＿ April2015. pdf, accessed on 29 November 2015。

际油气合作区，其中包括以印尼为主的亚太地区。① 其中，早在
20 世纪 90 年代中期，中海油就已经参与了印尼的石油勘探和开发
工作。目前，中国石油在印尼苏门答腊岛、爪哇岛和伊里安岛等区
域运行着 8 个上游项目，同时为印尼市场提供包括钻井、修井、泥
浆、物探、测试等一体化工程服务。② 中海油作为中国海上石油勘
探和开发的唯一主体，积累参与邻国油气活动的经验可以为中国与
邻国共同开发的制度设计提供经验。

中国与南海声索国之间已经构建了区域合作机制，具备了双边
和多边合作机制的合作基础。这种合作基础通过东盟和国别两个层
面分别展开。以海上安全和海洋合作为例，中国与东盟从 20 世纪
90 年代开始签订了一系列关于海上安全合作的文件，开展了一系
列海洋安全合作行动，如举行海上联合搜救演练、海洋联合执法
等。中国和东盟在近几十年的合作过程中，在海洋科研、海洋环境
保护、海洋气候、海洋防灾减灾等方面均取得了一定的合作成果。
除此以外，中国也与泰国、越南、马来西亚、印尼、柬埔寨、文莱
等国也建立了海洋合作机制，开展了海洋合作项目，具体涵盖了海
洋科研、海洋环境保护、海上联合执法等各个方面。

随着 2013 年我国提出"一带一路"倡议后，南海海域也是
"21 世纪海上丝绸之路"建设的重要海域，我国也在港口、交通等
基础设施建设领域与邻国展开了相关合作。同时，中国-东盟自由
贸易区的建立，以及在中国-东盟"10+1"、大湄公河次区域合作
机制的推动，中国与南海声索国之间可通过与基础设施建设、旅游

---

① 其他四个国际油气合作区为：以苏丹项目为主的非洲地区，以阿曼、
叙利亚项目为主的中东地区，以哈萨克斯坦项目为主的中亚-俄罗斯地区，以
委内瑞拉、厄瓜多尔项目为主的美洲地区，参见许勤华主编：《中国能源国际
合作报告——国际能源金融发展与中国》，中国人民大学出版社 2013 年版，
第 3 页。

② 参见中国石油天然气集团公司：《中国石油在印度尼西亚》，第 9~11
页，资料来源于：http://www.cnpc.com.cn/cnpc/gbbg/201404/1a65833c27c
04862a2f6922714967421/files/8ff20c54c815428b878c032835d27e5b.pdf，2016 年
1 月 6 日访问。

产业、贸易合作等加强政治、经济和文化上的互动合作。随着这些合作机制的顺利推动，中国与南海声索国之间也会出现新的合作领域和需求，比如海洋经济、海洋文化、海洋科技、海洋资源、海洋交通运输通道保障、海洋环境保护等。

二、加强与南海其他声索国低敏感层次的合作

能源安全、航行安全、环境保护、生物资源保护等是南海海域周边国家都面临的问题，这些领域较之于领土和海洋权益争端而言，其低敏感度的特性决定了国家间更容易达成一致，我们也可以从这些层面着手展开双边和多边合作。随着能源需求和进口依赖度的快速增长，亚太国家间能源和资源安全问题也是各国重点关注的领域。海上极端天气、地质勘探活动、海盗活动对亚太国家海上能源安全具有高度威胁。区域国家间可通过合作建立互信机制，保障能源供应，发展新的区域设施，并且维护海上运输通道的发展和安全。① 这些合作项目的推进均需要政府间加强合作意愿，也需要国家间在低敏感度领域开展多层次的合作。正如有学者所指出的那样，要适应新能源时代带来的挑战，亚太国家就应该在政策层面作出更一致的行动加强区域合作，使合作成为常态。②

（一）加强区域内能源合作

在南海问题上，有专家指明了南海其他声索国的担忧。中国自身政治、经济、军事实力的提升，使得南海周边国家担忧与中国进行双边谈判会使自己处于不利的地位，因而希望通过多边谈判的方式，或者通过拉拢跨国石油公司，造成南海问题的区域化和国际

---

① 参见 NBR Report, Asia's Rising Energy and Resource Nationalism, September 2011, available at http：//nbr. org/downloads/pdfs/ETA/ES_Conf11_Report_Brief. pdf, accessed on 29 December, 2015。

② 参见 Clara Gillispie, Engaging the Opportunity of a New Energy Era, the National Bureau of Asian Research, 2015 Tokyo Workshop Report, available at http：//www. nbr. org/downloads/pdfs/eta/ANEE _ 2015 _ TokyoReport _ April2015. pdf, accessed on 29 November 2015。

化。这些国家也担忧中方一旦突破双边谈判达成开发方案，会对其他国家带来不利后果，给予中国后续与他国谈判的砝码。① 南海其他声索国对中国的担忧也对我们提出了挑战，即中国需要与这些国家加强政治、经济和其他方面的合作，以减轻"中国威胁论"的影响，通过经贸合作加强经济联系的纽带作用以促进共同开发的实现。

第一，中国可以和东盟进行合作，联合开展区域地质调查。南海争端国家间可在东盟体制内与中国开展多边合作。中国除了坚持一贯立场，即不支持南海问题的国际化，将之保留给中国和声索国采用和平的外交手段解决之外，也要加强与东盟这个区域性组织的合作，或者在东盟体制内加强与其他声索国的多边合作。虽然在东盟内部，国家间利益和政治立场的冲突削弱了东盟作为一个区域性的组织统一"发声"的一体化程度，但是东盟依然是南海海域最重要的区域性组织。② 中国不仅要与东南亚国家加强合作，消除合作机制中的障碍，也要通过东盟等区域组织加强政治和外交上的合作。具体到南海共同开发上，可以先从合作勘探探明储量合作着手。国际社会一直对南海的油气储量抱有乐观的看法，但其实并没有官方准确的具体储量数据。对区域的油气资源储量基于二手资料或者其他方式的基础上，作出"大概估计"并不是明智的选择。③ 同时，圭亚那与苏里南仲裁案也表明，沿海国可以采取不对海洋环境造成实质改变的单边行动，即在争议海域内进行不改变或者影响海洋环境和生态的勘探活动是被允许的。因此，中国可以与东盟进行多边合作，联合开展地质和地理信息的调查，确定油气资源的储量和分布。南海共同开发进程可以从勘探、钻井活动开始，然后条

① 参见 Mark J. Valencia, Jon M. Van Dyke & Noel A. Ludwig, Sharing the Resources of the South China Sea, Martinus Nijhoff Publishers, 1997, pp. 97-99。

② 参见 Felix K. Chang, Economic and Security Interests in Southeast Asia, Orbis. Vol. 58, Issue 3, 2014, p. 378。

③ 参见 Mark J. Valencia, Jon M. Van Dyke & Noel A. Ludwig, Sharing the Resources of the South China Sea, Martinus Nijhoff Punlishers, 1997, p. 10。

件成熟时转向实际的产品分享过程，这样较之于直接进行共同开发可能会产生更好的效果。①

第二，中国可以与邻国进行油气资源销售上的合作。在南海，若海上钻井平台与中国陆地领土相距较远，用管道或者油轮运回油气并不经济，且有发生油气泄漏的危险。而将油气资源换做外汇，再从国际原油市场购买需要的油气储备，是更经济安全的选择。南海声索国间也不乏这种做法的先例，如在马越共同开发案中，两国对开采出来的天然气资源采用联合销售的方式。共同开发区内开采出来的天然气在马来西亚销售，但越南石油公司有权购买一半的产量。中国也可以借鉴这种油气资源的处理方式，我们可将共同开发区内开采出来的油气资源，就近卖给需要的国家以换取外汇，但需给予参与共同开发的国家优先购买的权利。

中国与其他南海声索国进行多层次的合作可以增强国家互信，同时中国和争端国间多边层面合作的扩展，也可为区域稳定建立基础，并为未来争端的解决铺路。②

（二）合作保障南海的航行安全

南海航行的畅通和航道安全不仅对南海周边国家，对韩国、日本和美国也都具有重要意义。以马六甲海峡为例，中国和南海声索国之间可在共同打击海盗等犯罪，维护航道安全等领域展开合作，保证"海上生命线"的安全和通畅。从南海海域的重要地缘战略价值而言，不论海上共同开发可否顺利进行，中国和其他南海声索国都应当开展合作，保证共同开发活动不对南海航行自由造成不当的影响。我们可以从以下几个方面展开：

1. 合理设置油气勘探和开发设施

---

① 参见 Leszek Buszynski & Iskandar Sazilan, Maritime Claims and Energy Cooperation in the South China Sea, Contemporary Southeast Asia, Vol. 29, No. 1, 2007, p. 166。

② 参见 Leszek Buszynski & Iskandar Sazilan, Maritime Claims and Energy Cooperation in the South China Sea, Contemporary Southeast Asia, Vol. 29, No. 1, 2007, p. 168。

保障海上勘探和开发设施不会对航行造成不利影响是得到普遍认可的规则。为避免海上石油勘探和开采活动对海域航行安全造成不利影响，可以采取的措施包括：各国应当对已经建立的钻井平台等设备作出适当标识（包括指示灯和信号灯），在设备周围建立安全区域并以适当方式加以公布，按照国际通行电信标准配备无线通讯设备。在已经建立的运输管道和设施，国家间应进行周期性检查，防止设备故障和管道泄露。区域内也可以建立地质勘探活动的指导准则和环境标准，防止勘探活动对海洋环境造成损害。同时，中国与其他南海声索国也应在已经建立的论坛机制内，如东盟地区论坛海上溢油区域合作研讨会等，继续加强对话和合作。

2. 共同打击海上犯罪的区域性合作

自 20 世纪 90 年代后期以来，南海地区的海盗活动一直呈现上升的势头，21 世纪以来，海盗问题日益严重。东南亚海盗问题与近年来南海地区的总体安全形势，以及周边各国的政治经济状况有着直接的关系。① 中国与东南亚国家的对外贸易很大程度上依赖海洋交通之畅通，商业运输海路几乎都要通过马六甲海峡及南海，特别是印尼、新加坡、马来西亚和菲律宾沿海地区。在这条线路上存在多个恐怖组织，例如阿布沙耶夫、摩洛伊斯兰解放阵线中、亚齐自由运动、伊斯兰祈祷团等，这些恐怖组织具有海洋攻击能力，并将海洋目标设定为攻击目标。② 海盗、跨国犯罪、恐怖主义活动等是当下国家海上非传统安全威胁中的重要问题。非传统安全威胁虽然未必会对国家的生存发展带来立即而重大的危害，却可能对国家

---

① 参见朱华友、鞠海龙：《南海航行安全对世界经济的影响》，载高之国、张海文、贾宇主编：《国际海洋法发展趋势研究》，海洋出版社 2007 年版，第 214~217 页。

② Carherine Raymond, The Threat of Maritime Terrorism in the Malacca Straits, Terrorism Monitor, Vol. 3, 2006, p. 8, 转引自程晓勇，《"一带一路"背景下中国与东南亚国家海洋非传统安全合作》，载《东南亚研究》2018 年第 1 期，第 108 页。

的持续发展造成长期而重大的冲击，无疑是对国家安全的另类挑战。① 因此，当下如何应对来自海上的非传统安全威胁也是摆在国家和地区面前的重要问题。

南海地区的海上安全问题愈发严重，加强海上安全已经成为南海沿海岸面临的一个迫切任务。除了海盗活动数量占比增多以外，东南亚海域还是最为危险的区域，很多恶性海盗案件发生于此，对过往商船造成严重的安全威胁。② 中国可以与南海声索国在打击海盗、恐怖主义以及其他海上犯罪上展开合作，通过联合执法等方式共同维护海上安全。《公约》第 100—107 条也有关于打击海盗的相关规定，要求缔约国在公海和一国管辖海域之外采取行动以打击海盗行为，并对各国施加了"合作制止海盗行为的义务"。在《公约》之外，经国际海事组织倡议也针对海盗等危害航行安全的犯罪行为制定了相关制裁机制。国际海事组织在 1999 年 6 月发布的《海盗与持械抢劫船只：为预防与制止海盗与持械抢劫船只给各国政府的建议》和《海盗与持械抢劫船只：为防止海盗与武装抢劫船舶给船东、船舶运营商、船长与船员的指南》成为国际性的指南。③国际海事组织于 1988 年制定了《制止危及海上航行安全非法行为公约》，将危害海上航行安全的犯罪行为区分为海盗行为和其他危害海上安全的行为。在《2005 年制止危及海上航行安全非法行为公约》中，在犯罪行为的构成增加了一款，即运输放射性物质，生、化、核武器，有毒有害物质，造成死亡或严重损害的行为同样构成危及海上航行安全的犯罪，对非法且故意从事相应的运输构成犯罪，若帮助其逃脱逃脱刑事检控，同样构成犯罪。除此以

① 洪农：《论南海地区海上非传统安全合作机制的建设——基于海盗与海上恐怖主义问题的分析》，载《亚太安全与海洋研究》2018 年第 1 期，第 37 页。

② 程晓勇：《"一带一路"背景下中国与东南亚国家海洋非传统安全合作》，载《东南亚研究》2018 年第 1 期，第 107 页.

③ 参见李建勋：《南海航道安全保障法律机制对 21 世纪海上丝绸之路的借鉴意义》，载《太平洋学报》2015 年第 5 期，第 71 页。

外,《制止恐怖主义爆炸的国际公约》《制止向恐怖主义提供资助的国际公约》等国际公约,同样可以适用于海上恐怖活动相关的罪行。由此可见,国际社会在如何惩治恐怖活动等海上犯罪问题上已经达成共识,国际海事组织的相关条约较之于《公约》制定了更加细化的规则。

就区域性条约而言,中国也签订了《打击亚洲海盗和持枪抢劫船只的区域合作协定》(Regional Cooperation Agreement on Combating Piracy and Armed Robbery against Ships in Asia, ReCAAP),依据该协定中国有义务就相关方面交换信息,进行合作。① 在进行南海共同开发时,保证运输航道和区域安全不仅符合中国和南海声索国的共同利益,也可以消除美国和日本的对国际航道安全的担忧,减少国际舆论的阻力,同时也是履行多边公约义务的表现。

(三) 保护南海的海洋环境和生物资源

《公约》第 122 条和 123 条规定了半闭海沿海国家合作的义务,此条义务列举规定了生物资源、海洋环境、科学研究三个方面的义务。② 在资源开发和管理领域,国际合作原则也已经发展成了一项习惯国际法原则。从资源管理角度而言,加强合作是必要的。"南海作为半闭海,只有国家对海洋生态系统的自然特性、资源储量有更全面的了解,才能更好使用和维护海洋资源和环境。沿海国家间更充分地分享政策和法律相关的信息也是十分重要的。"③ 从南海现实而言,加强合作才可以公平分享资源,减少争端。近几年来,南海捕鱼船受到别国驱逐、扣押的事件不断发生,暴力执法事

①　参见 Andrew B. Kennedy, China and the Free-Rider Problem: Exploring the Case of Energy Security, Political Science Quarterly, Vol. 130, 2015, p. 34。

②　参见 1982 年《联合国海洋法公约》第 122～123 条,傅崐成编校:《海洋法相关公约及中英文索引》,厦门大学出版社 2005 年版,第 44 页。

③　参见 Ian Townsend-Gault, Rationals for Zones of Co-operation, in Robert Beckman et al., Beyond Territorial Dispute in the South China Sea: Legal Framework for the Joint Development of Hydrocarbon Resources, Edward Elgar Publishing Limited, 2013, p. 120。

件也给渔民带来了人身和财产损害。加之南沙群岛主权争议不断，各国为了宣示主权，鼓励本国渔民在争议海域捕鱼。因此，南海渔业争端不断。"南海由于其特殊的海洋环境形成了高度多样性的海洋生态系统，但南海周边国家和地区的渔民过度和无序的捕捞，使南海的生态环境和渔业资源严重破坏。南海周边国家彼此孤立，甚至相互矛盾的渔业政策，正日益损害南海包括渔业资源在内的生物资源的可持续发展。"① 《公约》对生物资源的利用也作出了相关原则性规定，即如果同一种群或有关联的几个种群出现在两个或两个以上专属经济区内，这些国家应就直接或通过适当的分区域或区域组织，就必要的措施达成协议，协调并确保这些种群的养护和发展。对高度洄游鱼种也有作类似规定，目的是实现鱼种的养护和最适度的利用。②专家也指出："南海内所有的经济鱼类都是跨界鱼种，只有周边海洋国家共同合作，才能建立有效的区域性渔业资源的养护管理机构。"③ 南海作为一个完整的生态系统，无法通过一国单方面的措施或政策就整个区域内生物资源进行高效的管理。在海洋环境问题上，南海特殊的地形和洋流决定了一旦发生油气泄漏或事故，海洋污染随着洋流扩散，将会大面积影响周边国家的海洋环境和渔业资源养护。为了更加合理地保护和利用海洋环境和生物资源，我们可从以下方面作出努力：

第一，要充分利用已有的双边合作机制。如中国和马来西亚已经建立起的海洋科技合作项目，通过提升海洋环境预报能力，为防灾减灾和生态环境保护提供科技支持；中国与印尼于 2010 年建立了海洋与气候合作中心，也于 2011 年签署了《中华人民共和国国家海洋局和印度尼西亚共和国海洋与渔业部海洋领域合作谅解备忘

---

① 张湘兰、胡斌：《南海渔业资源合作开发的国际法思考》，载《海南大学学报（人文社会科学版）》，2013 年第 4 期，第 8 页。

② 参见 1982 年《联合国海洋法公约》第 63~64 条，傅崐成编校：《海洋法相关公约及中英文索引》，厦门大学出版社 2005 年版，第 22~23 页。

③ 傅崐成：《南（中国）海渔业资源区域合作护养管理研究》，载《中国海洋法学评论》2005 年第 1 期，第 34 页。

录》等。① 这些已经建立的双边合作机制可为中国与邻国在具体领域的合作提供平台。

第二，要在多边合作机制内开展合作。这种多边机制不仅包括中国与东盟在海洋环境保护方面签订的政治性和法律文件，也包括具体领域的合作。从政治意愿层面而言，中国和东盟签订了《南海各方行为宣言》，双方承诺建立互信机制，并在海洋保护、海洋科研、海上航行安全和交通安全、搜寻和救助等领域开展合作。② 2016年，中国和东盟国家外交部长在全面有效落实《南海各方行为宣言》的联合声明中，再次重申各方可在包括航行安全、搜救、海洋科研、环境保护以及打击海上跨国犯罪等各领域探讨或展开合作。从具体领域的合作而言，我国与东盟国家已经就环境保护等问题展开了合作，如共同开展海洋环境保护大型国际合作项目——扭转南中国海和泰国湾环境退化趋势项目等。③

第三，可就海洋环境保护和资源开发建立具体制度。在渔业方面，中国和南海邻国间应当就渔业等生物资源的养护进行多边合作，或者通过区域性安排就生物资源的管理和养护的必要措施达成一致。在海洋污染问题方面，可依据《公约》和相关海事条约制定更加具体的规则。以船舶污染为例，《公约》明确承认了在船舶污染的防制问题上需要国际合作，一方面，将国际普遍承认的技术规则作为船旗国的最低标准，另一方面将这种技术规则作为沿海国制定规章的最大限度，以实现沿海国对海岸和邻接水域的保护。但是《公约》在船舶污染事项上并未制定新的标准，而是指向国际

① 参见国家海洋局中国-东盟合作成果展，资料来源于：http://www.soa.gov.cn/xw/ztbd/ztbd_2015/zdblh/sbhz/201509/t20150917_43080.html，最后访问日期2016年1月24日。

② 《南海各方行为宣言》，资料来源于：http://www.fmprc.gov.cn/web/wjb_673085/zzjg_673183/yzs_673193/dqzz_673197/nanhai_673325/t848051.shtml，最后访问日期2016年1月24日。

③ 参见中国-东盟政府间海洋环保合作，资料来源于国家海洋局网站：http://www.soa.gov.cn/xw/ztbd/ztbd_2015/zdblh/wsjyh/201509/t20150917_43091.html，最后访问日期2016年1月24日。

海事条约体系内的标准。① 国际海事条约也就具体问题制定了条约，如关于船舶污染的《国际防污公约》。以倾倒造成的海洋污染为例，《公约》第 210 条赋予沿海国制定法律和规章以及采取可能的必要措施，以防止、减少或控制倾倒对海洋造成污染。其他国家若需要在领海、专属经济区、大陆架上进行倾倒，应当经沿海国的明示核准。沿海国也有义务尽力制定全球性和区域性规则、标准和建议的办法及程序，以防止、减少或控制倾倒对海洋造成污染。在国际性和区域性的法律框架中，也包含了防止倾倒造成海洋污染的海事公约。比如《1972 年防止倾倒废弃物及其他物质污染海洋公约》（简称 1972 防倾倒公约），以及《1972 年防止倾倒废弃物及其他物质污染海洋公约 1996 年议定书》（简称 1996 防倾倒议定书）。这些国际海事条约在《公约》基础上做了更加细致的划分，我们可以参照这些相关国际海事条约制定区域性规则。

（四）建立应急机制应对海洋污染和海上突发事件

制定海洋环境保护的相关措施是为了提前预防不符合环境排放标准的事件发生，海洋气候和地理环境的特性决定了一旦发生船舶碰撞事故、油气泄漏等海洋污染和突发事件，建立相应的应急反应机制能够助于有效地控制污染的扩散。

《公约》规定在保全和保护海洋环境上，国家间应当在全球性或区域性基础上进行合作；对即将发生的损害或发生实际损害时，国家应立即通知可能受影响的国家或主管国际组织；国家也应当与各主管国际组织尽可能进行合作。但是如何合作，通过何种程序履行通知义务，不履行时应承担何种责任，《公约》又缺乏具体的规定。如何将《公约》的开放性条款进行完善和具体化，都需要借助主管国际组织及相关国际条约的具体规定。国际海事条约对于不同污染或事件引起的污染制定了相应的报告、反应和合作机制。如《1990 年国际油污防备、反应和合作公约》（ORPC）针对船舶、

---

① 参见 Anna Mihneva-Natova, The Relationship Between United Nations Convention on the Law of the Sea and the IMO Conventions, The United Nations and The Nippon Foundation of Japan Fellow, 2005, p. 16。

近海装置、海港和油装卸设施的油污事故对海洋环境的威胁，建立了控制油污的全球法律合作框架。《2000 年有毒有害物质污染事故防备、反应与合作议定书》，针对油类以外的有毒有害物质制定了报告、防备和反应机制。《国际防污公约》同样也建立了有害物质的报告制度。我们可在《公约》设定的一般性义务之下，参照国际海事条约的具体标准和制度，建立区域性的合作机制。

（五）建立区域性的海上搜救机制

建立区域性的海上搜救机制可及时应对海上事故发生后的人命安全保护等需求。《公约》第 98 条第 2 款规定："每个沿海国须促进有关海上和上空安全的足敷应用和有效的搜寻和救助服务的建立、经营和维持，并须在情况需要时为此目的通过相互的区域性安排与邻国合作。"虽然该规定置于公海一部分当中，但是基于《公约》第 58 条第 2 款的规定，只要不与沿海国专属经济区内的权利相抵触，在专属经济区内仍然可以就海上搜救问题与邻国展开合作。但是具体如何展开，《公约》同样没有作出更详细的规定。我国和南海邻国作为《公约》缔约国有义务就海上搜救问题进行合作，但是如何建立搜救机制仍需要参照国际海事组织以及其他国际条约的具体规定，结合区域特性与国家间的特殊需要制定适合本区域的海上搜救机制。

《国际海上搜寻和救助公约》作出了比《公约》更详细的规定，确认了沿海国在本国责任海域内负有搜救责任，也应与他国就海难救助活动进行协调并开展恰当的搜救业务。《国家海上搜寻和救助公约》通过国家组织和协调方面的合作、具体行动方面的合作、接受遇险报警的合作、建立船舶报告系统的合作四个大的方面共五章进行了规定。其规定不仅是对《公约》相关规定的细化和完善，也有助于提高搜救效率和服务能力。《国际海上搜寻和救助公约》已经于 2000 年 1 月 1 日对中国生效，根据国际海事组织对搜救区域的划分，中国位于西北太平洋搜救区，负责渤海、黄海东经 124°以西、东海东经 126°以西和南海东经 120°以西、北纬 12°以北的海域。

除此之外，《国际海上人命安全公约》及其修正案同样要求

"每一缔约国确保对其所负责的搜救责任区作出遇险通信和协调的必要安排及每一缔约国向国际海事组织提供该国搜集设施、计划以及随后任何变化的信息"。同时，《1944 年国际民用航空公约》《1989 年国际救助公约》也应作为相关国际海上搜救工作的主要依据，《国际航空和海上搜寻救助手册》《国际海事组织搜寻和救助手册》《商船搜寻和救助手册》《国际搜救卫星 COSPAS-SARSAT》等也可为海上搜救提供实际指导。①

南海海域的海上交通运输量大、运输线路较为复杂、气候条件变化多以及海上犯罪频发的现实，决定了南海海域相关国家应当在海上交通事故发生后，及时通报相关信息，或者建立区域性的搜救机制，及时准确展开搜救工作，最大程度减少人命安全和财产损失的影响。

综上所述，南海周边国家以及相关政府部门间应当就环境保护进行合作，在东盟体制内建立统一的排放标准，设立最低限度的环境保护义务，并建立油气泄漏等突发事件的应急反应机制。中国与南海声索国之间在低敏感度领域进行合作，既可以为油气资源合作的开展创造良好的政治氛围，也可以实现区域整体可持续发展。

本 章 小 结

中国与南海声索国间的岛屿主权和海域划界争端，以及其他南海声索国单边勘探和开发的现实，共同构成了南海共同开发的现状。南海地缘政治的敏感性、海上共同开发自身的限制以及南海地质地理情况的复杂性，共同构成了南海共同开发的困境。但困境之下同样蕴含合作的可能性和必要性。

中国与南海声索国要推进共同开发，需要政治和法律两个层面都作出努力。在法律层面上共同开发模式是否对南海声索国具有吸引力就成为一个重要因素。边界争端对国际石油投资，尤其是南海

---

① 参见刘刚：《提升我国海上搜救能力建议》，载《水运管理》2012 年第 4 期，第 7~8 页。

油气勘探和开发投资的非决定性影响，加深了即使不共同开发相关国家也会继续单边开发的现实难题。保障南海作为重要海上运输线的安全，提升能源供应稳定的现实需要，决定了中国加强南海存在的必要性。政治和法律现状决定了南海共同开发应当以政治目的为先，经济目的为后，在共同开发管理模式的构建上，谨慎和灵活性是两个重要的原则。在管理模式的选择上，灵活多元合作方式的联合经营模式更符合南海的现状。在海上共同开发区块的选择上既要兼顾所涉争端国数量，也要兼顾区块的油气潜力、开发前景和难度。中建南盆地、万安盆地、曾母盆地等都是可供选择的区块。在参与主体的选择上，越南、菲律宾、文莱、马来西亚和印度尼西亚在具体所涉海域，结合可能的区块都可以更加积极推进合作的进程。在利益分配的方式上，中国宜根据具体国家石油产业的发展情况、资源潜力、参与程度等一系列因素，以平均分配为主，但可做适当倾斜，建立更为灵活的利益分配机制。

同时，中国与南海声索国可在其他低敏感领域加强合作。例如，联合开展地质勘探调查、油气销售合作、南海航行安全合作机制、共同打击海盗等海上犯罪。在生物资源和海洋环境的利用和维护上，可在已建立的双边和多边体制基础上，继续推进和深化合作。通过这些领域的合作创造更利于合作的政治环境，加深区域内国家间的依存度，从而促进南海共同开发的突破。

结　　论

　　海上共同开发是指两国或多国为了有效开发和共同分享，依据国际法享有的大陆架或专属经济区的资源，通过签订协议对跨界或争议海域内的特定区域，采用一定形式进行共同勘探和开发资源的合作模式。它包括跨界的共同开发和争议海域的共同开发两种基本类型。经过国家实践近50年的发展，海上共同开发已成为了国际社会处理跨界资源和争议海域资源，勘探和开发的有效方式。海上共同开发在处理资源勘探和开发上的经济性、有效性、现实性的优势，使其发展成被国际社会广泛接纳的国际法现象。

　　海上共同开发管理模式是共同开发制度的核心法律问题之一，它与共同开发区内法律框架构建、权利分配、法律适用等问题直接相关。海上共同开发虽然是在国家实践的基础上发展起来的，国家合作的具体形式也存在一定的差异性，但同样也形成了一些具有相同法律特性的模式。海上共同开发管理模式从最初简单易行的代理制，发展出了联合经营模式和管理机构主导模式两种复杂程度更高的法律安排。三种管理模式差异明显，复杂程度依次加深，且在不同的经济发展阶段、不同的海上争议区，产生了多样化的国家实践。在构建管理模式的法律框架时，管理主体、区块选定、资源及其分配方式、管辖权分配、争端解决方式五个方面、共同构成法律框架的基础。

　　海上共同开发管理模式的差异性，体现在对核心法律要素的不同安排上，而联合管理机构与国家的角色协调是重要体现。在早期国家实践中，并没有建立联合管理机构，后来逐渐发展出单一性联合管理机构、咨询式联合管理机构、法人型联合管理机构三种基本类型。这三种类型的机构具有不同的特点，分别在不同管理模式中得到采用。国家间采用何种类型的联合管理机构，也决定了国家应在何种程度上与之合作与协调。从总体而言，国家和联合管理机构在海上开发区内的职能是此消彼长的关系。单一性联合管理机构下，国家需要发挥主导角色；咨询式联合管理机构，国家角色虽然有所减弱，但仍十分重要；法人型联合管理机构下，国家只需发挥补充性角色。但部分事项上，如开发区内的海洋环境保护、安全管理等事项，基于其特殊的法律性质，需要国家与联合管理机构互为补充和协调。对联合机构的职权，可从共性和差异性两个角度进行分类：从共性角度来看，不论建立何种类型的联合管理机构，基于基本功能的发挥都可赋予机构部分职能，如监管、咨询、建议、举行会议以及其他行政管理职权；从差异性角度来看，又包括随着联合管理机构复杂程度的增加可附加的职权，以及独立性程度最高的法人型联合管理机构可延展的职权两个层面。

通过对海上共同开发实践横向和纵向的分析，可以对管理模式和管理机构的发展趋势作出评估和预测。海上共同开发的管理模式呈现出三种发展趋势：传统代理制模式已经不能适应油气开发的现状，在 20 世纪 70 年代以后鲜有国家实践产生；联合经营模式作为国家主导性和灵活性较为平衡的管理模式，合作方式最为多元，因而最常被国家采用；管理机构主导模式虽不易建立，但进入 21 世纪后，产生了更密集的国家实践。在不同管理模式下，相应的联合管理机构也呈现不同特点：从整体来看，联合管理机构经历了从无到有，从简单到复杂的发展过程。具体到不同的管理模式中，在联合经营模式下，多建立咨询式的联合管理机构，且职权更加健全；在管理机构主导模式下，联合管理机构由最初的单层结构，发展出了双层或多层结构，形成了相互制衡的管理体系。在此基础上，我们建议海上共同开发管理模式的选择，应当综合考量国家间经济实力、法律制度、政治互信这三方因素；而在联合管理机构的选择上，也要兼顾目的性、效率性和灵活性，建立常设性的联合管理机构。

具体到南海海域，中国在南海共同开发困境与机遇并存。从现实层面来说，必须充分认识中国与声索国的现状和困境，积极推进南海共同开发是缓解资源被掠夺、加强中国现实存在的有效选择之一。中国在南海共同开发的实现，一方面取决于相关国家政治层面的决策，是否有合作的政治意愿是决定因素；另一方面是法律制度的设计是否具有可行性决定其是否可以顺利展开。这两方面的因素中，前者取决于国家政治和国际政治环境的影响；后者取决于对现实分析和制度设计，而且后者可以推动前者向积极的方向发展。在南海声索国间紧张的政治情势、重叠的海域主张、海洋划界难以实现、国际司法裁决难以适用的背景下，南海海域的共同开发仍是一种可行的选择。因此，探讨中国在南海共同开发中管理模式的选择，可以为日后中国与南海声索国进行共同开发提供一种解决方案，同时对其他层面的合作提出具体的法律建议，也可以促进国家间合作、依赖、认同的加深。具体而言：

从法律层面来说，建立兼顾国家自身利益和对他方具有吸引力的管理模式是首要问题。第一，从共同开发进程上，可以先签订框架协议，通过后续协定对框架进行细化，并引入国家相关部门和国家石油公司一起谈判，这种策略较之于一开始就建立详细的法律安排更具有优势。第二，选择合适的管理模式。一方面，中国在南海加强政治存在、加深合作的现实需要，决定了中国推动南海共同开发的首要驱动力是以政治目的为先，经济目的为后；另一方面，中国和其他南海声索国法律和政治现状，需要简单、高效、方式多元的管理模式，因此兼顾国家主导性、灵活性和效率性的联合经营模式是最佳的选择。同时，联合经营模式既可以保证整体层面合作方式的一致性，也可以实现不同国家具体合作安排的差异性。第三，对管理模式下的具体法律要素，应结合南海政治、地理、经济现状作出安排。区块的选择不仅要注重资源潜力、开发难度等因素，也要结合区块所涉国家进行综合分析。建立常设的联合管理机构，可在基本职权外授予部分附加性的职权；机构设置上可借鉴双层的管理体制，并于必要时成立专家小组和技术小组。一方面保证对区域实行较全面的管理，另一方面保障不同主体之间可就利益冲突、制度调整、争端解决等问题有常设性的协调机制。资源分配上应设定较为灵活的利益分享机制，以平等分配为主，但可辅以其他比例的分配方式。在渔业等生物资源的合作上，要充分利用已有的合作模式，注重可持续性利用和保护。

从政治层面来说，共同开发的政治意愿取决于国家政治氛围以及政府决策，但其他层面的合作加深也可为南海共同开发创造积极的合作氛围。一方面，应当充分利用中国与其他南海声索国已经取得的合作进展，如能源合作、经济合作、政治原则共识等；另一方面，可在南海生物资源、海洋环境、海上安全维护等低敏感领域，加强合作和互信。

南海政治环境的复杂性、岛屿主权和划界争端的存在，决定了短期内南海共同开发并非易事。南海共同开发需要中国与南海声索国间政治互信和经济依存度的加深，同样也需要建立谨慎且灵活的法律框架。中国应当先易后难，也要继续加强在非争议海域的勘探和开发，以先行开发给南海各国施加压力，加强中国在南海的实际存在。同时，也应当认识到海上共同开发临时性和非替代性的法律性质，在推动共同开发的同时，积极探寻中国在南海主张的证据、法律依据、划界方法，为最终争端的解决做好准备。

附　　录

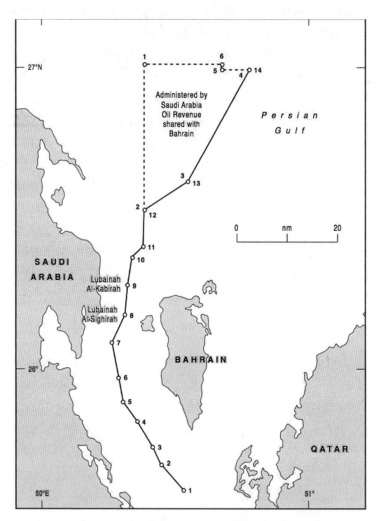

图 1　1958 年巴林和沙特阿拉伯共同开发区

（图片来源：Masahiro Miyoshi, The Joint Development of Offshore Oil and Gas in Relation to Maritime Boundary Delimitation, International Boundaries Research Unit, Vol. 2, 1999, p. 29）

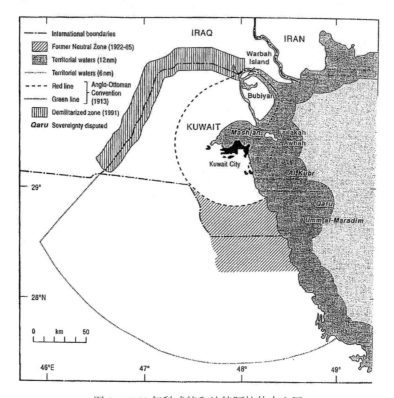

图 2　1965 年科威特和沙特阿拉伯中立区

图片来源：Masahiro Miyoshi，The Joint Development of Offshore Oil and Gas in Relation to Maritime Boundary Delimitation，International Boundaries Research Unit，Vol. 2，1999，p. 8）

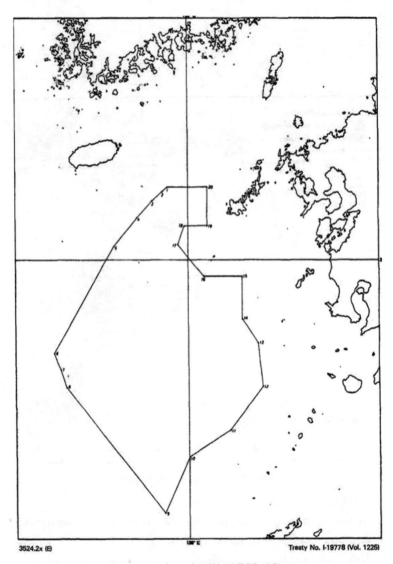

图 3　1974 年日本和韩国共同开发区

（图 片 来 源：https：//treaties. un. org/doc/Publication/UNTS/
Volume%201225/volume-1225-I-19778-English. pdf. ）

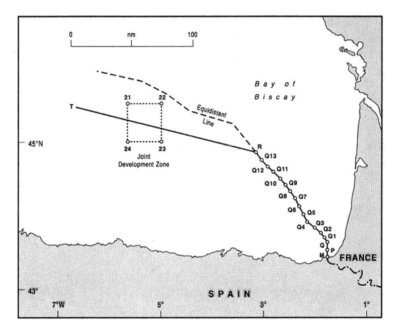

图 4　1974 年法国和西班牙共同开发区

（图片来源：Masahiro Miyoshi, The Joint Development of Offshore Oil and Gas in Relation to Maritime Boundary Delimitation, International Boundaries Research Unit, Vol. 2, 1999, p. 30）

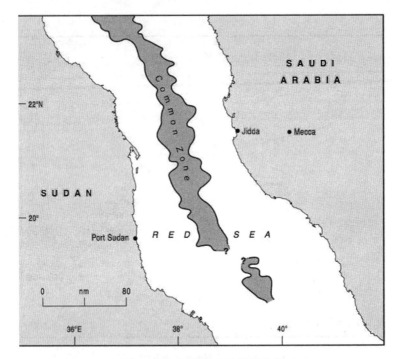

图 5　1974 年苏丹和沙特阿拉伯

（图片来源：Masahiro Miyoshi, The Joint Development of Offshore Oil and Gas in Relation to Maritime Boundary Delimitation, International Boundaries Research Unit, Vol. 2, 1999, p. 31）

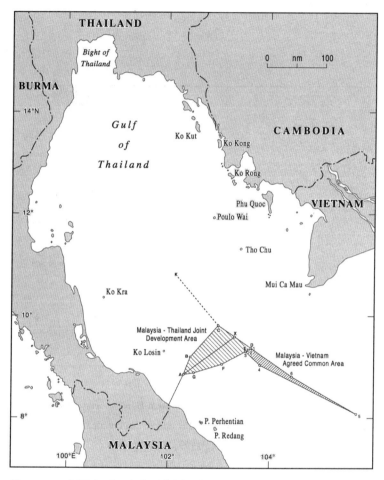

图6　1979年马来西亚和泰国共同开发区、马来西亚和越南共同开发区
　　　　（图片来源：Masahiro Miyoshi, The Joint Development of Offshore Oil
and Gas in Relation to Maritime Boundary Delimitation, International
Boundaries Research Unit, Vol. 2, 1999, p. 14）

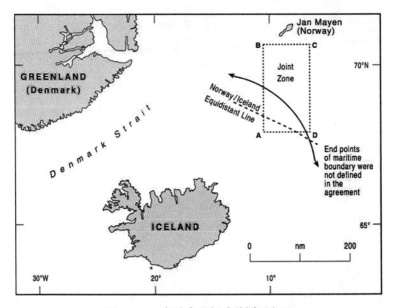

图 7　1981 年冰岛和挪威共同开发区

（图片来源：Masahiro Miyoshi, The Joint Development of Offshore Oil and Gas in Relation to Maritime Boundary Delimitation, International Boundaries Research Unit, Vol. 2, 1999, p. 33）

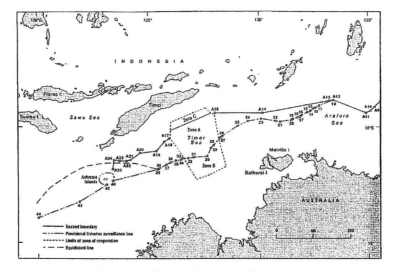

图 8　1989 年澳大利亚和印尼共同开发区

（图片来源：Masahiro Miyoshi, The Joint Development of Offshore Oil
and Gas in Relation to Maritime Boundary Delimitation, International
Boundaries Research Unit, Vol. 2, 1999, p. 17）

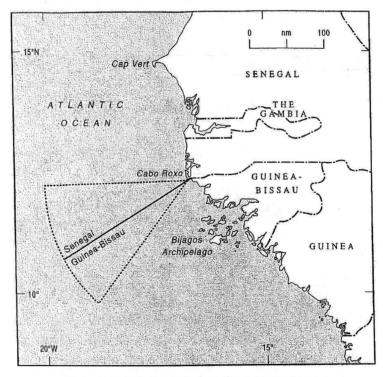

图 9　1993 年塞内加尔和几内亚比绍共同开发区内

（图片来源：Masahiro Miyoshi, The Joint Development of Offshore Oil and Gas in Relation to Maritime Boundary Delimitation, International Boundaries Research Unit, Vol. 2, 1999, p. 37）

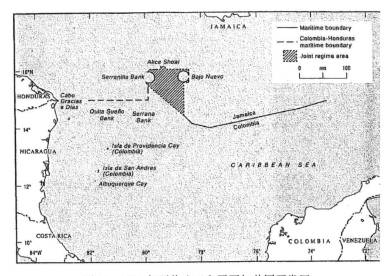

图 10　1993 年哥伦比亚和牙买加共同开发区

（图片来源：Masahiro Miyoshi, The Joint Development of Offshore Oil
and Gas in Relation to Maritime Boundary Delimitation, International
Boundaries Research Unit, Vol. 2, 1999, p. 23）

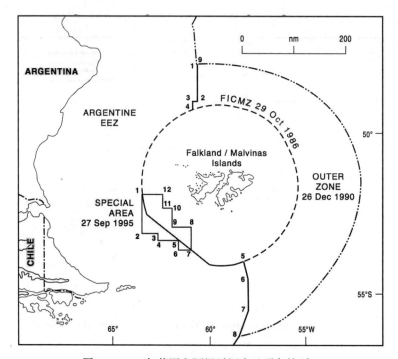

图 11　1995 年英国和阿根廷福克兰群岛特别区

（图片来源：Masahiro Miyoshi, The Joint Development of Offshore Oil and Gas in Relation to Maritime Boundary Delimitation, International Boundaries Research Unit, Vol. 2, 1999, p. 26）

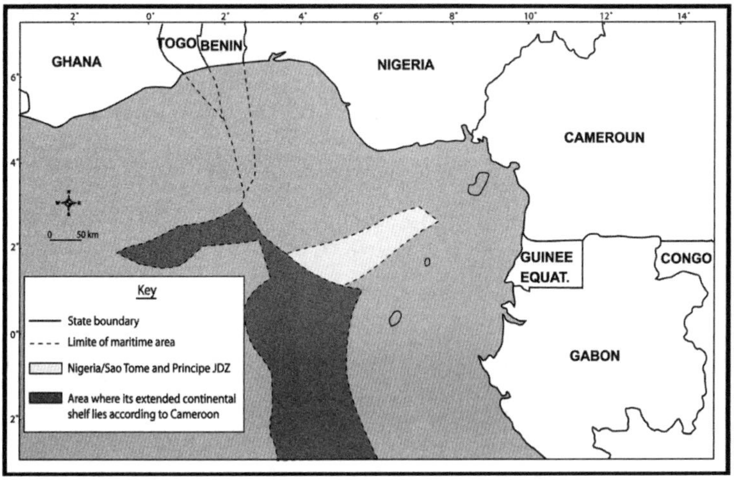

图 12　2001 年尼日利亚和圣多美普林西比共同开发区

（图片来源：J. Tanga Biang, The Joint Development Zone between Nigeria and Sao Tome and Principle: A Case of Provisional Arrangement in the Gulf of Guinea International Law, State Practice and Prospects for Regional Integration, Division for Ocean Affairs and the Law of the Sea Office of Legal Affairs, United Nations, 2010, p. 170)

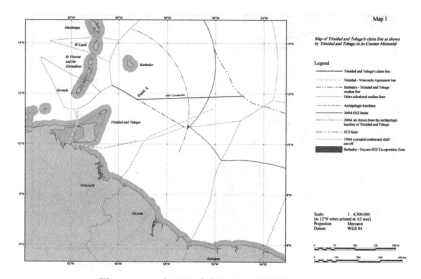

图 13 2003 年巴巴多斯和圭亚那共同开发区

（图 片 来 源：http：//archive. pca-cpa. org/Reply% 20Map% 201-
1163c1. pdf？fil_id=595）

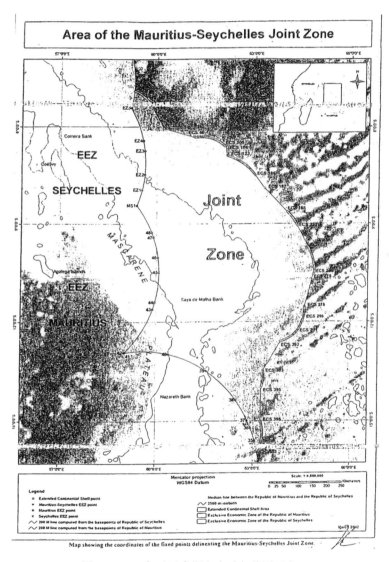

图 14　2012 年毛里求斯和塞舌尔共同开发区

（图片来源：https：//treaties. un. org/doc/Publication/UNTS/No%
20Volume/49782/Part/I-49782-0800000280331cac. pdf）

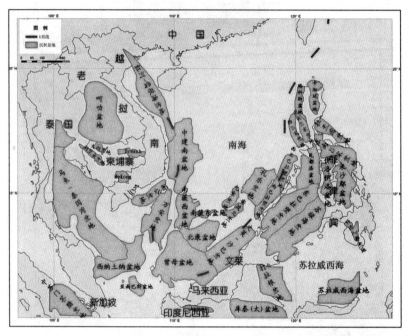

图 15　南海盆地分布及 "边界"

（图片来源：李金蓉、方银霞、朱瑛：《南海南部 U 形线内油气资源分布特征及开发现状》，载《中国海洋法学评论》2013 年第 1 期，第 30 页。）

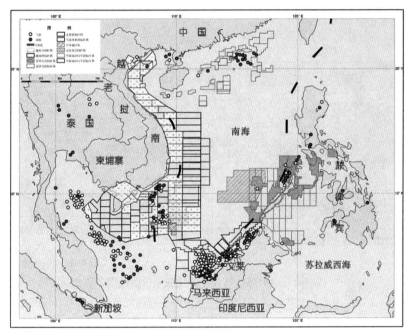

图 16　南海周边各国在南海的油气勘探开发现状

（图片来源：李金蓉、方银霞、朱瑛：《南海南部 U 形线内油气资源分布特征及开发现状》，载《中国海洋法学评论》2013 年第 1 期，第 39 页。）

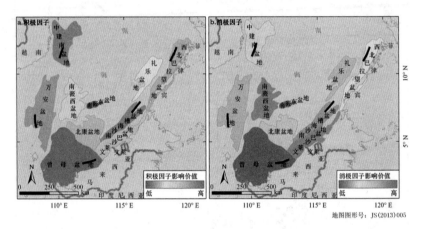

地图图形号：JS(2013)005

图 17　南海中南部油气资源开发战略价值的因子影响
（图片来源：张荷霞、刘永学等：《南海中南部海域油气资源开发战略
价值评价》，载《资源科学》2013 年第 35 卷第 11 期，第 2147 页。）

参 考 文 献

一、专著类

1. 中文专著

［1］刘楠来．国际海洋法［M］．北京：海洋出版社，1986．

［2］周忠海．国际海洋法［M］．北京：中国政法大学出版社，1987．

［3］盛愉，周岗．现代国际水法概论［M］．北京：法律出版社，1987．

［4］蔡鸿鹏．争议海域共同开发的管理模式：比较研究［M］．上海：上海社会科学院出版社，1998．

［5］黄异．海洋秩序与国际法［M］．台北：台北学林文化事业有限公司，2000．

［6］余民才．海洋石油勘探与开发的法律问题［M］．北京：中国人民大学出版社，2001．

［7］王曙光．海洋开发战略研究［M］．北京：海洋出版社，2004．

［8］傅崐成．海洋法相关公约及中英文索引［M］．厦门：厦门大学出版社，2005．

［9］李金明．南海波涛：东南亚国家与南海问题［M］．南昌：江西高校出版社，2005．

［10］高之国，贾宇，张海文．国际海洋法的理论与实践［M］．北京：海洋出版社，2006．

［11］萧建国．国际海洋边界石油的共同开发［M］．北京：海洋出版社，2006．

［12］高之国，张海文，贾宇．国际海洋法发展趋势研究［M］．北

京：海洋出版社，2007.

[13] 何艳梅．国际水资源利用和保护领域的法律理论与实践
[M]．北京：法律出版社，2007.

[14] 宋云霞．国家海上管辖权理论与实践 [M]．北京：海洋出版
社，2009.

[15] 王年平．国际石油合同模式比较研究——兼论对我国石油与
能源法制的借鉴 [M]．北京：法律出版社，2009.

[16] 孙溯源．国际石油公司研究 [M]．上海：上海人民出版社，
2010.

[17] 吴士存．南沙群岛的主权纷争与发展 [M]．北京：中国经济
出版社，2010.

[18] 刘宏杰．中国能源（石油）对外直接投资研究 [M]．北京：
人民出版社，2010.

[19] 韩立新．海上侵权行为法研究 [M]．北京：北京师范大学出
版社，2011.

[20] 梁西，曾令良．国际法（第三版）[M]．武汉：武汉大学出
版社，2011.

[21] 隋平．海外能源投资的法律与实践 [M]．北京：法律出版
社，2011.

[22] 张生玲．能源资源开发利用与中国能源安全研究 [M]．北
京：经济科学出版社，2011.

[23] 张海文，李红云．世界各国海洋立法汇编——亚洲和大洋洲
国家卷 [M]．北京：法律出版社，2012.

[24] 杨泽伟．国际法 [M]．修订 2 版．北京：高等教育出版社，
2012.

[25] 中国社会科学院世界经济与政治研究所《世界能源中国展
望》课题组．世界能源中国展望（2013—2014）[M]．北京：
社会科学文献出版社，2013.

[26] 许勤华．中国能源国际合作报告—国际能源金融发展与中国
[M]．北京：中国人民大学出版社，2013.

[27] 戴永红，袁勇．中印海外能源战略研究—地缘政治经济的视

角 [M]. 北京：时事出版社, 2014.

[28] 萨切雅·南丹, 沙卜泰·罗森. 1982 年〈联合国海洋法公约〉评注（第二卷）[M]. 吕文正, 毛彬译注. 北京：海洋出版社, 2014.

[29] 杨泽伟. 海上共同开发协定汇编（中英对照）[M]. 北京：社会科学文献出版社, 2016.

[30] 杨泽伟. 海上共同开发国际法问题研究 [M]. 北京：社会科学文献出版社, 2016.

2. 英文著作

[1] J. R. V. Prescott. Maritime Jurisdiction in Southeast Asia: A Commentary and Map. Hawaii: East-West Environment and Policy Institute, 1981.

[2] Robert L. Friedheim et al. Japan and New Ocean Regime. Boulder: Westview Press, 1984.

[3] Hazel Fox et al., Joint Development of Offshore Oil and Gas. The British Institute of International and Comparative Law, Vol. I, 1989.

[4] Hazel Fox et al., Joint Development of Offshore Oil and Gas. The British Institute of International and Comparative Law, Vol. II, 1990.

[5] Mark J. Valencia, Jon M. Van Dyke, Noel A. Ludwig. Sharing the Resources of the South China Sea. Hague: Martinus Nijhoff Publishers, 1997.

[6] Donald R. Rothwell, Tim Stephens. The International Law of the Sea. Oxford: Hart Publishing, 2010.

[7] Robert Beckman et al (eds). Beyond Territorial Dispute in the South China Sea: Legal Framework for the Joint Development of Hydrocarbon Resources. Cheltenham: Edward Elgar Publishing Limited, 2013.

[8] Zhiguo Gao et al. (eds). Cooperation and Development in the South China Sea. Beijing: China Democracy and Legal System

Publishing House，2013.

［9］ Vasco Becker-Weinberg. Joint Development of Hydrocarbon Deposits in the Law of the Sea. Hamburg：Springer-Verlag Berlin Heidelberg，2014.

二、期刊论文

1. 中文论文

［1］蔡鹏鸿. 共同开发有争议海域之思考［J］. 战略与管理，1994（5）.

［2］刘振湖. 南沙海域北康盆地油气地质条件与含油气系统［A］，"九五"全国地质科技重要成果论文集［C］，2000.

［3］王嘹亮等. 南海西南部北康盆地新生代沉积演化史［J］. 中国地质，2002（1）.

［4］周忠海. 论南中国海共同开发的法律问题［J］. 厦门大学法律评论，2003（5）.

［5］傅崐成，刘先鸣. 台湾海峡船员污染法律问题刍议［J］. 中国海洋法学评论，2006（1）.

［6］廖文章. 海洋法上共同开发法律制度的形成和国家实践［J］. 人文暨社会科学集刊（台湾），2007（2）.

［7］贾宇. 中日东海共同开发的问题与前瞻［J］. 世界经济与政治论坛，2007（4）.

［8］李金明. 南海问题的最新动态与发展趋势［J］. 东南亚研究，2010（1）.

［9］罗国强. "共同开发"政策在海洋争端解决中的实际效果：分析与展望［J］. 法学杂志，2011（4）.

［10］王小聪，孙慧霞. 南海石油开发两难［J］. 国土资源导刊，2011（8）.

［11］杨泽伟. "搁置争议、共同开发"原则的困境与出路［J］. 江苏大学学报（社会科学版），2011（3）.

［12］罗国强，郭薇. 南海共同开发案例研究［J］. 南洋问题研究，2012（2）.

[13] 张荷霞, 刘永学等. 南海中南部海域油气资源开发战略价值评价 [J]. 资源科学, 2013 (11).

[14] 李金蓉, 方银霞, 朱瑛. 南海南部 U 形线内油气资源分布特征及开发现状 [J]. 中国海洋法学评论, 2013 (1).

[15] 王海华. 马来西亚油气工业现状及未来发展趋势 [J]. 国土资源情报, 2013 (1).

[16] 郭渊. 东南亚国家对南海石油资源的开发及影响——以菲、马、印尼、文莱为考察中心 [J]. 近现代国际关系史, 2013 (1).

[17] 刘锋. 南海油气开发现状与展望 [J]. 科技信息: 石油与装备, 2013 (52).

[18] 邹立刚. 国家对外国船舶污染海洋的管辖权 [J]. 法治研究, 2014 (5).

[19] 杨泽伟. 论海上共同开发 "区块" 的选择问题 [J]. 时代法学, 2014 (3).

[20] Stewart Taggart. 南海共同开发区与亚洲海上丝绸之路 [J]. 能源, 2014 (1).

[21] 杨泽伟. 论海上共同开发的发展趋势 [J]. 东方法学, 2014 (3).

[22] 谢晓军, 张功成等. 曾母盆地油气地质条件、分布特征及有利勘探方向 [J]. 中国海上油气, 2015 (1).

[23] 李金蓉, 万芳芳. 西太平洋生物资源勘探开发现状与发展趋势 [J]. 国土资源情报, 2015 (3).

[24] 刘才涌. 越南油气产业发展现状、问题与新动向 [J]. 南洋问题研究, 2015 (1).

[25] 李金明. 中菲礼乐滩油气资源 "共同开发" 的前景分析 [J]. 太平洋学报, 2015 (5).

[26] 武良军, 童伟华. 论沿海国对外国船舶污染的刑事立法管辖权——兼论我国对外国船舶污染的行使立法规则 [J]. 太平洋学报, 2015 (2).

[27] 严双伍, 李国选. 南海问题中的美国跨国石油公司 [J]. 太

平洋学报，2015（3）

[28] 杨泽伟. 论 21 世纪海上丝绸之路建设对南海争端解决的影响 [J]. 边界与海洋研究，2016（1）.

[29] 杨泽伟. 海上共同开发的先存权问题研究 [J]. 法学评论，2017（1）.

[30] 何海榕. 泰国湾海上共同开发先存权问题的处理及启示 [J]. 南海法学，2017（2）.

[31] 程晓勇. "一带一路" 背景下中国与东南亚国家海洋非传统安全合作 [J]. 东南亚研究，2018（1）.

[32] 洪农. 论南海地区海上非传统安全合作机制的建设——基于海盗与海上恐怖主义问题的分析 [J]. 亚太安全与海洋研究，2018（1）.

2. 英文论文

[1] I. C. MacGibbon. Customary International Law and Acquiescence. British Yearbook of International Law, 1957（115）.

[2] William T. Onorato. Apportionment of an International Common Petroleum Deposit. International and Comparative Law Quarterly, 1968（17）.

[3] Robert G. Rogers, E. Spivey Gault. Mississippi Compulsory Fied-wide Unitization. Mississippi Law Journal, 1973（44）.

[4] Charles B. Heck. Collective Arrangements for Managing Ocean Fisheries. International Organization, 1975（29）.

[5] J. C. Woodliffe. International Unitization of an Offshore Gas Field. International and Comparative Law Quarterly, 1977（26）.

[6] Rainer Lagoni. Oil and Gas across National Frontiers. the American Journal of International Law, 1979（73）.

[7] Mochtar Kusuma-Atmadja. Joint Development of Oil and Gas by Neighboring Countries. In: Mochtar Kusuma-Atmadja, Thomas A. Mensah, Bernard Oxman. Sustainable Development and Preservation of the Oceans: The Challenges of UNCLOS and Agenda 21. The Law of the Sea Institute, University of Hawaii,

1983.

[8] Rainer Lagoni. Interim Measures Pending Maritime Delimitation Agreements. The American Journal of International Law, 1984 (78).

[9] Mark J. Valencia. Taming Troubled Waters: Joint Development of Oil and Mineral Resources in Overlapping Claim Areas. San Diego Law Review, 1986 (23).

[10] Peter C. Reid. Joint Development Zones between Countries. AMPLA Bull. 4, 1987 (6).

[11] Masahiro Miyoshi. The Basic Concept of Joint Development of Hydrocarbon Resources on the Continent Shelf. International Journal of Estuarine and Coast Law, 1988 (3).

[12] Ian Townsend-Gault. Joint Development of Offshore Mineral Resources-Progress and Prospect for the Future. Natural Resources Forum, 1988 (12).

[13] Elliot L. Richardson. Jan Mayen in Perspective. The American Journal of International Law, 1988 (82).

[14] Ernst Willheim. Australia-Indonesia Sea-Bed Boundary Negotiations: Proposals for a Joint Development Zone in the "Timor Gap". Natural Resources Journal, 1989 (29).

[15] Stuart Kaye. The Timor Gap Treaty: Creative Solutions and International Conflict. Sydney Law Review, 1994 (16).

[16] Ibrahim F. I. Shihata, William T. Onorato. The Joint Development of International Petroleum Resources in Undefined and Dispute Areas. ICSID Review-Foreign Investment Law Journal, 1996.

[17] Zhiguo Gao. The Legal Concept and Aspects of Joint Development in International Law. Ocean Yearbook, 1998 (13).

[18] Rainer Lagoni. Report on Joint Development of Non-living Resources in the Exclusive Economic Zone. Warsaw Conference of the International Committee on the Exclusive Economic Zone.

International Law Association, 1998.

[19] Masahiro Miyoshi. The Joint Development of Offshore Oil and Gas in Relation to Maritime Boundary Delimitation. International Boundaries Research Unit, 1999 (2).

[20] David M. Ong. The 1979 and 1990 Malaysia —Thailand Joint Development Agreement: A Model for International Legal Co-operation in Common Offshore Petroleum Deposits. International Journal of Marine and Coastal Law, 1999 (14).

[21] David M. Ong. Joint Development of Common Offshore Oil and Gas Deposits: "Mere" State Practice or Customary International Law? . The American Journal of International Law, 1999 (93).

[22] Nguyen Hong. Vietnam and Joint Development in the Gulf of Thailand. Asian Year Book of International Law, 1999 (8).

[23] W. Michael Reisman. Eritrea-Yemen Arbitration: Award, Phase II: Maritime Delimitation. American Journal of International Law, 2000 (94).

[24] Jedrzej George Frynas. Foreign Investment and International Boundary Disputes in Africa: Evidence from the Oil Industry. African Studies Centre Occasional Papers Series, 2000 (9).

[25] David M. Ong. The New Timor Sea Arrangement 2001: Is Joint Development Of Common Offshore Oil And Gas Deposits Mandated Under International Law? . International Journal of Marine & Coastal Law, 2002 (17).

[26] Zou Keyuan. Joint Development in the South China Sea: A New Approach. International Journal of Marine & Coastal Law, 2006 (21).

[27] Thomas A. Mensah. Joint Development Zones as an Alternative Dispute Settlement Approach in Maritime Boundary Delimitation, In Rainer Lagoni, Daniel Vignes. Maritime Delimitation, Leiden: Martinus Nijhoff Publishers, 2006.

[28] Peter D Cameron. The Rules of Engagement: Development Cross-

Border Petroleum Deposits in the North Sea and the Caribbean. International and Comparative Law Quarterly, 2006 (55).

[29] Chidinma Bernadine Okafor. Model Agreements for Joint Development: A Case Study. Journal of Energy and Natural Resources Law, 2007 (25).

[30] Ana E. Bastida et al. Cross-Border Unitization and Joint Development Agreements: An International Law Perspective. Houston Journal of International Law, 2007 (29).

[31] Leszek Buszynski, Iskandar Sazilan. Maritime Claims and Energy Cooperation in the South China Sea. Contemporary Southeast Asia, 2007 (29).

[32] Gao Jianjun. Joint Development in the East China Sea: Not an Easier Challenge than Delimitation. The International Journal of Marine and Coastal Law, 2008 (23).

[33] J. Tanga Biang. The Joint Development Zone Between Nigeria and Sao Tome and Principle: A Case of Provisional Arrangement in the Gulf of Guinea International Law. State Practice and Prospects for Regional Integration, Division for Ocean Affairs and the Law of the Sea Office of Legal Affairs, United Nations, 2010.

[34] Leszek Buszybski. The South China Sea: Oil, Maritime Claims, and U. S. -China Strategic Rivalry. The Washington Quarterly, 2012 (Spring).

[35] Pablo Ferrante, Fernando Alonso-De Florida. Framework Agreements for the Unitization of Transboundary Hydrocarbon Reservoirs: The Experience in Latin America. Rocky Mountain Mineral Law Foundation, International Mining and Oil & Gas, Development, and Investment, 2013 (22).

[36] Felix K. Chang. Economic and Security Interests in Southeast Asia, Orbis, 2014 (58).

[37] Andrew B. Kennedy. China and the Free-Rider Problem: Exploring the Case of Energy Security. Political Science

Quarterly, 2015 （130）.

［38］ Zewei Yang. Building the 21ˢᵗ Century Maritime Silk Road：It's Impact on the Peaceful Use of the South China Sea. China and WTO Review, 2016 （2）.

三、学位论文

［1］宋冬．共同开发制度与南沙问题［D］.北京：外交学院, 2005.

［2］张欣．国际海洋石油共同开发的法律问题研究及中国的开发现状［D］.青岛：中国海洋大学, 2006 年.

［3］叶鑫欣．南海海洋资源共同开发法律机制研究［D］.海口：海南大学, 2010.

［4］赵媛．南海油气田资源开发的法律研究［D］.重庆：西南政法大学, 2011.

［5］叶雷．东海与南海油气资源共同开发的比较研究［D］.上海：上海交通大学, 2012.

［6］何秋竺．争议区域石油资源共同开发法律问题研究［D］.武汉：武汉大学, 2010.

四、报告

［1］中国石油天然气集团公司．中国石油在印度尼西亚［R］. http：//www. cnpc. com. cn/cnpc/gbbg/201404/1a65833c27c04862 a2f6922714967421/files/8ff20c54c815428b878c032835d27e5b. pdf, 2014.

［2］BP Statistical Review of World Energy ［R］. https：//www. bp. com/content/dam/bp/pdf/energy-economics/statistical-review- 2015/bp-statistical-review-of-world-energy-2015-full-report. pdf, 2015.

［3］Clara Gillispie. Engaging the Opportunity of a New Energy Era ［R］. The National Bureau of Asian Research, 2015 Tokyo Workshop Report, http：//www. nbr. org/downloads/pdfs/eta/

ANEE_2015_TokyoReport_April2015. pdf, 2015.

[4] NBR Report Brief September 2011. Asia's Rising Energy and Resource Nationalism-implications for the United States, China and the Asia-Pacific Region [R]. http: //nbr. org/downloads/pdfs/ ETA/ES_Conf11_Report_Brief. pdf, 2011.

[5] John R. Weinberger, China Seeks to Dominate Off-Shore Energy Resources in the South and East China Seas [R]. https: // www. eia. gov/beta/international/analysis. cfm? iso=CHN, 2015.

五、电子文献

[1] International Convention for the Regulation of Whaling [EB/OL]. https: //iwc. int/convention, 2015-09-10.

[2] Convention between the United States of America and Canada for the Preservation of the Halibut Fishery of the Northern Pacific Ocean and Bering Sea [EB/OL]. https: //treaties. un. org/doc/ Publication/UNTS/Volume%20222/v222. pdf, 2015-09-05.

[3] Interim Convention between the United States of America, Canada, Japan and the Union of Soviet Socialist Republic on Conservation of North Pacific Fur Seals [EB/OL]. https: //treaties. un. org/doc/ Publication/UNTS/Volume%   20314/volume-314-I-4546- English. pdf, 2015-09-05.

[4] Bahrain—Saudi Arabia Boundary Agreement 22 February 1958 [EB/OL]. http: //www. un. org/depts/los/LEGISLATIONAND- TREATIES/PDFFILES/TREATIES/BHR-SAU1958BA. PDF, 2015- 07-03.

[5] Supplementary Agreement to the Treaty Concerning Arrangements for Co-operation in the Ems Estuary (Ems-Dollard Treaty) [EB/ OL]. https: //treaties. un. org/doc/Publication/UNTS/Volume% 20509/v509. pdf, 2015-07-03

[6] Kuwait-Saudi Arabia Agreement to Partition the Neutral Zone [EB/ OL]. http: //www. jstor. org/stable/20689992? seq = 1 # page _

scan_tab_contents, 2015-07-03.

[7] Agreement between the Government of the United Kingdom of Great Britain and Northern Ireland and the Government of the Kingdom of Norway to the Delimitation of the Continental Shelf between the Two Countries, 10 March 1965 [EB/OL]. http: //www. un. org/ Depts/los/LEGISLATIONANDTREATIES/PDFFILES/TREATIES/ GBR-NOR1965CS. PDF, 2015-09-15.

[8] Agreement Concerning Settlement of Offshore Boundaries and Ownership of Islands between Qatar and the United Arab Emirates (with declarations and map) [EB/OL]. https: //treaties. un. org/Pages/showDetails. aspx? objid = 0800000280112ec1, 2016-12-03.

[9] Agreement between Japan and the Republic of Korea Concerning Joint Development of the Southern Part of the Continent Shelf Adjacent to the Two Countries [EB/OL]. https: //treaties. un. org/doc/ Publication/UNTS/Volume% 201225/volume-1225-I-19778-English. pdf, 2014-12-15.

[10] Agreement Minute to the Agreement between Japan and the Republic of Korea Concerning Joint Development of the Southern Part of the Continent Shelf Adjacent to the Two Countries [EB/ OL]. https: //treaties. un. org/doc/Publication/UNTS/Volume% 201225/volume-1225-I-19778-English. pdf, 2014-12-15.

[11] Exchange of Note between Japan and the Republic of Korea Concerning Joint Development of the Southern Part of the Continent Shelf Adjacent to the Two Countries [EB/OL]. https: //treaties. un. org/doc/Publication/UNTS/Volume% 201225/ volume-1225-I-19778-English. pdf, 2014-12-15.

[12] Convention between the Government of the French Republic and the Government of the Spain State on the Delimitation of the Continental Shelf of the two States in the Bay of Biscay [EB/OL]. http: //www. un. org/depts/los/LEGISLATIONANDTREATIES/

PDFFILES/TREATIES/FRA-ESP1974CS. PDF，2015-12-12.

[13] Agreement Relating to the Joint Exploitation of the Natural Resources of the Sea-Bed and Subsoil of the Red Sea in the Common Zone [EB/OL]. https：//treaties. un. org/doc/ Publication/UNTS/Volume% 20952/volume-952-I-13605-English. pdf，2015-12-15.

[14] United Kingdom of Great Britain and Northern Ireland and Norway Agreement Relating to the Exploration of the Frigg Field Reservoir and the Transmission of Gas Therefrom to the United Kingdom [EB/OL]. https：//treaties. un. org/doc/Publication/UNTS/ Volume%201098/volume-1098-I-16878-English. pdf，2015-07-03.

[15] Agreement between the Government of the United Kingdom of Great Britain and Northern Ireland and the Government of Norway Relating to The exploitation of the Statfjord Field Reservoirs and the Offtake of Petroleum therefrom [EB/OL]. http：//treaties. fco. gov. uk/docs/fullnames/pdf/1981/TS0044%20 （1981）%20 CMND-8282%201979%2016%20OCT，%20OSLO%3B%20AGREEMENT% 20BETWEEN%20GOV%20OF%20UK，%20NI%20&%20NORWAY% 20RELATING%20TO%20EXPLOITATION%20OF%20STATFJORD% 20FIELD%20RESERVOIRS%20&%20OFFTAKE. pdf，2016-10-18.

[16] Memorandum of Understanding between the Kingdom of Thailand and Malaysia in the Establishment of a Joint Authority for the Exploitation of the Resources of the Sea-bed in a defined Area of the Continental Shelf of the Two Countries in the Gulf of Thailand [EB/OL]. http：//cil. nus. edu. sg/1979/1979-memorandum-of-understanding-between-malaysia-and-the-kingdom-of-thailand-on-the-establishment-of-the-joint-authority-for-the-exploitation-of-the-resources-of-the-sea-bed-in-a-defined-area-of-the/，2015-07-03.

[17] Agreement on the Continental Shelf Between Iceland and Jan Mayen [EB/OL]. http://www. un. org/depts/los/LEGISLATION-

253

AND-TREATIES/PDFFILES/TREATIES/ISL-NOR1981CS. PDF,
2016-10-12.

[18] 1989 Treaty between Australia and the Republic of Indonesia on
the Zone of Cooperation in an Area Between the Indonesian
Province of East Timor and Northern Australia [EB/OL]. http: //
cil. nus. edu. sg/1989/1989-treaty-between-australia-and- the-republic-
of-indonesia-on-the-zone-of-cooperation-in-an-area-between-the-
indonesian-province-of-east-timor-and-northern-australia/, 2015-
07-03.

[19] Agreement between the Government of Malaysia and the
Government of the Kingdom of Thailand on the Constitution and
Other Matters Relating to the Establishment of the Malaysia-
Thailand Joint Authority [EB/OL]. http: //cil. nus. edu. sg/
1990/1990-agreement-between-the-government-of-malaysia-and-
the-government-of-the-kingdom-of-thailand-on-the-constitution-and-
other-matters-relating-to-the-establishment-of-the-malaysia-thailand-
joint-autho/, 2015-07-03.

[20] Laws of Malaysia ACT 440, Malaysia-Thailand Joint Authority Act
1990 [EB/OL]. http: //www. agc. gov. my/Akta/Vol. % 209/
Act%20440. pdf, 2015-07-04.

[21] Thailand-Malaysia Joint Authority Act, B. E. 2553 (1990) [EB/
OL]. http: //thailaws. com/law/t_laws/tlaw0428. pdf, 2015-07-
05.

[22] Agreement between the United Kingdom of Great Britain and
Northern Ireland and the Netherlands Relating to the Exploitation of the
Markham Field Reservoirs and the Offtake of Petroleum Therefrom
[EB/OL]. http: //treaties. fco. gov. uk/docs/fullnames/pdf/1993/
TS0038% 20 (1993) % 20CM-2254% 201992% 2026% 20MAY,%
20HAGUE% 3B% 20AGREEMENT% 20BETWEEN% 20UK,% 20NI%
20&%20NETHERLANDS%20RELATING%20TO%20EXPLOITATION%
20OF%20MARKHAM%20FIELD%20RESERVOIRS%20&%

20OFFTAKE. pdf, 2016-10-13.

[23] 1992 Memorandum of Understanding between Malaysia and the Socialist Republic of Vietnam for the Exploration and Exploitation of Petroleum in a Defined Area of the Continental Shelf Involving the Two Countries [EB/OL]. http: //cil. nus. edu. sg/1992/1992-memorandum-of-understanding-between-malaysia-and-the-socialist-republic-of-vietnam-for-the-exploration-and-exploitation-of-petroleum-in-a-defined-area-of-the-continental-shelf-involving-the-two-c/, 2015-07-03.

[24] 1992 Memorandum of Understanding between Malaysia and the Socialist Republic of Vietnam for the Exploration and Exploitation of Petroleum in a Defined Area of the Continental Shelf Involving the Two Countries [EB/OL]. http: //cil. nus. edu. sg/1992/1992-memorandum-of-understanding-between-malaysia-and-the-socialist-republic-of-vietnam-for-the-exploration-and-exploitation-of-petroleum-in-a-defined-area-of-the-continental-shelf-involving-the-two-c/, 2015-07-06.

[25] Management and Cooperation Agreement between the Government of the Republic of Senegal and the Government of the Republic of Guinea-Bissau [EB/OL]. http: //www. un. org/depts/los/LEGISLATIONANDTREATIES/STATEFILES/SEN. htm, 2016-12-01.

[26] Protocol to the Agreement Between the Republic of Guinea—Bissau and the Republic of Senegal Concerning the Organization and Operation of the Management and Cooperation Agency Established by the Agreement of 14 October 1993 [EB/OL]. https: //treaties. un. org/doc/publication/UNTS/Volume%201903/v1903. pdf, 2015-07-03.

[27] Maritime Delimitation Treaty between Jamaica and the Republic of Colombia [EB/OL]. http: //www. un. org/depts/los/LEGISLATION-ANDTREATIES/PDFFILES/TREATIES/JAM-

COL1993MD. PDF, 2015-10-13.

[28] Argentina—United Kingdom Joint Declaration of 27 September 1995 [EB/OL]. http: //www. falklands. info/history/95agree. html, 2016-12-13.

[29] Agreement between the Kingdom and Saudi Arabia and the State of Kuwait concerning the Submerged Area Adjacent to the Divided Zone [EB/OL]. http: //www. un. org/Depts/los/LEGISLA-TIONANDTREATIES/PDFFILES/TREATIES/SAU-KWT2000SA. PDF, 2015-12-12.

[30] Treaty between the Government of the United States of America and the Government of the United Mexican States on the delimitation of the Continental Shelf in the Western Gulf of Mexico beyond 200 Mautical Miles [EB/OL]. http: //www. un. org/ depts/los/LEGISLATIONANDTREATIES/STATEFILES/USA. htm, 2017-01-05.

[31] Treaty between the Federal Republic of Nigeria and the Democratic Republic of Sao Tome and Principe on the Joint Development of Petroleum and Other Resources, in Respect of Areas of the Exclusive Economic Zone of the Two States [EB/OL]. http: //www. un. org/Depts/los/LEGISLATIONAND-TREATIES/ PDFFILES/TREATIES/STP-NGA2001. PDF, 2015-07-03.

[32] Timor Sea Treaty between the Government of East Timor and the Government of Australia [EB/OL]. http: //timor-leste. gov. tl/ wp-content/uploads/2010/03/R _ 2003 _ 2-Timor-Treaty. pdf, 2015-07-03.

[33] Memorandum of Understanding between the Government of the Democratic Republic of East Timor and the Government of Australia Concerning an International Unitization Agreement for the Greater Sunrise Field [EB/OL]. http: //www. un. org/depts/ los/LEGISLATIONANDTREATIES/STATEFILES/TLS. htm, 2016-12-12.

［34］ Memorandum of Understanding between the Government of the Democratic Republic of Timor-Leste and the Government of Australia Relating to the Exploitation of the Sunrise and Troubadour Petroleum Fields in the Timor Sea ［EB/OL］. http：//www. un. org/depts/los/LEGISLATIONANDTREATIES/STATEFILES/AUS. htm，2016-12-12.

［35］ Agreement between the Government of Australia and the Government of the Democratic Republic of Timor-Leste Relating to the Unitization of the Sunrise and Troubadour Fields ［EB/OL］. http：//www. un. org/depts/los/LEGISLATIONANDTREATIES/STATEFILES/AUS. htm，2016-12-12.

［36］《中华人民共和国政府和大韩民国政府渔业协定》［EB/OL］. http：//www. fmprc. gov. cn/web/wjb_673085/zzjg_673183/bjhysws_674671/bhfg_674677/t556669. shtml，2012-10-16.

［37］ Exclusive Economic Zone Co-operation Treaty between the State of Barbados and the Republic of Guyana concerning the exercise of jurisdiction in their exclusive economic zones in the area of bilateral overlap within each of their outer limits and beyond the outer limits of the exclusive economic zones of other States ［EB/OL］. http：//www. un. org/depts/los/LEGISLATIONAND-TREATIES/STATEFILES/BRB. htm，2015-12-10.

［38］《中华人民共和国和越南社会主义共和国关于两国在北部湾领海、专属经济区和大陆架的划界协定》［EB/OL］. http：//www. fmprc. gov. cn/web/wjb_673085/zzjg_673183/bjhysws_674671/bhfg_674677/t556665. shtml，2016-01-05.

［39］《中华人民共和国和越南社会主义共和国北部湾渔业合作协定》［EB/OL］. http：//www. fmprc. gov. cn/web/wjb_673085/zzjg_673183/bjhysws_674671/bhfg_674677/t556668. shtml，2016-01-05.

［40］ Robert Beckman，Leonardo Bernard. Framework of the Joint Development of Hydrocarbon Resources ［EB/OL］. http：//

cil. nus. edu. sg/wp/wp-content/uploads/2010/08/BECKMAN-AND-BERNARD-FRAMEWORK-FOR-THE-JOINT-DEVELOPMENT-OF-HYDROCARBON-RESOURCES. pdf, 2015-07-03.

［41］ Framework Treaty Relating to the Unitisation of Hydrocarbon Reservoirs that Extends across the Delimitation Line between the Republic of Trinidad and Tobago and the Bolivarian Republic of Venezuela ［EB/OL］. https：//treaties. un. org/doc/Publication/UNTS/No% 20Volume/50196/Part/I-50196-08000002802bb3a7. pdf, 2015-12-16.

［42］《中华人民共和国政府和俄罗斯联邦政府关于合理利用和跨界水域的协定》［EB/OL］. http：//www. fmprc. gov. cn/web/wjb_673085/zzjg_673183/bjhysws_674671/bhfg_674677/t708160. shtml, 2015-10-20.

［43］ Unitisation Agreement for the Exploitation and Development of Hydrocarbon Reservoirs of the Loran-Manatee Field that Extends across the Delimitation Line Between the Republic of Trinidad and Tobago and the Bolivarian Republic of Venezuela ［EB/OL］. https：//treaties. un. org/doc/Publication/UNTS/No% 20Volume/50197/Part/I-50197-08000002802bb35e. pdf, 2015-12-16.

［44］《俄罗斯联邦与挪威王国关于在巴伦支海和北冰洋的海域划界与合作条约》［EB/OL］. http：//www. kremlin. ru/supplement/707, 2015-07-01.

［45］ Agreement between the United States of America and the United Mexican States concerning Transboundary Hydrocarbon Reservoirs in the Gulf of Mexico ［EB/OL］. http：//www. state. gov/p/wha/rls/2012/185259. htm, 2015-07-03.

［46］ Treaty Concerning the Joint Management of the Continental Shelf in the Mascarene Plateau Region between the Government of the Republic of Seychelles and the Government of the Republic of Mauritius ［EB/OL］. https：//treaties. un. org/doc/Publication/UNTS/No% 20Volume/49783/Part/I-49783-0800000280331cc0.

pdf，2015-08-03.

［47］Treaty Concerning the Joint Exercise of Sovereign Rights Over the Continental Shelf in the Mascarene Plateau Region between the Government of the Republic of Seychelles and the Government of the Republic of Mauritius［EB/OL］. https：//treaties. un. org/doc/Publication/UNTS/No% 20Volume/49782/Part/I-49782-0800000280331cac. pdf，2015-08-03.

六、国际司法案例

［1］North Sea Continental Shelf Cases（Federal Republic of Germany/Denmark；Federal Republic of Germany/Netherlands）. Judgment. I. C. J. Reports 1969.

［2］Aegean Sea Continental Shelf Case（Greece/Turkey）. Interim Protection，Order of September 1976. I. C. J Report 1976.

［3］Maritime Delimitation in the Area between Greenland and Jan Mayen. Judgment. I. C. J. Reports 1993.

［4］The Eritrea/Yemen Arbitration，Award of the Arbitral Tribunal in the First Stage of the Proceedings（Territorial Sovereignty and Scope of the Dispute）. 3 October 1996.

［5］Barbados/Trinidad and Tobago，Award of the Arbitral Tribunal. 11 April 2006.

［6］Guyana/Suriname. Award of the Arbitral Tribunal. 17 September 2007.

七、参考网站

［1］联合国：http：//www. un. org.

［2］国际法院：http：//www. icj-cij. org.

［3］国际法委员会：http：//www. un. org/law/ilc/.

［4］中华人民共和国外交部：http：//www. fmprc. gov. cn/mfa_chn/.

［5］中华人民共和国国家海洋局：http：//www. soa. gov. cn.

［6］新加坡国立大学国际法中心：http：//cil. nus. edu. sg.

［7］马来西亚—泰国联合管理局：http：//www. mtja. org.

［8］泰国法律网：http：//www. thailaws. com.

［9］美国能源信息署：http：//www. eia. gov.

［10］国际法律资料：http：//www. asil. org/resources/international-legal-materials.

［11］国际能源署：http：//www. iea. org.

［12］国家亚洲研究局（National Bureau of Asian Research）：http：//www. nbr. org.

［13］中国石油天然气集团公司：http：//www. cnooc. com. cn.

［14］英国石油公司：https：//www. bp. com.

后　记

　　转眼之间，我已经工作快两年。在导师的几番督促下，我重新翻开这本博士毕业论文，才发现疏漏之处竟然如此之多，不得不抖擞精神重新看起。我记得丰子恺的一幅漫画中写道："藏书如山积，读书如水流，山形有限度，水流无时休。"从2007年进入武汉大学开始法学专业的学习到博士毕业，九年时间带来的变化不过是抬眼所望书架上的书范围越来越小、越来越专，常常会产生一种自己的专业素养逐年在提高的狂妄感，而忽略了研究本就无止境，我所学、所知只不过冰山一角。进入工作阶段，面临着完全不同的环境，面对向我咨询如何进行法学本科阶段学习的学生，我更深知高校教师这份职业需要常学常新，需要研究角度更加开阔，研究方向紧跟时代发展和需求。回顾博士阶段的学习，虽然一路磕磕绊绊，但也庆幸这一段并不轻松的学习经历对自己心理的磨炼，抗压以及调试情绪能力的形成，必然可以让自己在并不轻松的学术道路上，保持心理平衡和自我认同。在准备、撰写和修改论文的过程中，我也逐渐认识到尊重、包容、诚恳、谦卑是学术研究不可或缺的品质。

　　哀哀父母，生我劬劳。六十年代的一辈人经历了太多生活的磨难，也迫于时代的局限对生活作出了妥协，因此在子女教育上总是竭尽心力、全力支持，总是希望下一代有更多样和从容的选择，对生活有更多期待和变化，我的父母就是这一代人的典型体现。我想谢谢我的父母对我所有决定的支持，让我可以没有任何生活和精神上的顾虑，顺利地走完求学道路。家人的支持，让我在任何时候都能感受到最深沉的爱，在任何困境中都有可以依赖的力量和前行的动力。

　　饮其流者怀其源，学其成时念吾师。从 2011 年跟随杨泽伟老师学习，老师始终温和与严格并存。生活中，老师总是温柔相待，宽容谅解；学业上，老师又是严格要求，包容尊重。在我论文的写作中，杨老师总是不厌其烦地督促和关注论文写作的进展；后期时间紧迫的情况下，杨老师也多次"松绑"，温柔教导切莫有太大压力。工作之后，杨老师也犹如家长一般关心工作的压力、困惑，用长者的经验告诉我切莫焦躁，不要马虎。此番博士论文的修改和出版也是在老师的督促之下完成的，中间几经延期，杨老师仍然笑语宽待，我时时感怀这一份细致与宽容。因此，我也想谢谢杨老师容忍我的毛躁和马虎，包容我的不成熟，带动我学业上的精进。师恩难忘，我必将更加努力回馈老师的这一份关爱和提携。同时，我也谢谢一路给予我帮助和提点的国际法研究所、边海院、大连海事大学法学院的所有老师和同事。老师们的建议让我的论文更加完善，也让我意识到学术研究需要严谨与审慎。

　　人之相知，贵在知心。一路辛苦，庆幸有同途偶遇的伙伴们一起走过煎熬的时光。互相吐槽、调侃、鼓励、依靠，让我在最后的学生时光感受了最深切的集体温暖，和来自同龄人更贴己的关怀。人更加成熟，互相依赖和信任也就更加难能可贵。在此，谢谢给予我帮助和关爱的小伙伴们，希望我们的学术道路都能披荆斩棘。

　　最后我也告诫自己，用积极平衡的心态对待工作和生活。惟愿昨日可忆，未来可期。

邓妮雅

大连海事大学法学院

2018 年 3 月 14 日